KB041380

수주 신화와 어닝 쇼크

수주 신화와 어닝 쇼크

• 이상호 지음 •

Overseas Construction
Myth & Earning Shock

라의눈

차 례

수주 신화에 매몰된
해외건설

해외건설 수주受注는 많으면 많을수록 좋다고 생각한다. 수주실적이 전해보다 조금만 떨어져도 활성화 대책을 강구해야 한다는 목소리가 높아진다. 수주실적이 좋아지면 과거 '중동 건설 붐'을 운운하면서 더 많은 수주를 기대한다. 리비아 대수로 건설공사, UAE원전 건설공사, 이라크 비스마야 신도시 건설공사, 모두 마찬가지였다. 대규모 해외건설 공사를 수주할 때마다 언론에 대문짝만 하게 실린 것도 수주액이었다.

해외건설의 가치 기준이 수주실적이라는 사실은 정부와 기업이 다르지 않고, 과거와 현재가 다르지 않다. 심지어 미래의 해외건설 목표도 수주인 경우가 대부분이다.

이처럼 한국의 해외건설 역사는 사실상 '수주 신화'로 채워져 있다. 1980년대 초반의 중동 건설 붐, 1990년대 중반의 동남아 건설 붐, 2010년대 초반의 해외 플랜트 건설 붐 등 세 차례에 걸친 해외건설 붐 모두가 수주액을 기준으로 한 평가였다. 수주한 해외건설공사가 얼마나 수익을 창출했는지는 해당 기업을 제외한 외부에서 알기 어렵고 관심사에서도 벗어나 있다. 하지만 주식시장에 상장한 기업들은 실적 공시를 해야 한다. 해외건설공사의 손익이 적나라하게 드러나는 시기가 바로 이때다.

기업이 시장의 예상보다 저조한 실적을 발표함으로써, 주주들을 패닉에 빠뜨리고 주가 하락을 초래하는 것을 '어닝 쇼크earning shock'라고 한다. 수주액은 실시간으로 집계되고 공개되므로 누구나 쉽게 알 수 있다. 반면에 손익은 프로젝트가 종료되고 정산이 이루어져야 정확한 실상이 파악된다. 문제는 대규모 해외건설공사는 오랜 기간이 소요되고 수많은 변수가 개입된다는 것이다.

호황기의 해외건설이 수주 신화에 매몰되었다면, 불황기의 해외건설은 어김없이 수주 감소와 어닝 쇼크로 점철되었다. 1970년대 이후, 대한민국 해외건설공사의 수주 급증에 가려졌던 대규모 손실이 어닝 쇼크란 형태로 드러난 것은 한 번도 아니고, 두 번도 아니고, 세 차례나 반복된 일이다.

수주나 매출은 양量적 지표이고, 수익은 질質적 지표다. 사업에서는 양도 중요하지만 질은 그보다 훨씬 중요하다. 수주나 매출 물량이 아무리 많아도 수익이 뒷받침되지 않는다면 지속가능하지 않기 때문이다. 우리 기업은 이러한 사실을 뼈아픈 경험을 통해 배웠다.

2010년 해외건설 수주실적은 사상최고라는 716억 달러를 찍고 내리막길을 걷고 있지만, 기업들은 '수익성 위주의 선별수주' 방침을 고수하고 있다. 2010년대 초반에 심각한 어닝 쇼크를 겪어봤기 때문이다. 하지만 아직도 한국에서는 해외건설을 수주 중심으로, 물량 중심으로 보는 시각이 팽배해 있다.

이 책은 1970년대 이후 한국 해외건설의 역사를 세 차례에 걸친 '수주 신화와 어닝 쇼크의 반복'으로 보고 있다. 한두 번의 실수는 실수라 할 수 있다. 하지만 세 번의 실수는 문제를 바라보는 관점을 바꿔야 한다는 시그널과 다름없다.

산업 차원에서 보면, 구조적인 요인들이 동일한 문제를 반복 발생시키는 경향이 있다. 문제를 지적하는 것은 상대적으로 쉬운 일이다. 그보다는 어떤 교훈을 얻었고, 어떻게 해야 '수주 신화와 어닝 쇼크의 반복'이란 굴레를 벗어날 수 있는지를 제시하는 것이 더 중요하다. 한국의 경험만이 아니라 해외건설시장에서 오랫동안 최고의 위치를 차지해 온 국가나 글로벌 기업 사례도 참고할 필요가 있다.

코로나19 사태로 당분간 해외건설시장도 위축이 불가피하다. 하지만 중장기적으로 경제성장과 인구증가가 지속되는 한 해외건설시장은 계속 성장할 것이다. 지금은 새롭게 전개될 코로나19 이후의 해외건설에 대비해야 할 때다. 그러기 위해서는 기업과 정부도 과거의 경험과 실수에서 교훈을 얻고, 디지털 전환을 비롯한 새로운 환경에 대응할 수 있는 역량을 갖춰야 한다.

필자는 1995년에 〈한국 정부의 해외건설정책 추진과정에 관한 연구〉로 행정학박사학위를 받았다. 박사학위 논문은 1980년대 초창기 '중동 건설 붐'이 한창일 때의 해외건설정책 연구에 초점을 두었다. 1990년대 중반의 '동남아 건설 붐' 때는 한국건설산업연구원에서 해외건설 연구를 수행했다. 2010년대의 '해외 플랜트 건설 붐' 때는 GS건설에서 경제연구소장을 맡고 있었다. 1990년대 초반부터 지금까지 약 30년 가까이 대학과 연구원에서 해외건설에 대한 연구 및 정부의 정책자문을 했고, 해외건설기업에서 실무와 연구 등을 수행해 온 것이다. 그 과정에서 보고 듣고 경험한 내용을 언젠가는 정리하겠다는 생각이었으니, 이 책이 그 열매인 셈이다.

01

Overseas Construction
Myth & Earning Shock

2013년 어닝 쇼크,
환상이 깨지다

01

어닝 쇼크
D-1년

2013년 4월의 일이다.

한국의 대표적인 해외건설기업들이 앞서거니 뒤서거니 '어닝 쇼크'란 형태로 해외건설 사업의 부실을 고백하기 시작했다. 얼마 전까지만 해도 수주실적의 가파른 성장세에 찬탄 일변도였으므로 갑작스런 일이 아닐 수 없었다.

도대체 해외건설에 무슨 일이 있었던 걸까? 사전에 전혀 알아차리지 못했던 걸까? 부실 규모는 얼마나 되나? 꼬리에 꼬리를 무는 의문이 제기되면서 해외건설은 또다시 불신의 대상이 되었고, 안타깝게도 그 파장은 이 책을 쓰고 있는 현재까지도 어두운 그림자를 드리우고 있다.

2013년의 어닝 쇼크 이전으로 잠깐 거슬러 올라가 보자.

2010년 한국의 해외건설 수주액은 UAE원전(186억 달러)을 포함해 716억 달러라는 사상 최고실적을 기록했다.[1] 1997년부터 2004년까지 100억 달러 벽도 넘지 못했던 것을 생각하면, 716억 달러 수주는 놀라운 기록이었다. 1990년대 중반 이후 해외건설 수주액이 다시 100억 달러를 넘어선 것은 2005년(108억 달러)이 처음이었다. 그러던 수주액이 2006년에는 165억 달러를 기록하면서 급상승하기 시작했고, 2011년까지 연평균 29%를 상회하는 놀라운 성장률을 기록했다. 이 같은 수주액 증가가 매출액에 반영되면서, 2008년 대비 2010년 해외매출 성장률은 26.7%로 다른 어떤 나라보다 큰 성장세를 보였다.[2]

2008년 글로벌 금융위기 이후 국내 주택경기는 바닥으로 치닫고 있었다. 그러다 보니 정부와 건설업계에는 해외수주를 확대해야 한다는 분위기가 지배적이었다. 마침 국제유가는 배럴당 100달러를 상회했고, 이에 따라 중동을 비롯한 산유국들의 플랜트 발주가 급증했다. '해외 플랜트 건설 붐'이 본격적으로 불기 시작한 것이다.

외형상 해외건설 수주액은 2010년에 사상최고치를 찍은 뒤, 이듬해인 2011년에는 124억 달러나 줄어든 592억 달러를 기록했다. 하지만 2010년에는 UAE원전 1건의 수주액(186억 달러)이 예외적으로 너무나 컸다. 규모나 내용면에서 너무도 예외적인 이 1건을 제외하면 의외의 결과가 보인다. 사실상 2011년에는 전년보다 62억 달러나 더 수주했고 2014년까지도 600억 달러를 상회하는 초호황세가 지속되었던 것이다.

아무튼 해외건설은 2007년부터 매년 사상최대 수주액을 갱신했다.

그러다 보니 1970~80년대 '중동 건설 붐' 때처럼 해외건설이 글로벌 금융위기로 인한 한국경제의 위기를 극복할 구원투수가 될 것이라는 기대가 컸다. 어닝 쇼크 발표 1년 전인 2012년만 해도 연간 해외건설 수주를 1,000억 달러로 확대하자는 장밋빛 전망 내지 목표가 넘쳐났다.

2012년에 필자는 GS건설의 경제연구소장을 맡고 있었다. 해외건설에 대한 언론의 관심이 원체 크다 보니, 관련 세미나 등에서 발표와 토론을 할 기회가 종종 있었다. 사내에서도 해외건설에 관한 이런저런 사정들을 접할 수 있었다. 그런데 해외건설업계 바깥의 환호와 달리, 내부에서는 우려의 목소리가 컸다.

필자는 업계의 우려에 대한 분석을 통해 어느 정도 내용을 파악하고 난 뒤, 이 사실을 건설업계 바깥에도 알려야겠다고 결심했다. 그것은 한두 개 기업의 문제가 아니었기 때문이다. 해외건설업계 전체가 당면한 문제였지만 내부적으로는 해결하기 어려운 문제였다.

당시 해외건설 세미나에 가면 한국 기업 간의 과당경쟁과 저가수주 및 인력난에 대한 문제 제기가 많았다. 필자는 여기에 더하여 '과잉수주' 문제를 제기했는데 필자의 당시 주장을 요약하면 다음과 같다.

"과거 3년간(2006~2008) 해외 플랜트의 평균 수주실적은 210억 달러다. 그런데 최근 3년간(2009~2011)은 453억 달러로 무려 2배 이상 증가했다. 삼성엔지니어링(194억 달러), GS건설(140억 달러), 대림산업(116억 달러)은 3년간(2009~2011) 수주잔고가 이미 100억 달러를 넘어섰다. 이 같은 해외 플랜트 수주 급증은 수행 역량을 넘어선 과잉 수주로 보인다. 특히 2006년 해외수주 실적이 165억 달러였던 점을 생각해 보면, 최근

3년간(2009~2011) 연평균 453억 달러라는 과잉 수주실적은 우려할 만한 수준이다. 따라서 앞으로는 수주보다 수행 중심으로 해외사업 방향을 전환해야 하고, 과도한 수주목표도 줄이는 것이 바람직하다."

왜 과잉수주가 문제일까? 예를 들어보면 쉽게 알 수 있다.

연간 5개 현장에서 40억 달러 규모의 해외건설공사를 수행하는 기업

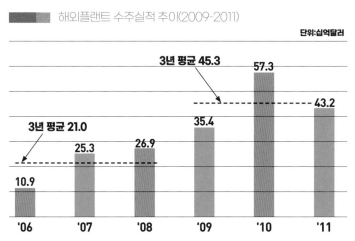

해외플랜트 수주실적 추이(2009-2011)

단위:십억달러

3년 평균 45.3

3년 평균 21.0

'06	'07	'08	'09	'10	'11
10.9	25.3	26.9	35.4	57.3	43.2

자료: GS건설경제연구소(2012)

대형 5개사 해외플랜트 수주잔고(2009~2011)

단위:십억달러

구분	프로젝트	계약금액	수주잔고
GS	27	14.0	12.1
삼성Eng.	42	19.4	15.4
대림	35	11.6	10.2
대우	24	8.3	7.2
현대	16	9.5	6.2

• Duration: 2009.1.1~2011.12.31
• Population: 해당 기간('09~'11) 내 신규 계약 프로젝트 + 시공 중 프로젝트
• 수주잔고: 개별 프로젝트 잔여 공정율 × 최종 계약금액
※ UAE 원전: 원청사인 한국전력 계약분으로만 100% 집계

이 있다고 해 보자. 이 기업이 갑자기 3년 뒤에 15개 현장에서 120억 달러의 공사를 수행할 수 있을까?

해외건설 공사가 3배 늘었다고 전문 인력이 3년 사이에 갑자기 3배나 늘어나기 어렵고, 프로젝트 관리역량도 갑자기 3배나 늘어날 수 없다. 게다가 1,000억 규모의 공사와 1조 원 규모의 공사는 단순히 양만 10배라고 생각해서는 안 된다. 질적으로 차원이 다른 사업이다. 이처럼 단기간의 급속한 수주실적 증가는 그에 상응하는 수행역량의 뒷받침이 없다면 '사상누각沙上樓閣'이 될 수밖에 없다.

필자는 2012년 7월에 해외건설협회가 주관한 〈해외건설 누적 수주 5천 억 달러 기념 세미나〉에서 '해외건설 지속성장을 위한 고부가가치화 방안'이란 주제발표를 맡게 되었다. 이날 발표에서도 국내 기업 간의 '파괴적 가격경쟁' 문제를 지적하고, 리스크관리 강화와 내실경영의 중요성을 역설했다. 발표 요지는 다음과 같다.

"해외건설 누적 수주 5천 억 달러라는 놀라운 성과를 보였지만, 최근 우리 기업들이 해외건설시장에서 수주를 위해 과당경쟁을 하고 있는 것이 우려스럽다. 최근 2년간의 실제 입찰사례를 보면, 전체 입찰참가자 중 우리 기업의 비중이 적게는 25%에서 많게는 100%다. 우리 기업끼리만 경쟁하는 경우도 상당하다. 2012년 하반기도 마찬가지다. 이런 상황에서 지나치게 낮은 가격에 수주한 공사의 적자 문제가 심각하니 수익성 중심으로 경영목표를 설정하고, 파괴적 가격경쟁을 지양하며, 리스크관리를 강화해야 한다."

2012년 7월에는 건설 분야의 원로교수 및 건설업계 대표 등이 참여

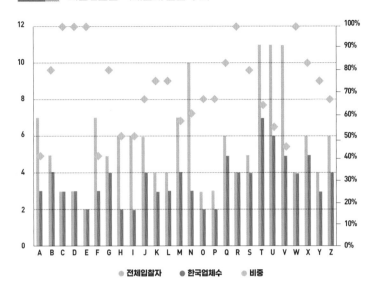

최근 2년간 국내업체 입찰 추이

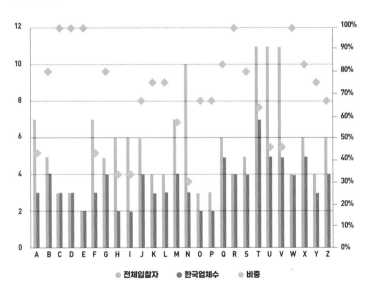

2012년 하반기 국내업체 입찰 예정

자료: 이상호·손태홍(2012.07.02), "해외건설 지속성장을 위한 고부가가치화 방안", 〈해외건설 누적 수주 5천 억 달러 기념 세미나〉, 해외건설협회.

하고 있는 공학한림원에서 강연할 기회가 있었다. 그날 강연에서도 이렇게 주장했다.

"2006년부터 2011년까지 우리 기업의 해외수주 실적은 연평균 성장률이 29.1%였다. 미국의 건설 전문지 ENREngineering News Record 자료에서도 2008년 대비 2010년 해외매출 성장률은 한국이 26.7%로 세계 최고 수준이다. 수주와 매출의 지나친 양적 성장이 수행역량을 넘어서고 있는 것으로 보인다. 향후 우리 기업 간의 파괴적 가격경쟁을 지양하고, 원가혁신과 수익성 확보를 위한 리스크 관리에 주력해야 한다."

이처럼 필자는 2012년부터 기회가 있을 때마다 한국 해외건설이 당면한 문제의 심각성을 알리고 수주 중심에서 수행 중심과 수익성 중심으로 방향 전환을 외쳤지만 별다른 호응을 얻지 못했다.

당시는 국내 주택시장의 침체로 성장의 모멘텀을 해외에서 찾아야 한다는 목소리가 높았다. 또한 2012년에 해외건설 누적수주 5천 억 달러를 달성했으므로, 그 여세를 몰아 누적 수주 1조 달러를 조만간 달성하자는 분위기가 팽배했다. 이런 분위기에서 리스크관리를 강화하고, 수주보다 수행이 중요하며, 외형 확대보다 내실경영을 정착시키자는 주장을 하니 업계도 언론도 관심을 가지지 않았다. 잘나가는 해외건설에 대해 지나치게 보수적이라거나 뒷다리 건다는 식의 비난도 있었다.

건설기업에게 수주나 매출과 같은 외형 유지는 중차대한 과제다. 수주나 매출이 줄어들면 자본시장에서는 성장성이 위축되는 것으로 평가한다. 신용등급이나 주가 유지도 어려워지고, 자본조달 비용이 증가하거나 자본조달 자체가 어려워질 수도 있다. 이 같은 구조에서 건설기업이 외형 성장을 포기하기란 정말 어려운 일이다.

정부도 다를 바가 없었다. 발표하는 대책마다 해외건설 수주 확대나 활성화 대책이었다. 특히 UAE원전은 대통령까지 직접 나서서 중동 발주공사의 영업을 떠맡은 프로젝트였다. 공기업 단독으로 또는 공기업과 민간기업이 협력해서 해외에 진출하도록 독려했다. 이렇게 어닝 쇼크 1년 전까지만 해도, 모두가 수주를 늘리는 데 혈안이 되어 있었다.

02

Overseas Construction
Myth & Earning Shock

2013년 어닝 쇼크는
현재진행형

2012년까지 '해외건설 누적 수주 5천 억 달러'에 도취해 있다가 2013
년 1분기 실적발표가 나면서 해외건설에 대한 환상이 깨지기 시작했다.
2013년 4월, GS건설은 해외 플랜트와 환경 프로젝트 원가율 악화를 이
유로 1분기에 5,355억 원의 영업손실이 발생했다고 공시했다. 삼성엔
지니어링은 2013년 1분기에 2,198억 원의 영업손실을 기록했다가 2분
기에는 887억 원으로 적자규모를 줄였지만, 3분기에 다시 7,468억 원의
초대형 적자를 기록했다. SK건설도 2013년 1~3분기 누적 영업손실이
3,147억 원으로 집계되었다. 대림산업은 2013년 4분기에 3,196억 원의
영업손실을 기록하며 적자 전환했다.[3]

대부분의 기업들은 중동 플랜트공사의 원가율 상승을 적자 원인으로 꼽았다. 그리고 주요 해외건설기업들의 어닝 쇼크 발표는 2013년 한 해에 끝난 것이 아니었다. 2014년[4]과 2015년[5]에도 지속되었고, 심지어 2018년[6]에도 불거졌다.

2013년 어닝 쇼크의 충격이 컸던 만큼 개별 기업 차원에서는 철저한 반성과 대책 수립이 이루어졌을 것이고, 그 이후의 해외 플랜트사업은 어느 정도 정상화되었을 것이라고 기대하는 것이 상식일지 모른다. 하지만 실제 통계를 보면 고개가 저절로 갸우뚱해진다.

해외건설협회의 수주통계상 사상최고였던 2010년의 플랜트 수주실적은 573억 달러였다. 이후 2013년까지는 400억 달러 전후 수준이었다. 그런데 어닝 쇼크 다음해인 2014년에 517억 달러로 대폭 늘어난 것은 이해하기가 어렵다. 그러다 2015년에는 265억 달러로 절반이나 급감했고, 2016년에는 또다시 그 절반에 해당하는 132억 달러로 줄었다. 2019년에는 109억 달러로 더 줄었다. 급락이라기보다 추락이라는 표현이 더 어울릴 만한 상황이다. 2010년이나 2014년 수주실적 대비 5분의 1 수준으로 줄어든 것이다.[7]

2014년을 정점으로 한국 기업의 해외 플랜트 수주실적이 5분의 1로 줄었으니까, 해외 발주처의 발주물량도 그만큼 급감한 것이 아니냐고 반문할지 모른다. 실상은 유가 급락으로 해외 발주가 줄어든 것보다 훨씬 더 큰 폭으로 한국 기업의 수주가 줄었다. 그렇다고 수익성이 개선되었다는 객관적인 증거도 찾아보기 어렵다. 물론 2013년의 어닝 쇼크 때보다는 적자 폭이 줄어들었을 것이고, 수익을 창출한 경우도 있을 것이다. 하지만 최근 일부 대기업은 해외 플랜트사업 자체를 포기하려는 듯한 인상까지 주고 있다. 2013년의 어닝 쇼크는 일회성 해프닝으로 끝난 것이 아니라 여전히 현재진행형인 것으로 보인다.

2010년대 초반의 해외건설 부실로 인한 전체 적자 규모가 얼마인지는 정확하게 알기 어렵다. 주요 대기업의 실적공시 자료만 봐도 수조 원에 달할 것으로 추정된다. 대규모 해외 플랜트공사 손실로 인한 어닝 쇼크에도 불구하고, 건설기업의 실적이 개선된 것은 2014년 이후 국내 주택경기의 초호황에 힘입은 바 크다.

결국 해외 플랜트 부실로 인한 손실을 국내에서 아파트 팔아서 갚은 게 아니냐, 해외 손실을 국내 소비자의 주머니를 털어서 메꾼 게 아니냐는 비아냥이 많았다. 그렇지 않다고 반박하기도 어려울 것이다. 물론 사업은 대규모 손실을 볼 수도 있고, 대규모 흑자를 볼 수도 있다. 대규모 손실을 봤다면 그 원인을 철저하게 분석하고 다시는 그런 일이 발생하지 않도록 대책을 수립해야 한다. 그래야 대규모 손실이 단순히 손실로 끝나는 것이 아니라 미래 수익의 원천이 될 수 있다.

03

저가 수주와
승자의 저주

어떤 문제든 해결을 위해서는 정확한 원인 진단이 필요하다. 정말 해외 플랜트 부실로 인한 어닝 쇼크의 원인은 모두가 지목하듯이 저가 수주일까? 저가 수주의 원인은 과당경쟁이고?

해외건설 전문가들은 좀 더 그럴듯한 설명을 덧붙인다. 해외 발주처들은 대부분 '최저가 낙찰제'를 운용하고 있고, 이런 시스템 하에서 한국 기업들이 과도하게 경쟁하다 보니 '승자의 저주winner's curse'를 맞이하게 되었다는 것이다.

'승자의 저주'란 개념은 석유회사들이 특정 지역에서 석유 시추권을 확보하고자 경쟁하는 상황을 설명하는 논문8)에서 유래되었다. 경매를 통해 석유 시추권을 확보한 승자는 둘 중 하나의 방식으로 저주를 받게 된다는 것이다. 첫 번째 실제 가치 이상의 가격에 수주함으로써 금전적 손실을 입거나, 두 번째 손실을 보지는 않더라도 기대했던 이윤을 얻지 못한다는 것이다. 이 같은 승자의 저주는 특별할 것도 없이 현실에서 빈번하게 벌어지는 일이다. 특히 최저가 낙찰제가 일상화되어 있는 건설산업에서는 더욱 그렇다.[9]

이처럼 그럴듯한 경제이론도 뒷받침되다 보니, 2010년대 초반의 어닝 쇼크는 저가 수주에 따른 승자의 저주, 즉 대규모 적자라고 정리된다. 당연히 이 같은 원인은 존재한다. 하지만 '저가 수주로 인한 승자의 저주'만으로는 모든 것이 설명되지는 않는다. 지금부터 세 가지 질문을 던져보겠다.

첫째, 모든 프로젝트가 저가 수주였을까?

모든 한국 기업들이 모든 프로젝트를 저가에 수주하지는 않았다. 새로운 공사를 수주하고자 할 때 기업들이 '전략적으로(좀 더 정확히 표현하자면 수주를 위해 의도적으로)' 낮은 가격에 입찰하는 사례는 있다. 하지만 그런 의미에서의 '전략 수주' 공사가 대다수일 수는 없다.

1건당 적게는 수천억 원에서 많게는 수조 원에 달하는 대규모 해외 플랜트공사를 전략적으로 낮은 가격에 수주하는 것은 예외적인 경우다. 그런데 2010년대의 대규모 적자는 소수의 전략 수주 공사에서만 발생한 것이 아니다. 다수를 차지하고 있는 '정상 수주' 공사에서도 발생했다.

둘째, 적자를 만회할 기회는 없었을까?

수주 단계에서 수익성이 좋지 않았더라도, 수행 단계에서 원가 절감 등을 통해 적자를 만회할 방법은 있다. 한국 해외건설의 역사를 보면 발주처가 책정한 예산이나 경쟁하는 외국기업보다 월등하게 낮은 가격에 수주했음에도 불구하고, 프로젝트를 성공적으로 수행하면서 수익을 창출한 사례도 많았다.

그런데 2010년대 초반에만 유독 그런 일이 없었을까? 따라서 수주만이 아니라 수행상의 문제도 반드시 짚고 넘어가야 한다. 그런데 수행은 전문적·기술적인 특성이 많고 기업 내부의 일인지라, 비전문가나 언론 등 외부에서는 알기 어렵다는 문제가 있다.

셋째, 원인을 외부에만 돌리고 있는 것은 아닐까?

저가 수주에 따른 승자의 저주라는 주장에는 모순이 있다. 중동의 입찰제도는 2010년대에 갑자기 최저가 낙찰제로 바뀐 것이 아니다. 예나 지금이나 별반 차이가 없다. 그런데도 왜 2010년대 초반에 대규모 적자가 발생했을까? 경쟁사가 저가에 입찰하기 때문에 어쩔 수 없었다는 주장이 어느 정도는 사실이겠지만 자신의 저가 수주를 정당화하는 책임회피성 주장이기도 하다. 한국 기업의 입찰 담당자들은 자신은 아무 잘못이 없고, 발주처의 입찰제도와 경쟁사의 입찰행태 때문에 벌어진 참극이라고 주장하는 셈이다. 그렇다면 저가 수주를 방치한 본사의 리스크관리 부서와 해외사업본부는 사실상 직무유기를 해 왔다고 볼 수 있다.

저가 수주가 어닝 쇼크의 원인 중 하나였음은 확실하다. 하지만 여기서 멈춰서는 안 된다. 대부분의 한국 기업들이 오랜 기간에 걸쳐 적자를 누적시켜 오다가 한꺼번에 노출시킨 2010년대 초반의 해외건설 어닝 쇼크에 대해서는 좀 더 종합적이고 구조적인 원인 규명이 필요하다.

04

Overseas Construction
Myth & Earning Shock

처음 있는 일도
아니었다

2010년대 초에 벌어진 해외건설의 어닝 쇼크는 새로움이란 측면에서 그다지 충격적인 일이 아니다. 이미 두 번이나 겪어본 일이기 때문이다. 해외건설에서 대규모 적자를 기록하여 국가경제에 큰 부담을 안긴 것은 2010년대 초에 처음 일어난 일이 아니다. 1980년대에도 있었고 1990년대에도 있었다.

뒷장의 도표에서 보듯이 해외건설 수주의 급등과 급락은 세 차례나 반복된 사건이었다. 구체적인 상황은 달랐지만 기본적인 구조와 과정은 동일했다. 중동과 동남아 같은 특정 지역의 건설 붐에 힘입어 단기간에 수주실적이 급증한다. 그러면 한국 기업들이 대거 진출하면서 수주를 위한 파괴적인 가격경쟁이 이루어진다. 그 후 한동안 수주실적이 급등하다가 유가 하락이나 외환위기 등 글로벌 경제 여건의 악화와 함께 급락한다는 패턴은 매우 비슷하다.

그런데 해외수주가 정점에 이르렀을 때 어디선가 경고음이 나오는 것이 아니라, 수주를 더 확대하자는 식의 주장이나 낙관적인 전망이 난무한다는 것도 그 패턴 중 일부다. 해외수주 실적이 최고치를 기록했다는 것은 한국 기업 간의 가격경쟁이 최고치를 기록했다는 것과 일맥상통한다.

이 시기에 저가로 수주했던 공사의 손실은 해외수주 실적이 급감하는 시기에 본격적으로 드러난다. 그때서야 여론의 뭇매를 맞고, 한동안은 부실기업 구조조정을 통해 해외건설 부실화에 따른 적자를 메꾸느라 정부와 기업 모두 바쁘다. 문제는 그렇게 몇 년 지나다 보면 또다시 유가 급등에 따른 중동 건설경기 활성화나 동남아 국가의 개발투자 붐에

해외건설 수주 추이

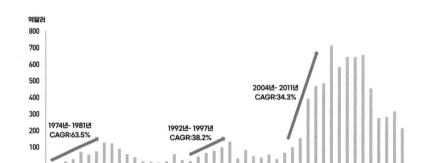

자료: 해외건설협회

힘입어 해외수주 실적이 상승한다는 것이다.

이때는 과거의 상흔을 기억하고 있는, 해외수주 급락기의 공무원이나 기업 경영자들이 대거 자리를 떠난 뒤다. 새롭게 자리를 채운 공무원이나 기업인들은 또다시 해외 진출 확대 전략을 수립해서 실행한다. 악순환이란 말에 이보다 잘 들어맞는 사례는 없을 것이다. 과거를 통해 배우지 않으면, 고리를 끊어내지 않으면 어닝 쇼크는 다시 반복될 것이다. '수주 신화와 어닝 쇼크의 반복'을 다시 겪지 않기 위해서는 어닝 쇼크의 구조적 원인을 철저히 분석하고 대책을 수립해야 한다.

02

*Overseas Construction
Myth & Earning Shock*

해외건설에 대한
거짓과 진실

01

*Overseas Construction
Myth & Earning Shock*

해외건설이란 개념
제대로 알기

본격적인 논의에 앞서, 독자들의 이해를 돕기 위해 법령이 규정하고 있는 해외건설의 범위와 기초적인 용어, 해외건설의 가치사슬value chain 에 대해 설명하고자 한다. 또한 해외건설협회 홈페이지(www.icak.or.kr) 의 '수주통계'를 기반으로 일반인들이 갖고 있는 몇 가지 통념이 사실과 부합하는지에 대해서도 살펴볼 예정이다.

해외건설에 관한 기본법은 1975년 말에 제정된 〈해외건설촉진법〉이다. 2011년에 전문개정이 이루어진 제1조(목적)[10]를 다시 정리해 보면 다음과 같다.

"해외건설업을 영위하기 위해서는 '신고'를 해야 하고, 정부가 '해외공사'를 '지원'하며, 그 목적은 해외건설 '진흥'과 '국제수지 향상'에 있다."

사용된 단어만 봐도 이 법은 1970~80년대의 틀을 못 벗어나고 있음을 알 수 있다. '신고'는 등록, 면허와 약간의 강도 차이를 둘 뿐 기본적으로는 같은 개념이다. 즉 해외건설사업자에 대해서 진입규제를 설정한 것이다. 해외건설을 '사업'이 아니라 '공사'라는 단어로 포괄한 것도 시대착오적이다.[11] 오늘날의 해외건설은, 특히 투자개발사업은 건설공사만이 아니라 사업개발과 기획, 타당성조사 및 파이낸싱 등을 포괄하고 있기 때문이다.

정부가 나서서 지원을 통해 해외건설을 '진흥'한다는 것은 개발 시대의 냄새를 물씬 풍긴다. '국제수지 향상'이라는 목표는 초창기 해외건설의 국제수지 개선효과를 염두에 둔 것이겠지만, 오늘날 해외건설 수주의 경제적 효과를 설명하는 용어로는 부적절하다. 앞으로 〈해외건설촉진법〉은 단편적인 조문 개정 수준을 넘어서 법 명칭과 내용 등을 해외건설 환경에 맞게 전면적으로 재편해야 할 필요가 있다.[12]

〈해외건설촉진법〉이 정의하고 있는 해외건설사업의 범위를 보자. 법에서는 '해외공사'를 '해외건설공사, 해외건설 엔지니어링활동, 해외인프라·도시개발사업'을 포괄한다고 정의하고 있다. 그렇다면 해외건설기업의 인수합병M&A이나 운영사업concession 등은 '공사'가 아니므로 설자리를 찾기가 어려워진다. 우선 법이 규정한 해외건설의 범위에 대해 세부적으로 살펴보자.

해외건설공사

해외에서 시행되는 토목공사 · 건축공사 · 산업설비공사 · 조경공사와 전기공사 · 정보통신공사 등을 말한다. 이중 '산업설비'공사는 흔히 '플랜트plant'공사라고 부른다. 발전소, 화학공장, 정유공장, 가스처리시설공사 등이 포함된다. 해외건설업계에서는 관행적으로 '산업설비'를 '플랜트'라 불러왔다. 이 책에서도 '산업설비'라는 단어보다는 언론이나 일반 독자들이 보편적으로 사용해 온 '플랜트'라는 단어를 자주 사용할 것이다.

해외건설 엔지니어링활동

해외건설공사에 관한 기획 · 타당성조사 · 설계 · 분석 · 구매 · 조달 · 시험 · 감리 · 시운전 · 평가 · 자문 · 지도 등을 말한다. 이처럼 엔지니어링의 범위에 '설계'도 포함되어 있지만, 그 외 다양한 형태의 활동을 포괄한다. 그리고 〈해외건설촉진법〉에서 언급하고 있는 '엔지니어링활동'의 범위는 플랜트공사가 아니라 일반적인 토목 · 건축공사의 엔지니어링활동 중심이다. 엔지니어링활동 가운데 가장 중요한 것이 설계 과정이지만, 그 외에도 앞에서 열거하고 있는 것과 같이 타당성조사나 감리를 비롯한 다양한 활동이 포함된다.

해외 인프라·도시개발사업

해외에서 시행되는 민간투자법과 도시개발법에 따른 사회기반시설이나 도시개발사업이 포함된다. 이런 사업들은 대개 건설공사만 수행하는 것에 그치지 않고 사업발굴, 기획, 타당성조사 및 투자를 수반하게 된다. 이런 '투자개발사업'은 건설공사만을 수행하는 '도급사업[73)]과 달리 리스크가 크고 긴 시간이 소요되는 반면 수익성은 높은 경향이 있다. 2018년에 정부는 '해외 인프라 도시개발 지원공사KIND'를 만들었다. 향후 해외건설시장에서 투자개발사업이 중요한 위치를 가질 것이라는 전망하에 지원을 강화하기 위해서이다.

해외건설사업의 가치사슬

 일반적인 건설사업의 가치사슬value chain**14)**은 국외와 국내를 막론하고 다음과 같이 구성된다.

 기획 및 타당성조사(F/S) → 프로젝트 관리(PM: Project Management)**15)** →기본설계 → 상세설계 → 구매 · 조달**16)** → 시공 → 감리**17)** → 운영 및 유지관리

 가치사슬 중에서 '시공'을 제외한 나머지가 모두 '엔지니어링' 영역이다. 건설사업의 가치사슬 중에서 기획 · 설계 등 엔지니어링 영역의 비중은 5~25% 수준이지만,**18)** 전체 사업비와 시설물의 최종 품질에 큰 영향을 미친다.

건설사업의 가치사슬(value chain)

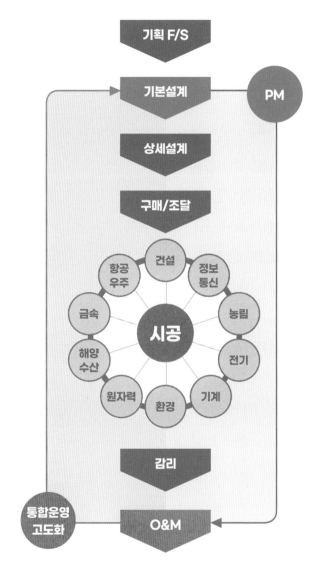

주 1) PM(Project Management): 프로젝트 관리
2) F/S(Feasibility Study): 타당성 조사
3) O&M(Operation & Management): 운영 및 유지관리

자료: 산업자원부(2020.5.7). 〈엔지니어링산업 혁신전략〉. p.1.

일반적으로 한국 기업은 토목 · 건축 건설공사의 '시공' 부문에서 상대적으로 높은 글로벌 경쟁력을 갖고 있는 것으로 평가된다. 한국 기업의 플랜트사업 대부분이 상세설계(E) − 구매 · 조달(P) − 시공(C)을 포괄하는 'EPC사업'이었기 때문에 이 영역도 글로벌 경쟁력이 있는 것으로 평가하고 있다.

그런데 문제는 한국 기업의 경쟁력이 높은 영역이 상대적으로 부가가치가 낮은 영역이란 것이다. 그렇다면 부가가치가 높은 영역은 무엇일까? 해외 선진기업들이 주로 수행하고 있는 기본설계 영역을 비롯해 시공 이전 단계가 특히 높다. 일반적으로 시공 이후 단계도 시공 단계보다는 부가가치가 높은 것으로 평가된다. 따라서 한국 기업도 시공 이전과 이후 단계로 가치사슬을 확장해야 한다는 목소리가 높다.

이 책은 한국 해외건설의 주류를 담당했던 플랜트사업에 초점을 맞추고 있다. 앞으로의 논의를 전개하기 위해서는 플랜트사업의 설계활동에 사용되는 독특한 용어부터 이해해야 한다. 플랜트 설계는 '개념설계 — 기본설계 — 연결설계(FEED) — 상세설계' 순으로 이루어진다.

■■■■■ 플랜트 사업의 설계활동

개념설계
Conceptual Design

기본설계
Basic Design

연결설계
FEED(Front End Engineering Design)

상세설계
Detail Design

◐ 개념설계는 플랜트 공사에 한정된 용어가 아니다. 산업의 종류를 막론하고 '개념을 새롭게 정의하고 이를 실현할 최초의 설계도를 그려내는 것'을 의미한다.[19] 전체 구조를 잡는 밑그림이라 할 수 있다.

◐ 기본설계는 개념설계를 구체화한 것으로 플랜트공사의 원천기술 보유자 licenser가 제공하는 공정패키지 process package를 의미한다.[20]

◐ 연결설계는 FEED라는 영어단어를 그대로 사용하는 경우가 대부분이다. 이는 기본설계의 후단부 end와 상세설계의 전단부 front를 연결해 주는 설계를 말한다. FEED는 상세설계(E) − 구매·조달(P) − 시공(C)을 모두 포함한 'EPC계약'을 수주하고자 하는 다수의 입찰자들이 동일한 기준 아래 견적가격을 산출해서 입찰할 수 있도록 하기 위해 만든 설계이다.

◐ 상세설계(E)는 계약자가 작성하여 기자재를 구매·조달하고(P) 시공(C)에 착수할 수 있도록 하는 설계를 말한다. 오랫동안 대부분의 한국기업들은 개념설계, 기본설계, FEED를 수행할 역량이 없어서 외국기업으로부터 돈을 주고 사오거나, EPC 계약자로서의 역할만 주로 수행해왔다. 하지만 최근 들어 한국의 전통적인 플랜트 EPC기업들도 상세설계 이전 단계인 기본설계와 FEED를 수주하는 경우가 종종 있으며, 이들 영역으로 사업을 확장하는 것을 미래 비전으로 내세우고 있다.[21]

03

Overseas Construction
Myth & Earning Shock

수주 통계로 본
해외건설의 특징 4가지

1 ─────── 중동과
아시아 중심

　　해외건설시장이라고 하면 가장 먼저 중동
시장을 떠올린다. 1970~80년대의 '중동 건설 붐'이 국민들 뇌리에 깊
이 새겨졌기 때문이다. 이는 통계(해외건설협회의 수주통계)로도 증명된다.
1980년대까지만 해도 전체 계약실적에서 중동시장이 차지하는 비중이
90% 수준이었다. 1990년대에만 유일하게 아시아시장에 1위 자리를 내
주었다. 하지만 2000년대 이후 지금까지도 중동시장 비중은 50%를 넘
어선다.

2015년까지의 누적 계약실적에서 차지하는 중동시장(55.1%)과 아시아 시장(30.3%)의 비중을 합하면 무려 85.4%에 달한다. 다만, 최근 들어서는 상대적으로 아시아시장의 비중이 더 높아졌고 중동시장 비중은 감소하는 추세다. 2019년 통계로 보면 아시아시장 비중은 56.2%, 중동시장 비중은 21.3%다. 하지만 두 지역을 합한 것이 전체 계약실적의 대부분(77.5%)을 차지한다는 사실은 변함이 없다.

지역 편중은 한국 해외건설의 고질적인 문제다. '한 바구니에 계란을 담지 말라'는 리스크관리의 격언이 무색할 정도다. 이처럼 편중도가 높은 지역의 건설경기가 위축될 때마다 한국의 해외건설도 바로 위축되었다. 미국을 비롯한 선진국시장 진출실적은 지극히 미미했고, 중남미나 아프리카를 비롯한 다른 신흥시장으로의 진출도 드물었다.

■■■■■■ ■ 해외건설 지역별 계약현황

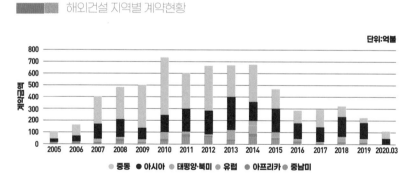

자료: 해외건설협회 수주통계(www.icak.or.kr).

2 ——————— 플랜트 중심

계약실적을 공종, 즉 공사의 유형별로 분석해보자. 1980년대까지만 해도 토목·건축공사 비중이 압도적이었고, 플랜트 비중은 10%대 초반에 불과했다. 그런데 1990년대에 플랜트 비중이 35%로 늘어나더니 2000~2010년대에는 65%를 넘어설 정도로 가파르게 상승했다. 2010년대에는 토목과 건축공사를 합한 비중이 30%로 떨어졌다.

플랜트 편중은 긍정적인 측면이 있다. 중동·아시아시장의 토목·건축공사에 현지 기업이나 중국 기업의 진출이 활발해지면서 경쟁력을 상실했기 때문이다. 기술중심의 고부가가치 공사인 플랜트 비중이 높아진 것은 그만큼 한국 기업이 기술력을 인정받고 있고, 해외건설산업의 구조가 고도화되었다는 증거로 볼 수 있다.

하지만 토목·건축공사의 글로벌 경쟁력 저하를 어떻게 극복할 것인가 하는 과제는 여전히 남아 있다. 플랜트 역시 상세설계 이후 단계의 'EPC사업'이 중심이다 보니 고수익·고부가가치 사업영역이라 하기엔 무리가 있다. 지역적으로도 중동과 일부 중앙아시아 및 중남미시장에 편중되었다는 문제가 있다.

2015년까지의 누적 계약실적을 공종별로 자세히 살펴보면 플랜트가 57.8%, 건축이 19.7%, 토목은 18.2%였다. 설계, 운영 및 유지관리(O&M), 건설사업관리(CM) 등 건설용역이 차지하는 비중은 1.8%로 미미한 수준이었다.

2019년에는 플랜트가 48.7%, 토목은 0.3%, 건축은 22.0%였다. 건설용역은 5.4%로 이전에 비해 크게 늘었지만 금액(12억 달러)으로 본다면 여전히 미미한 수준이다.

공종별 해외건설 계약실적

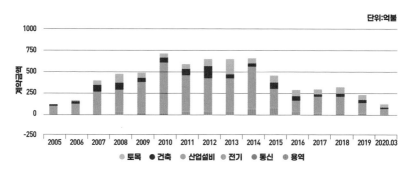

자료: 해외건설협회 수주통계(www.icak.or.kr).

3 ──────── **원도급 중심**

해외건설을 폄훼하는 사람들이 하는 소리가 있다. 해외건설시장에서 한국 기업이 외국 기업의 하도급자로 진출했고, 사실상 지금도 그렇다는 것이다. 결론적으로 이는 근거 없는 '가짜뉴스'일 뿐이다. 2015년까지의 누적 계약실적을 보면 원도급 단독 계약

실적 비중이 69.0%였고, 원도급 합작 계약실적은 25.7%로 둘을 합하면
원도급 계약실적의 비중이 무려 94.7%에 달한다.

그렇다면 한국 기업이 벡텔Bechtel 같은 선진국 기업의 하도급자가 아
니냐는 이야기는 왜 나왔을까? 아마도 선진국 기업이 시공을 제외한 설
계 · 엔지니어링과 건설사업관리 및 감리를 맡고, 한국 기업이 시공을
맡다 보니 마치 한국 기업이 외국 기업의 하도급자인 것처럼 오해했을
가능성이 있다. 하지만 한국 기업의 수주형태별 계약실적은 1960년대
이래 지금까지 언제나 원도급 수주가 가장 큰 비중을 차지했다.

2012년 이후부터는 수주형태별 계약실적에서 원도급 합작 계약실적
이 크게 늘어났다. 바로 한국의 플랜트기업들이 어닝 쇼크를 겪던 시기
다. 다수의 플랜트기업들이 단독으로 원도급 공사 수주경쟁을 하다가
큰 손실을 보았기에, 수주경쟁 내지 가격경쟁을 완화하고 리스크를 분
산하기 위해 컨소시엄을 구성해서 공동 수주하는 사례가 많아졌다.

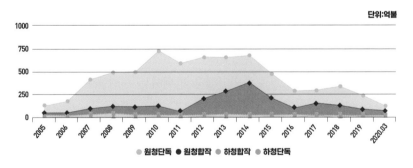

수주형태별 해외건설 계약현황

자료: 해외건설협회 수주통계(www.icak.or.kr).

4 ———— 도급공사 중심

          2015년까지 한국 기업들의 누적 계약실적을 보면, 도급공사 비중이 95.9%를 차지했다. 이는 공개경쟁입찰(37.3%)이든, 지명경쟁입찰(33.0%)이든, 수의계약(25.6%)이든 똑같다. 도급이 아닌 개발사업의 비중은 5%도 안 될 정도로 지극히 미미했다.

  1990년대 중반에 우루과이라운드(UR)와 정부조달협정(GPA)이 타결되어 발효되기 전까지만 해도 전 세계적으로 가장 많이 활용되는 입찰방식은 지명경쟁입찰이었다. 능력과 자격을 갖춘 소수의 기업을 발주자가 지명하여 입찰하도록 한 것이다. 하지만 글로벌 건설시장이 개방되면서 공개경쟁입찰이 기본적인 입찰방식으로 자리를 잡았다. 그 결과 2010년대부터는 한국 기업들의 발주형태별 계약실적에서도 공개경쟁입찰이 주류를 이루고 있다.

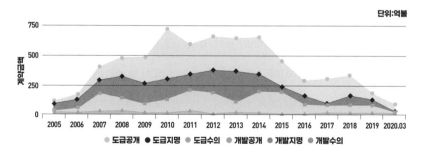

발주형태별 해외건설 계약실적

자료: 해외건설협회 수주통계(www.icak.or.kr).

04

대기업 vs.
중소기업

건설사업자가 해외건설을 수행하기 위해 제일 먼저 해야 할 일은 〈해외건설촉진법〉에 따라 '신고'를 하는 것이다.

해외건설업의 영업종류별 신고자격자는 8개 분야로 규정되어 있다. 즉 종합건설업, 전문건설업, 전기공사업, 정보통신공사업, 환경전문공사업, 건설엔지니어링업, 해외공사 수주 및 개발업, 주택건설사업 및 대지조성사업이 그것이다. 해외건설 수주실적이 늘어났던 2006년부터 2015년까지는 매년 500개사 이상이 신고했지만, 2016년 이후부터는 저조한 모양새다.

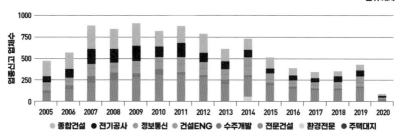

해외건설업 8개 신고자격별 현황

단위:개사

종축: 업종신고 업체수

2005 2006 2007 2008 2009 2010 2011 2012 2013 2014 2015 2016 2017 2018 2019 2020

● 종합건설 ● 전기공사 ● 정보통신 ● 건설ENG ● 수주개발 ● 전문건설 ● 환경전문 ● 주택대지

자료: 해외건설협회 수주통계(www.icak.or.kr).

　　1965년부터 2020년 3월 말까지, 해외건설시장에 참여한 기업은 총 1,644개사이고, 누적 계약실적은 8,451억 달러다. 그렇다면 누적 계약실적을 이끌어온 주역은 누구일까? 상위 10대사, 상위 20대사로 나눠서 살펴보자.

　　상위 1위부터 10위까지, 10대사의 누적 계약실적은 6,019억 달러로 전체의 71.2%를 차지했다. 상위 11~20위까지의 기업은 1,291억 달러를 기록해 15.3%를 차지했다. 결국 상위 20대사의 누적 계약실적은 7,310억 달러로 전체의 86.5%에 해당한다. 최근 3년간만 보더라도 상위 20대 해외건설기업의 수주비중은 90%를 넘었다.[22] 한국의 해외건설은 상위 20대 대형 건설기업들이 주도했음을 알 수 있다.

　　그렇다면 중소기업이 해외건설에서 차지하는 비중은 어떻게 변해 왔을까? 최근 15년간 가장 높은 계약실적을 보였던 2008년에 15.1%(72억 달러)였고, 2019년에는 7.6%(17억 달러) 수준이었다. 중소기업의 실적과 비중이 대기업에 비해 현저히 떨어지다 보니 정책적으로 지원해야 한다는 목소리가 높고, 실제로 정부에서도 여러 차례에 걸쳐 중소기업의 해외건설시장 진출 지원방안을 발표했다. 하지만 아직도 이렇다 할 성과는 보이지 않는다.

05

공사와
사업 사이

〈해외건설촉진법〉에서도 그렇지만, 한국의 건설업계나 언론에서도 해외건설의 범위를 건설공사로 좁혀서 보는 경향이 있다. 하지만 최근 들어서는 건설업을 '건설공사construction project가 아니라 '건설사업 construction business'으로 보자는 주장이 강하게 제기되고 있다.[23]

전통적인 건설공사는 설계와 시공 분야에 국한되어 있었다. 한국 정부가 활성화하고자 하는 투자개발사업은 시장분석 및 전망, 상품설계, 수익성설계, 금융설계까지도 포괄하고 있다.

넓은 의미의 건설사업 가치사슬

| | 사업발굴 및 기획 등 고부가가치 영역 | | | | | | 설계/시공 중심의 현행 직무 | | 건설 후 단계 |

사업발굴 및 개발단계 Project Development Phase				건설단계 Construction Phase				운영단계 O&M
① 시장분석 및 전망 market insight/ foresight	② 상품 설계 market/ project design	③ 수익성 설계 profit design	④ 금융 설계 financing design	⑤ 사업 전략 및 기획 project strategy and planning	⑥ 구매 및 조달 contract procurement	⑦ 설계/ 엔지니어링 design engineering	⑧ 시공 및 시운전 construction/ commissioning	⑨ 운영 및 유지 관리 concession/ operating/ maintenance

자료: 서울대학교 건설환경종합연구소(2017), 〈건설 엔지니어링 업계의 포지션 및 역량 진단〉, 서울대학교 건설환경종합연구소 토론집 04, p.29

글로벌 기업들은 이미 오래 전부터 해외건설을 '사업business' 관점에서 접근해 왔다. 단순히 가치사슬value chain상의 시공 이전 단계 업무를 수행하는 차원을 넘어서, 현지기업 인수합병(M&A), 전략적 제휴 등 다양한 사업전략을 구사해 온 것이다.

반면 한국 기업들은 오랫동안 공사project 수주와 시공 차원을 탈피하지 못했다. 아주 최근에 와서야 전통적인 설계·시공 분야를 넘어서 가치사슬을 전후방으로 확장하고자 시도하고 있지만 아직 그 성과는 대단히 미약하다. 현지기업 M&A나 전략적 제휴 움직임도 별로 눈에 띄지 않는다.

이제는 한국 기업들 스스로도 시공 이전과 이후 단계로 사업영역을 확장하거나 M&A와 전략적 제휴를 활성화해야 할 필요성을 느끼고 있다. 더 이상 단순도급 건설공사 수주만으로 해외건설시장에서 성장과 발전을 기대할 수 없다는 인식을 갖고 있다. 정부 또한 도급공사에서 투자개발사업으로의 전환을 요구하면서 공기업 설립과 펀드 조성 등을 통한 지원방안을 강구하고 있다. 한국의 해외건설도 공사가 아니라 사업으로 보고 접근해야 할 때가 왔다.

06

도급사업이냐
투자개발사업이냐

도급사업이란 수주한 건설공사를 계약된 기간 내에 준공해서 발주자에게 인도해주고, 계약된 공사비를 발주자로부터 지급받는 것이다.

투자개발사업은 이름 그대로 반드시 '투자financing'를 수반해야 한다. 그뿐만 아니라 사업발굴 및 기획, 타당성조사 등과 같은 시공 이전 단계 업무에 더하여 운영 및 유지관리(O&M)까지도 포함될 수 있다.

한국 기업의 투자개발사업 수주 비중은 2006년 10.2%에서 2016년 3.1%까지 하락했고, 도급사업 수주 비중은 95%를 상회했다. 해외수주 실적이 감소하기 시작했던 2015년 이후에도 투자개발사업의 수주 비중은 여전히 낮은 수준이다.

도급사업에 비해 투자개발사업은 비즈니스모델이 훨씬 복잡하다. 도급사업은 건설기업이 단독으로 추진할 수 있지만, 투자개발사업은 재무적 투자자(FI), 전략적 투자자(SI) 등과 함께 추진해야 한다. 시공보다 사업발굴과 기획, 타당성조사, 금융조달 등과 같은 업무가 더욱 중요하다. 금융, 기술, 법률 등 여러 분야의 자문단이 필요하다. 따라서 도급사업에 비해 리스크도 크다. 하이 리스크, 하이 리턴인 셈이다.

많은 사람들이 오랫동안 한국 해외건설산업의 부가가치를 높이기 위해서 투자개발사업을 확대해야 한다고 주장해 왔다. 하지만 앞에서도 말했듯 투자개발사업은 사업기간이 길고, 난이도는 높고, 리스크도 크다. 그러다 보니 투자개발사업 활성화를 그렇게 오랫동안 외쳐 왔어도 실제 성과는 미미하다.

한국 해외건설은 현재 5%도 안 되는 투자개발사업의 비중을 늘려가면서, 한편으로는 95%에 달하는 도급사업의 글로벌 경쟁력을 강화해 나가야 한다는 이중의 과제를 떠안고 있다.

07

이 책이 다루는
내용에 대하여

독자 입장에서는 이 챕터의 내용이 지루하고 딱딱했을 것이다. 그럼에도 불구하고 앞으로 다룰 주제나 내용 및 단어에 대한 혼선과 오해를 피하기 위해서 기초적인 사항을 설명해 보았다. 지금까지 설명한 내용만 보더라도 해외건설산업이 얼마나 복잡하고 광범위한 것인지 짐작할 수 있을 것이다.

이 책은 해외건설을 공사project가 아니라 사업business으로 보고 좀 더 폭넓게 접근하고자 한다. 그렇다고 해서 이 책의 논의 범위를 무한정 확장할 수는 없다. 전체 해외 수주실적의 2~3%에 불과한 건설용역시장이나 5% 내외에 불과한 투자개발사업, 10% 미만인 중소기업의 해외건설 실태 등은 향후 다른 책에서 다룰 필요가 있다.

지금부터 플랜트 EPC사업과 토목·건축공사의 도급사업을 중심으로, 또 전체 누계 계약실적의 86.5%를 차지하고 있는 상위 20대 대기업 사례를 중심으로 설명하고자 한다. 글로벌 기업 사례도 유럽과 미국의 최상위권top-tier 그룹에 초점을 둘 것이다.

미래지향적인 관점에서는 시공 이전과 이후 단계(사업발굴과 기획, 개념설계, 설계·엔지니어링, 운영 및 유지관리)가 더 중요하다. 도급공사보다는 투자개발사업 활성화를 위한 방안이 더 필요할 수 있다. 현지기업의 M&A나 전략적 제휴와 같은 사업전략은 가치사슬의 전후방 확장을 위해서도 필요하다. 향후 해외건설 발전방향과 관련해서 이 같은 요소들도 적극적으로 설명할 것이다.

해외건설이라고 해서 국내건설 분야와 뚝 떨어진 다른 별의 이야기가 아니다. 비록 법과 제도, 관행 등의 차이가 상당하긴 하지만 국내 건설시장의 구조와 문화가 해외건설에도 영향을 미칠 수밖에 없다. 해외건설의 뿌리는 국내건설이기 때문이다. 따라서 해외건설과 국내건설의 연계성에 대한 설명도 필요하다.

국내건설과 달리 해외건설시장에서는 한국 정부의 역할이 제한적일 수밖에 없다. 따라서 이 책에서도 정부의 정책이나 제도는 제한적으로 다룰 것이며, 주로 기업의 활동에 초점을 두고자 한다.

03

수주 신화와
어닝 쇼크의 반복

01

Overseas Construction
Myth & Earning Shock

세 차례
반복된 부침

중동 건설 붐
(1980년대)

시작은 미미했다

　해외건설 신화는 사실 기획된 것도, 의도된 것도 아니었다. 한국 기업이 해외건설시장에 처음 진출한 것은 1965년이다. 그해에 현대건설이 태국에서 팟타니-나라티왓 고속도로 건설공사를 수주했고, 공영건설이 일본의 요코다 미국 공군기지 공사를 수주했다.

　1965년 한국군의 베트남전 참전이 한국 기업의 베트남 진출의 계기가 되긴 했지만, 베트남이 공산화되면서 한국 기업의 전후 복구사업 참여는 무산되었다. 그 와중에도 1970년부터 동남아와 태평양지역으로 진출하기 위한 노력들이 눈에 띈다.

그렇다면 중동 건설 붐의 시작은 언제일까?

1973년 말, 삼환기업이 사우디아라비아에서 카이바-알울라 고속도로 건설공사를 수주한 것이 시작이다.[24] 하지만 처음부터 화려했던 것은 아니다. 1974년까지는 해외건설의 수주실적 자체가 미미했고, 게다가 대규모 적자로 인해 진출했던 한국 기업들이 심각한 경영난을 겪었기 때문이다.

한국 기업 최초의 해외건설 프로젝트로 조명 받았던 태국의 팟타니-나라티왓 고속도로 공사의 성적표도 처참했다. 공사비만 522만 달러로 1965년 당시 국내외 건설공사 전체 계약액의 60%를 차지할 정도의 대형 프로젝트였지만, 현대건설은 300만 달러에 달하는 엄청난 손실을 기록했다.[25]

삼환기업이 수주한 사우디아라비아의 카이바-알울라 고속도로 건설공사 역시 계약금액이 2,400만 달러에 달했지만 결국 250만 달러나 손실을 보았다.[26]

실로 심각한 수준의 손실이다. 해당 국가의 건설시장에 대한 조사도 제대로 해 본 적이 없고, 베트남 말고는 이렇다 할 해외시장 경험도 없는 데다 전근대적 사업관리 역량과 뒤처진 기술력, 취약한 인적 자원 등을 감안하면 당연한 결과일 것이다. 하지만 한국 기업의 경영자들은 엄청난 손실에도 불구하고 불굴의 기업가 정신으로 수주한 공사를 마무리

했고, 그 과정에서 겪은 시행착오를 차곡차곡 경험으로 축적해 갔다.**27)**

신화의 시작, 황금알을 낳는 거위

1973년과 1978년, 두 차례의 오일쇼크로 석유가격이 급등하면서 전 세계 경제는 침체에 빠졌다. 반면에 중동 산유국들은 막대한 오일머니를 기반으로 자국의 경제개발에 필요한 건설공사를 대거 발주하기 시작했다.

당시 한국 정부는 오일쇼크로 인한 경제위기를 극복하기 위해 외화 수입원의 확대가 절실했다. 건설기업의 입장에서도 경부고속도로 준공 (1970) 이후 국내 건설시장이 위축된 상태였고, 1975년 베트남 패망으로 철수한 인력 및 장비가 놀고 있었으므로 새로운 돌파구가 필요했다. 모든 상황이 딱 맞아떨어졌다. 한국 정부와 기업은 '중동 건설 붐'에 적극적으로 뛰어들었다.

만약 해외건설을 개별 기업의 '기업가 정신'에만 맡겨두었더라면 한국의 해외건설이 급성장하기는 어려웠을 것이다. 1975년부터 정부가 나서서 〈해외건설촉진법〉 제정 등을 비롯해 국가적 차원에서 중동 해외건설 진출을 지원하기 시작했다.**28)**

1975년 이후부터 한국의 해외건설 수주실적은 급상승했다. 1981년에는 137억 달러를 기록하며, 미국에 이어 세계 2위의 건설 수출국으로 우뚝 섰다. 특히 2차 오일쇼크(1981~1984) 때의 활약상은 눈부셨다.

당시 한국 기업의 해외건설 외화가득액은 86억 달러였다. 총 238억 달러에 달했던 당시 석유수입대금의 36%를 흡수함으로써 국제수지 개선에 크게 기여한 것이다.**29)** 이 시기의 해외건설은 단순한 비유가 아니라 팩트로서 '황금 알을 낳는 거위'였다.

1975년부터 1980년대 초반까지, 최초의 해외건설 호황기의 특징은 3가지로 정리된다.

첫째, 이 시기를 흔히 '중동 건설 붐'이라고 부르듯이 거의 전적으로 중동시장에 편중된 구조였다. 실제로 1990년까지 중동시장에서의 수주 누계 실적은 834억 달러로 전체 해외수주 누계 실적의 87.9%를 차지했다.**30)**

둘째, 유래를 찾기 힘들 정도의 강력한 정부 지원이다. 정부는 해외건설업 면허제도 등을 통해 중동시장의 진출업체 수를 20개사 내외로 제한하여 한국 기업 간의 과당경쟁을 방지했다.

소수의 진출업체들은 당시 건설부로부터 사전에 도급허가를 받아야 했고, 은행은 도급허가를 받은 기업에 한해 '무조건' 지급보증을 해주었다.**31)** 뿐만 아니라 정부는 해외건설사업자를 '수출입업자'로 규정했고, 외환·금융·세제·무역거래 등 모든 절차와 과정에 걸쳐 파격적인 지원을 제공했다. 이 시기의 정부는 해외건설의 기획자, 지원자, 규제자, 시장교섭자, 정보제공자였을 뿐 아니라 사실상 노동조합 역할까지도 떠안았다.**32)**

셋째, 투철한 기업가 정신과 근면성실로 무장한 한국의 건설인력이 특징이다.

이 세 가지 요소가 시너지 효과를 일으켜, 해외건설은 두 차례에 걸친 오일쇼크와 외환위기를 극복하는 데 결정적인 역할을 했다. 중동 건설 붐으로 만성적인 국제수지 적자에 허덕이던 한국 경제는 1977년 일시 흑자 상태로 전환되기도 했고, 경제성장을 위한 투자재원의 조달에도 도움을 받았다. 더 나아가 해외건설을 통해 유입된 외화는 국민소득 증대와 고용증대 효과는 물론, 대기업의 성장과 한국 기업 전반의 글로벌화에도 크게 기여했다.**33)**

중동 건설 붐을 바탕으로 한 해외건설 신화는 국민들의 가슴속에 깊이 각인되었다. 그러다 보니 국내건설에 대해서는 부정적 관점을 견지한 국민들도 해외건설에 대해서만큼은 그 가치를 인정하고 자랑스러워한다.

황금알을 낳는 거위에서 미운 오리 새끼로

1980년대 초 연간 100억 달러를 상회하던 해외건설 수주실적은 1984년부터 급락했다. 1988년에는 16억 달러까지 줄었다. 실적의 급락만이 문제가 아니었다. 누적된 문제들은 호황기에는 잠재되어 있다가 불황기에 터져 나오기 마련이다. 공사대금의 지급이 지연되거나 장기어음 또는 원유로 공사대금을 지급받는 사례가 증가했다. 부실공사 등 한국 기업들의 귀책사유로 공사를 수행하고도 받지 못한 미수금이 누적되었다. 자금난을 견디다 못해 도산하는 기업도 발생했고, 아예 중동시장에서 철수하는 기업도 생겼다.

해외건설의 부실화는 은행을 비롯한 금융기관으로 불똥이 튀었다. 도급허가를 받은 기업에 '무조건' 지급보증 등을 해준 금융기관에도 엄청난 양의 부실채권이 쌓였던 것이다. 해외건설의 부실 문제를 처리하지 않으면 금융권 부실을 넘어 한국 경제 전반의 위기로 비화될 가능성이 컸다.

결국 정부가 칼을 빼어들었다. 1984년 '해외건설 종합대책'을 수립하여 부실기업의 자진철수 및 합병을 유도했고, 1986년에는 해외건설산업을 '산업합리화' 업종으로 지정하면서 대대적인 부실기업 정리를 단행했다.[34]

1984년 종합대책 수립 이전에는 31개 업체가 정리되었고(면허반납 21개, 부도 10개), 종합대책 이후엔 추가로 21개 업체가 정리되었다(면허반납 7개, 부도 3개, 산업합리화 대상기업 지정 11개). 그 결과 1987년에는 24개 기업만이 해외에서 수주활동을 하게 되었다.[35]

그렇다면 어쩌다 황금알을 낳는 거위는 미운 오리 새끼로 전락했을까? 한두 가지의 원인이 아니라 다양한 원인이 복합적으로 작용했다. 지금부터 그 과정을 살펴보겠다.

중동 건설 붐의 퇴조는 유가 하락이 이끌었다. 1978년의 2차 오일 쇼크 이후 산유국들은 석유공급을 확대했지만 수요는 그만큼 확대되지 않았다. 1980년대 초반부터 유가가 하락하다가 1980년대 중반에는 급락의 길로 접어들었다. 유가 하락은 중동 건설시장을 뿌리째 바꿔놓았다.

1982년까지만 해도 중동에서 발주되는 물량은 연간 약 600억 달러 수준이었다. 주로 토목·건축공사였고, 선수금은 계약액의 20%, 기성금 지급도 양호했다. 양적, 질적으로 우수 고객이었다는 의미다.

입찰공사는 미국 · 유럽 기업과 한국 기업 간의 경쟁인 경우가 많았고, 입찰방법도 수의계약이나 지명경쟁이 많이 활용되었다. 하지만 1983년 이후 풍족했던 오일머니가 마르면서, 중동에서 발주되는 공사는 연간 400억 달러 수준으로 줄었다. 공종도 단순 토목 · 건축공사보다 기술집약형공사가 많아졌다. 선수금은 계약액의 5%로 줄었고, 기성금의 지급기간도 장기화되기 시작했다.

특히 사우디 정부는 우리 기업에 치명적인 조치를 단행했다. 공사금액의 30% 이상을 순수 사우디 기업에 하도급 주라는 강력한 자국화 정책을 시행한 것이다. 게다가 자재와 장비 일체를 사우디 수입 대리인이나 사우디 시장에서 구입해야 하고, 일체의 수송업무, 보험업무, 은행업무, 토지나 건물의 취득 및 임차 서비스도 반드시 사우디 회사로부터 조달해야 한다는 칙령도 공포했다.

입찰방법도 수의계약이나 지명경쟁입찰에서 공개경쟁입찰로 바뀌었다. 당연히 현지업체와 한국 기업이 경쟁하는 경우가 늘어났다. 여기에 카운터펀치가 더해졌다. 1984년에 발발한 이란-이라크 전쟁이 장기화되면서 공사발주량은 더 줄어들었고, 공사대금의 원유 현물지급과 미수금 폭증, 미국의 대對 리비아 봉쇄정책 등으로 한국 기업들은 사면초가에 몰리게 되었다.[36)]

앞에서 살펴봤듯이 중동 건설 붐이 식게 된 원인은 '중동시장 환경의 급변'이라고 요약된다. 하지만 좀 더 정확히 말하자면 '시장환경 변화에 따른 대처 미흡'이라고 해야 될 것이다. 당시 한국 기업들은 유가를 포함한 중동시장의 정치경제적 환경변화를 제대로 예측하지 못했다. 유가는 늘 급등과 급락을 반복해 왔는데, 유가 하락에 따른 시나리오를 전혀 준비해 놓지 않았던 것이다.

한국 기업들은 유가 하락으로 중동 경기가 급락할 경우를 상정하여 시장 다변화를 꾀했어야 했다. 계란을 한 바구니에 담지 말라는 격언은 주식투자에만 해당되는 것이 아니다. 사우디 정부의 자국화정책이나 선수금 및 기성금 지급조건이 바뀔 때, 한국 기업과 정부는 사업전략이나 지원정책을 재검토했어야 하는데 그러지도 않았다. 한마디로 중동 시장의 리스크관리가 되지 않았던 것이다.

중동 해외건설의 쇠퇴 원인 중 하나로 한국 기업 간의 과당경쟁을 지목하는 견해에 대해서도 살펴볼 필요가 있다. 상황은 이러했다. 1978년 국회의원 선거를 앞두고 정부·여당은 중동시장 진출업체의 수를 확대하는 정책을 밀어붙였다. 기존 중동 진출업체는 20개였다. 그런데 그 3배에 가까운 58개사에 신규 진출 허가를 내주었다. 즉 중동시장에서 한국 기업 78개가 경쟁하는 유례없는 상황이 벌어진 것이다.

그 이후로는 안 봐도 뻔한 이야기가 전개된다. 기존업체 인력 빼오기, 공사 수주 뒤 선수금을 받기 위한 저가 출혈경쟁, 중장비 과잉 등과 같은 부작용이 속출했다.[37]

하지만 이 같은 주장에 대한 반론도 제기할 수 있다. 애초에 초호황을 누렸던 중동 건설시장에 20개 업체만 참여할 수 있었다는 것 자체가 일종의 특혜가 아닐까? 그렇게 생각해 보면 당시 중동시장 규모에 맞게

진출업체 수를 늘릴 필요가 있었다는 시각도 공존한다.[38]

또한 해외건설 면허업체 수가 아무리 늘어난들, 당시는 정부가 도급허가제도를 통해 수주할 수 있는 업체를 제한할 수 있었다. 처음에는 1개 기업에게만 도급허가를 주다가 사우디 정부의 강력한 항의로 2개 이상의 기업에게 복수도급허가를 주는 제도로 바뀌었다. 도급허가제도는 1993년 7월에 신고제로 전환되면서 사실상 역사의 뒤안길로 사라졌다.[39]

중동시장에 진출한 업체 수가 아무리 늘어나도 도급허가제도로 인해 실제로 수주할 수 있는 업체는 1~2개에 불과했으므로, 한국 기업 간의 과당경쟁이 있었다고 보기는 어렵다. 물론 진출업체 수의 증가에 따라 도급허가를 받기 위한 경쟁은 치열했겠지만, 과당경쟁이 초창기 중동 해외건설 부실의 가장 큰 원인이라 볼 수는 없다고 본다.

중동 건설 붐은 시장정보의 부족, 중동 일변도의 편향된 수주, 수주지역 다변화 노력 부재, 리스크관리 역량 부족, 사우디 정부의 자국화 정책 강화 등이 복합적으로 작용한 결과 깊은 침체로 접어들었다. 그런데 1980년대 초반에 벌어졌던 이러한 문제들이, 긴 세월을 건너 2010년대 초반에 거의 똑같이 반복되었다는 것은 아이러니가 아닐 수 없다.

동남아에서 시작된 짧은 호황

한국의 해외건설은 1990년대를 맞아서도 좀처럼 침체국면을 벗어나지 못했다. 1990년 동아건설이 리비아 대수로 건설공사 2단계 사업(46억 달러)을 수주하는 기념비적인 이벤트가 있기는 했지만, 1993년까지는 한 해 해외수주액이 30억 달러를 넘어서지 못했다.

그런데 1994년이 시작되면서 동남아시아의 경제개발과 건설 붐에 힘입어 해외수주 실적이 급증하기 시작했다. 1996년(108억 달러)과 1997년(140억 달러)에는 또다시 100억 달러를 돌파하는 호황기를 맞았다.[40]

두 번째 호황을 맞이한 1990년대의 해외건설은 초창기 중동 건설 붐과는 많이 달랐다. 이 시기의 특징은 다음의 3가지로 요약된다.

첫째, 동남아 시장 편중이다. 이 기간 전체 해외수주 실적에서 아시아시장이 차지하는 비중은 64.7%였다. 과거 중동시장 의존도보다 낮긴 하지만, 여전히 특정 지역에 대한 편중은 우려할 만한 수준이다.

둘째, 수주 공종에서 플랜트 비중이 높아지기 시작했다. 단순 토목·건축공사는 현지업체와 중국 등 후발국보다 인건비를 비롯한 가격경쟁력이 떨어지기 때문이다. 대신 상대적으로 높은 기술력을 요하는 플랜트 수주가 늘어났다. 1997년을 예로 들자면 토목공사(18.6%)와 건축공사(44%)의 비중이 63%, 플랜트가 35%였다.[41]

셋째, 투자개발사업이 늘어났다. 시공만 하는 도급방식의 토목·건축공사 수주가 감소하면서 한국의 대형 및 중견기업들이 투자개발사업에 뛰어든 것이다. 그 결과 1993~1997년에 수주한 투자개발사업은 95억 달러로 같은 기간 전체 해외수주액(459억 달러)의 20.7%라는 높은 비중을 차지했다.[42]

'동남아 건설 붐'의 또 다른 특징이라면 한국 건설인력의 해외진출이 급감한 것이다. 중동 붐이 한창일 때는 17~20만 명의 건설인력이 참여했지만, 동남아시장에서는 상황이 달라졌다. 한국 기업들의 해외인력 고용 비율은 1980년 11%에서 1996년 91%로 급증했다. 또한 제3국 인력 비중도 점차 줄어들어 1996년에는 현지인력 비중이 50%에 달했다.[43] 중동시장은 기본적으로 자국 인력보다 해외 인력에 의존했던 반면 동남아시장은 자국 인력을 적극 활용했기 때문이다. 게다가 한국 건설인력은 급속한 경제성장에 따른 임금상승으로 해외건설시장에서 임금경쟁력이 갈수록 약화되었다.

동남아 건설 붐(1992~1997.6) 시기에도 해외건설 외화가득액은 53억 달러로 같은 기간 무역수지 적자액 542억 달러의 9.9%를 보전했다. 하지만 해외건설의 외화가득률은 급격히 하락했다. 1976년에 56.0%로 최고치를 기록했다가, 1993년에는 20.7%, 1994년에는 18.8%, 1995년 6월 말에는 16.6%로 감소했다.[44] 게다가 그 이후에는 규제완화 차원에서 해외건설 자금흐름에 관한 보고서 제출의무가 폐지되면서 수익성이나 외화가득율에 대한 정확한 통계조차 잡히지 않았다. 그러다 보니 동남아 건설 붐의 국민경제적 효과는 과대포장되었다는 지적도 있었다.

IMF 외환위기와 동남아 건설 붐의 퇴조

동남아 건설 붐 역시 갑작스러웠던 글로벌 외환위기와 함께 막을 내렸다. 좀 더 정확히 말하자면 동남아 각국의 외환위기에 더해 한국이 IMF 사태를 겪게 된 것이 결정적 원인으로 작용했다.[45]

1997년 7월 태국에서 시작된 외환위기가 8월에는 인도네시아와 필리핀, 9월에는 말레이시아, 11월에는 한국에까지 확산되었다. 이에 따라 동남아 국가들의 발주량이 축소되었고, 이번에도 수주지역 다변화를 이루지 못한 한국 기업들은 대체 시장을 찾지 못했다.

그것보다 더 심각한 문제는 한국의 금융기관과 해외건설업체는 물론이고 국가의 대외신인도가 급락하면서 해외공사 수주 자체가 어려워졌다는 것이다. 특히 IMF 구제금융 신청을 계기로 해외발주처들이 외국은행이나 국책은행의 보증을 요구하는 사례가 늘어났다.

당시 국내 은행들은 제 앞가림도 하기 힘들었다. 국제결제은행(BIS)의 자기자본비율 준수를 위해 해외건설공사에 필요한 각종 보증서 발급을 기피했던 것이다. 한국 기업들은 보증을 받기도 어려웠고, 어찌해서 보증을 받더라도 높은 수수료를 지급하다 보니 가격경쟁력을 가질 수가 없었다.

1990년대 초반부터 한국 건설기업들은 시공만 하는 단순 도급공사보다 기획-설계-시공-분양 등 건설사업의 전 과정에 걸쳐 민간차원의 투자를 동반하는 투자개발사업 수주에 주력했다. 하지만 IMF 구제금융 신청으로 금융조달능력이 급락하면서 이미 수주한 투자개발사업도 제3국 기업에 매각을 추진하거나, 도급공사 위주로 수주전략을 전환하는 등 투자개발사업 자체를 포기하는 사태도 벌어졌다.

우리에게 IMF는 수많은 대기업과 중견기업들이 하루아침에 무너져 간 기억으로 각인되어 있다. 외환위기에 따른 기업구조조정 과정에서 대우, 삼미, 진로, 동아, 쌍용 등 한국을 대표하는 대형 건설사들이 법정 관리, 워크아웃 등으로 무너졌다.

당시 해외수주 1위를 차지했던 현대건설의 1998년 해외 수주액은 전 해 대비 33%였고, 대우건설은 20%, SK건설은 14% 수준이었다. 이렇다 보니 1998년의 해외건설 수주실적은 전해(140억 달러)보다 100억 달러나 급감한 40.5억 달러에 그쳤다. 이후 수주실적이 반등하기 시작한 2004 년(75억 달러)까지 한국의 해외건설은 긴 침체기를 겪을 수밖에 없었다.

중동 건설 붐과 마찬가지로, 동남아 건설 붐의 쇠퇴도 우리가 통제할 수 없는 글로벌 경제여건의 악화가 가장 큰 영향을 미쳤다. 또한 수주지 역 다변화를 이루지 못하고 특정 지역에 편중된 사업을 해 왔다는 문제 도 동일했다. 다만, 1990년대 초반부터 시공 중심의 도급사업에서 탈피 해 투자개발사업으로 확대를 추진 중이었는데, 결실을 맺지 못하고 외 환위기로 물거품이 된 것은 아쉬운 대목이다.

실효성을 상실한 정부 지원

한국의 건설제도가 타의에 의해 '어쩔 수 없이' 선진화된 것도 이 시 기였다.

1993년 말 우루과이라운드(UR) 건설서비스협상과 정부조달협정(GPA) 이 타결됨으로써, 1996년 한국 건설시장도 외국 건설기업에 개방되었다. 이를 계기로 국내 건설제도 역시 글로벌 스탠더드를 지향하는 방향으로 바뀌지 않을 수 없었다. 해외건설에 대한 각종 규제와 지원정책도 다음과 같이 대폭 수정되었다.[46]

- 〈해외건설촉진법〉에 근거한 도급한도제도, 도급지역제한제도, 각종 보고 의무 등의 규제 폐지
- 해외건설 자격요건 완화
- 외국환관리제도, 해외투자 및 해외부동산 개발제도, 연불금융제도, 협력기금, 수출보험제도 등에 포함된 대부분 규제사항의 폐지 내지 완화
- 대외경제협력기금(EDCF), 해외건설진흥기금, 한국국제협력단(KOICA), 한국수출입은행이나 한국수출보험공사 등을 통한 지원
- 세계 프로젝트 투자 기금(GPIF) 설치

하지만 앞에서 말한 지원정책들은 대부분 실효를 거두지 못했다. 기금이나 공사를 통한 해외건설의 지원 규모는 지극히 미미했다. 특히 금융조달능력을 높여 글로벌 인프라시장 참여를 확대하고자 해외건설협회에서 의욕적으로 추진해 왔던 '세계 프로젝트 투자 기금(GPIF)'도 IMF 체제하에서 무산되고 말았다.[47]

초창기 중동 건설 붐 때는 정부의 제도적인 지원과 규제가 큰 역할을 수행했다. 하지만 동남아 건설 붐 때는 이미 대부분의 해외건설에 대한 규제가 완화 내지 폐지되었고, 지원정책은 사실상 실효성을 상실했다.

이후 지금까지 한국의 해외건설은 사실상 민간 기업들이 주도해왔다고
해도 과언이 아니다.

3 ──────── 해외 플랜트 건설 붐 (2010년대)

이제 중동 붐, 동남아시아 붐에 이어 한국 해
외건설 사상 세 번째로 맞은 초호황기에 대해 얘기할 차례다. 2005년
한국의 해외건설 수주실적은 다시 100억 달러를 돌파했다. 2008년 글
로벌 금융위기가 지나간 후, 급격한 유가상승에 힘입어 해외 플랜트 수
주가 급증함으로써 세 번째 붐이 시작되었다.

그런데 어찌된 일일까? 2013년 1분기부터 한국의 주요 해외 플랜트
기업들은 예외 없이 막대한 손실을 공시했다. 2014년 이후에는 유가 하
락으로 중동 플랜트시장이 크게 위축되면서 한국의 해외건설은 또다시
위축기를 맞았다.

앞서 설명한 두 차례의 해외건설 붐과 달리, 2000년대 후반부터 진행
된 세 번째 호황과 불황에 대해서는 좀 더 상세한 설명과 진지한 통찰이
필요하다. 가장 최근의 사건이기도 하지만, 현재까지 그 여파가 이어지
고 있는 사건이기 때문이다.

글로벌 금융위기와 국내 건설시장의 위축

국내건설과 해외건설은 대체재로 인식되는 경향이 있다. 국내건설이 위축되면 해외시장에서 성장기회를 찾아야 한다는 식이다. 2008년 글로벌 금융위기 때도 그랬다.

국내 건설경기가 상승세를 보이기 시작한 것은 2001년 무렵이다. 주택경기 호황에 힘입어 2007년에는 국내 종합건설업체의 수주액이 127.9조 원으로 사상최고 기록을 갱신했다. 이처럼 국내건설이 호황인 시절에는 해외건설에 대한 관심이나 열정이 식기 마련이다.

하지만 오르막길이 있으면 내리막길이 있을 수밖에 없다. 정부의 부동산규제 강화 등으로 2008년부터 민간주택시장이 위축되기 시작했다. 특히 2008년 하반기 글로벌 금융위기를 맞으면서 시장의 축소 추세는 2013년까지 지속적으로 이어졌다.

이에 따라 한국 기업들은 국내건설 수주액의 급감을 상쇄할 수 있는 해외건설에 눈을 돌리게 되었다. 때마침 유가 급등으로 중동 각국의 공사발주 물량이 늘어나기 시작했다. 1980년대 초반의 오일 쇼크를 극복하는 데 중동 건설 붐이 큰 역할을 했듯이, 글로벌 금융위기를 극복하는 데도 중동·해외건설이 큰 역할을 해 줄 것이라는 기대가 많았다.

경쟁적으로 해외건설시장에 진출하여 수주에 주력한 결과, 한국 기업의 해외건설 수주액은 2007년부터 폭증했다. 2010년에는 UAE원전 수주를 기반으로 716억 달러라는 사상최고치를 기록했고, 2014년까지도 해외건설 수주액은 600억 달러를 상회했다.

그런데 마치 바통 터치를 하듯, 침체되었던 국내 주택경기가 좋아지기 시작했다. 2015년부터 국내건설 수주액이 급증했고, 2016년에는 164.9조 원으로 사상최고치를 갱신했다. 그러자 다시 해외건설 수주액이 급감했고, 2019년에는 223억 달러로 감소하기에 이르렀다.

마치 시소의 양 끝에 국내건설과 해외건설이 올라탄 양상이다. 하나가 올라가면 다른 하나가 내려간다. 지난 20여 년간 국내건설과 해외건설의 관계는 일목요연하게 정리된다.

국내건설 호황/해외건설 불황 → 국내건설 불황/해외건설 호황 → 국내건설 호황/해외건설 불황

학습효과라는 것이 있다 보니, 2020년에 와서도 해외건설 활성화의 필요성을 주장하는 사람들이 있다. 그런데 이번에는 과거와 사뭇 다른

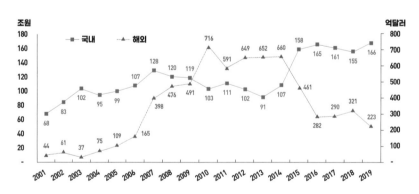

한국의 국내건설과 해외건설 수주실적 추이(2001~2019)

자료: 대한건설협회 및 해외건설협회

분위기가 감지된다. 해외건설 기업들에게서 해외수주액의 목표액을 다시 높게 설정하고 수주를 다그치는 분위기를 볼 수 없다는 뜻이다. 2013년에 겪었던 해외건설 부실화로 인한 어닝 쇼크의 충격이 아직 가시지 않은 탓이다. 이번에는 '국내건설 불황/해외건설 호황'이라는 규칙이 적용되지 않을 듯하다.

유가 상승과 해외 플랜트 건설 붐

2010년대의 해외 플랜트 건설 붐은 유가 상승이 견인했다.

2004년까지 배럴당 30달러를 넘지 못했던 유가는 2005년 이후부터 급상승하다가 2008년 글로벌 금융위기로 일시 하락했지만 다시 상승해 2010년에는 100달러를 돌파했다. 전 세계가 글로벌 금융위기의 여파로 경기침체를 겪고 있었지만 산유국들은 호황을 누렸다. 특히 이 시기의 중동 국가들은 고유가로 유입된 오일머니를 자국 산업과 경제발전을 위해 투자하면서 공사발주량이 급증했다.

2010년대 초반, 해외건설 붐의 키워드는 중동시장 중심, 플랜트 중심이다. 여전히 중동시장의 수주비중이 가장 높았지만 과거보다는 줄었다. 2010~2016년의 해외건설 수주에서 차지하는 중동 비중은 49.5%였다. 1966~1999년의 60.9%보다 10%포인트 이상 줄었던 것이다.

반면 플랜트 수주 비중은 2010~2016년 기간에 67.6%에 달할 정도로 급격하게 늘었다. 고유가로 인해 중동뿐 아니라 중앙아시아나 중남미 산유국에서도 플랜트 발주가 많았기 때문이다. 2000년 이후 플랜트

비중이 전체의 70%를 넘었던 해는 총 6번으로 평균 비중은 76.4%나 되었다.**48)**

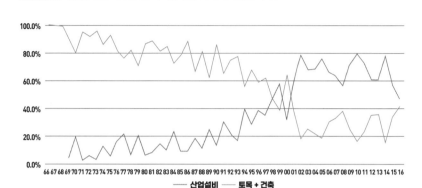

■■■■■ ▮ 플랜트공사 vs. 토목+건축공사 수주 비중 추이

자료: 해외건설협회.

한국 건설기업이 진출한 해외시장도 점차 넓어졌다. 2006년 49개국에서 2013년엔 104개국으로 2배 이상 늘어난 것이다. 해외시장이 넓어진 시점에 맞춰 플랜트 수주실적도 늘어나 2007년에는 100억 달러를 돌파했다. 플랜트 중에서도 정유공장이나 가스 등 신규 공종에 진출하는 사례가 증가했다.

2000년대 초반의 해외건설은 과거와는 판이하게 다른 환경을 맞았다. 중동 의존도가 낮고 플랜트 비중이 크게 높아졌음이 그것을 증명한다. 이 시기를 정확히 이해하기 위해서는 플랜트사업에 대한 이해가 선행되어야 한다. 하지만 당사자인 한국 기업들의 CEO와 본사의 참모들이 플랜트사업의 특성을 제대로 알고 있었는지는 의문이다(물론 직접 사

업을 담당하고 있는 해외 플랜트 사업부는 잘 알고 있었을 것이다). 자신의 기업이
진출한 지역과 수주한 사업의 특성을 잘 모르는데 CEO와 본사 참모들
의 리스크관리가 제대로 될 리 없지 않겠는가.

2007년 이후 급증한 해외건설 수주액에서 시공 물량의 성장세는 더
욱 가팔랐다. 2007년에 181억 달러였던 시공 물량은 2012년에는 513억
달러로 연평균 성장률(CAGR)이 23.2%에 달했다. 2007년 대비 약 3배나
급증한 것이다. 또한 중동시장과 플랜트공사의 1건당 규모 역시 2010년
까지 계속 증가했다. 2009년에는 정유공장이나 가스 등 플랜트 공사의
1건당 규모가 10억 달러를 넘어섰다.

그런데 이렇게 '2배가 늘었다, 3배가 늘었다'고 신문기사에 한 줄 쓰
기는 쉽지만, 현장에서 어떤 모습으로 구현될지는 상상하기도 어렵다.

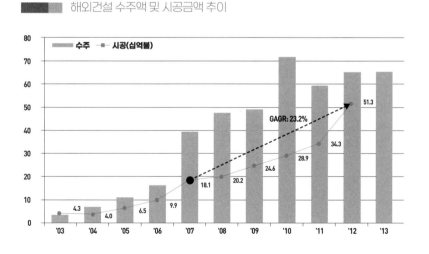

해외건설 수주액 및 시공금액 추이

자료: 최중석(2014.6.26). "해외건설 수익성 제고방안". 〈해외건설정책포커스〉. 해외건설정책지원센터. p.11.

■■■■■ 해외수주 프로젝트 평균 규모 추이

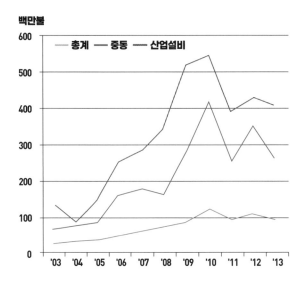

■■■■■ 해외 플랜트 공종별 평균 수주규모 추이

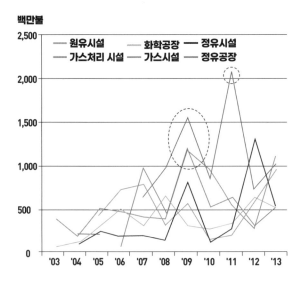

자료: 최중석(2014.6.26), "해외건설 수익성 제고방안", 〈해외건설정책포커스〉, 해외건설정책지원센터, p.9.

5년 사이에 시공 물량이 3배 늘었고 1건당 공사 규모가 1조 원을 넘으면서, 한국 기업들은 인력난은 물론이고 이제껏 한 번도 경험해 보지 못한 대규모 프로젝트관리 역량의 부족을 절실하게 느끼게 된다. 그리고 그 결과가 2013년에 터진 해외 플랜트 공사의 어닝 쇼크였다.

어닝 쇼크와 해외 플랜트 건설 붐의 퇴조

처음부터 손실을 볼 것을 알고 수주하는 경우는 별로 없다. 그렇다면 프로젝트가 얼마만큼의 수익을 낼지, 혹은 손실을 낼지는 언제 알수 있을까? 물론 정답은 경우에 따라 다를 것이다. 그런데 대규모 공사일수록 준공 시점이 가까워져야 손익이 구체화된다는 것은 명확한 사실이다.

토목·건축공사와 플랜트사업 간에도 차이가 있다. 해외 토목·건축공사의 경우 한국 기업들은 주로 시공만 담당하지만, 플랜트 사업은 상세설계Engineering, 구매·조달Procurement, 시공Construction을 함께 수행하는 'EPC사업'이 대부분이다.[49] 따라서 해외 플랜트를 이야기할 때는 항상 EPC사업의 특성을 감안해야 한다.

한국 기업의 해외 플랜트 발發 어닝 쇼크는 2013년 1분기부터 공식적으로 알려졌지만, 조짐이 전혀 없었던 것은 아니다. 개별 기업의 해외 현장에서는 훨씬 이전부터 '원가율 상승'이 이루어지기 시작했다. 한국기업평가에서 300여 개의 해외건설 현장을 대상으로 수행한 수익성 분석결과에 따르면, 2010년부터 '중동'의 '플랜트공사' 원가율이 지속적으로 상승하더니, 2013년에는 100%를 넘어섰다. 원가율이 급상승한 문제 사업장은 2008년 착공 사업부터 늘어나기 시작하여 2010~2011년에 가장 많았다.[50]

어닝 쇼크를 발표했던 5대 해외건설기업(현대, 대림, GS, 삼성엔지니어링, 대우)의 누적 해외원가율은 2005~2012년에 89.9%였으나 2013년에는 100%를 넘어섰다.[51]

그렇다면 이런 의문이 떠오른다. 해외공사 원가율이 100% 이하였던 2013년 이전에는 아무 문제가 없었을까? 기업공시 자료만으로는 답을 알기가 어렵다. 2013년에 어닝 쇼크를 고백했으니, 공식적인 자료에서 2013년 해외공사 원가율이 100%를 넘어서는 것은 당연하다. 하지만 실제로는 그 이전부터 발생한 부실을 숨겨오다가 2013년에 어쩔 수 없이 고백했을 것으로 보는 시각이 많다.

장기 대형 해외사업에서 이런 시나리오는 흔히 관찰된다.

처음 1~2년은 수익이 나는 것처럼 보인다. 3년차쯤 되어 원가율이 올라가기 시작하면서 원가 혁신을 한다 어쩐다 하면서 소동이 벌어진다. 4~5년차에는 원가율이 가파르게 상승해서 100%를 넘어가고, 준공 시점에서야 적자를 보고한다.

기업은 손실이 확정적이라 판단하는 시점에서 관련자들을 인사조치하고, 이후 리스크관리를 강화한다는 등의 '소 잃고 외양간 고치기'를 추진한다. 그런데 그렇게 고친 외양간도 허술하다. 시간이 좀 더 지나면 아예 그때의 기억도 가물가물해진다. 새로운 경영진이나 임원이 등장하면 또다시 해외시장에서 도전적인 사업을 추진하다가 위기를 맞는다.

한국의 해외건설은 지난 수십 년간 이런 패턴을 보이지 않았는가?

2010년대 초반 해외 플랜트 공사의 손실액이 얼마나 되는지는 아직도 분명치 않다. NH투자증권에 따르면 5대 기업(현대, 대림, GS, 삼성엔지니어링, 대우)의 해외공사 손실액은 2013~2015년만 해도 7.4조 원이었고, 2018년까지의 추정 손실액은 8.7조 원이라고 한다.[52]

2013년 4월부터 해외건설기업의 어닝 쇼크가 이어졌지만, 2014년의 해외 플랜트 수주는 2013년보다 더 늘었다. 큰 폭으로 줄어들기 시작한 것은 2015년부터다. 해외 플랜트 사업기간이 3~5년임을 감안하면, 2014~2015년에 수주한 해외 플랜트사업까지도 아직은 부실화 우려를 지우기 어렵다. 아무튼 2000년대 후반부터 시작된 해외 플랜트 건설 붐은 2015년부터 급격하게 꺼지기 시작했다. 문제는 이 책을 쓰고 있는 2020년까지도 그 후유증이 지속되면서 한국 기업의 해외 플랜트사업 경쟁력 자체가 의심받고 있는 상황이라는 점이다.

02

해외 플랜트 건설 붐과
어닝 쇼크의 구조적 원인

‘저가 수주’ 탓만 하면
안 보이는 것들

대부분의 사람들이 알고 있는 해외 플랜트사업의 어닝 쇼크 원인은 ‘우리 기업 간 과당경쟁에 따른 저가 수주’이다. 당연히 그것도 원인이지만, 원인의 전부는 아니다. 저가 수주를 견적이나 영업의 잘못으로만 돌려서도 안 된다. 어닝 쇼크의 원인을 ‘저가 수주’의 탓으로만 돌린다면, 우리가 직시해야 할 다음과 같은 문제들을 회피하는 것과 마찬가지다.

첫째, 한국 기업의 글로벌 경쟁력 부족 문제다.

글로벌 경쟁력은 기본적으로 '시스템 역량'이다. 시스템 역량에 포함되는 요소는 광범위하다. 저가 수주 여부를 판별할 수 있는 견적 역량이나 영업 역량이 전부는 아니다. 시장정보 수집과 분석, 사업타당성 분석, 발주처와의 협상, 계약관리, 글로벌 공급망 관리, 현지업체와 하도급 관리, 건설사업관리 등을 비롯한 수많은 부문의 역량을 포괄한다. 기술역량만이 아니라 인적 역량도 포함된다. 설사 입찰단계에서 전략적으로 저가 수주한 공사라도 나머지 다른 역량이 뒷받침해준다면 손실의 최소화가 가능하다. 하지만 어닝 쇼크의 원인을 저가 수주 탓으로만 돌리게 되면 '저가 수주 방지대책'만 논의하게 된다.

둘째, 해외건설의 수행 부문 문제다.

해외건설 사업은 수주만 제값에 한다고 되는 일이 아니다. 특히 플랜트사업은 시공만 담당하는 토목 · 건축공사와 달리 대부분 상세설계(E)−구매 · 조달(P)−시공(C)을 통합적으로 수행해야 하는 EPC사업이다. 해외 플랜트 수주를 급속하게 늘리기에 앞서 EPC사업의 특성에 적합한 수행체제 구축과 인적 · 기술적 역량의 정비부터 사전에 추진했어야 한다는 뜻이다.

국내 토목 · 건축공사에서 통용되는, 수주만 하면 수행은 어떻게든 할 수 있다는 사고방식 자체가 잘못된 것이다. 그런데 수행과정은 기업 외부의 사람들이 알기 어렵다. 그래서인지 어닝 쇼크를 다룬 수많은 언론기사나 해외건설 전문가들의 연구 결과물에서도 수행과정의 문제를 분석한 사례는 찾아보기 어렵다. 가장 쉬운 것이 저가 수주 탓이었던 것이다.

셋째, 책임의 외부 전가 문제다.

자신은 제값에 입찰하고 싶었는데 경쟁사들보다 더 싼 금액을 제시하지 않으면 수주할 수가 없어서 저가 수주를 감행했다는 식이다. 자신의 문제가 아니라 다른 경쟁사가 문제였다는 말이다. 한술 더 떠서 정부가 해외건설시장에서 저가 수주가 발생하지 않도록 조정해줘야 한다는 식의 시대착오적이고 무의미한 주장도 난무했다.[53] 해외건설기업마다 내부의 사업심의나 리스크관리 조직과 프로세스가 있는데, 그들은 왜 저가 수주를 막지 못했는지부터 점검해야 하지 않을까.

2 ———— 스토리는
이랬다

2013년에 일어난 어닝 쇼크의 복합적인 원인을 파악하기 위해서, 전후의 이야기를 스토리 형식으로 구성해보았다.

글로벌 금융위기 이후, 유가 상승으로 인해 해외 플랜트 시장이 호황을 맞았다. 당시 한국 기업들은 장밋빛 전망에 젖어 있었다. 유가의 장기적 상승과 해외건설의 호황이 오래갈 것이라는 긍정적 전망이다. 유가가 배럴당 100달러를 넘어서자 향후 200달러까지 갈 수 있다는 외국 기관의 전망도 자주 인용되었다.

그러니 해외 플랜트는 더할 나위 없는 비전을 갖고 있는 상품이 되었다. 육상 플랜트만이 아니라 초고유가 시대를 대비해 해양off-shore 플랜트 시장에도 진출할 채비를 갖추자는 것이 2010년을 전후한 시기의 분위기였다. 이 시기에 중동 산유국을 중심으로 쏟아져 나온 플랜트 EPC 시장은 사실상 한국 건설기업들의 독무대였다.

미국이나 유럽의 선진 기업들은 '총괄 사업관리 컨설턴트(PMC: Project Management Consultant)'54)로서, 또는 개념설계와 기본설계 및 연결설계(FEED) 같은 상세설계 이전의 고부가가치 사업에 주력했다. 이러한 선진 기업의 주된 업무영역은 EPC사업에 비해 규모는 10%가 채 안 되지만 리스크가 적고 수익률이 높다. 반면 EPC사업은 규모는 크지만 수익률이 낮다.

물론 EPC사업도 수익성 측면에서는 장점이 있다. 사업비 규모가 큰 만큼 수익률은 낮아도 수익금액은 크기 때문이다. 총사업비의 10%도 안 되는 초기단계 엔지니어링사업에서 10~20%의 수익률을 얻는 것보다 총사업비의 90%에 해당하는 EPC사업에서 3~5%의 수익률을 얻는 것이 더 큰 이익을 창출할 수 있다. 2000년대 후반 중동시장에서 대규모 플랜트사업 발주가 폭증하던 시기, 선진 기업들조차 한국 기업의 EPC사업에 동경의 눈길을 보낼 정도였으니 말이다.

2000년대 후반부터 한국 기업들이 해외 플랜트사업을 대거 수주할 수 있었던 것은 EPC사업에서 글로벌 경쟁력이 있었기 때문이다. 영국과 이탈리아 등 유럽의 몇몇 기업을 제외한 선진 기업들은 리스크가 큰 EPC사업에 참여하려 하지 않았다. 중국 등 후발 국가 기업들은 기술력 부족으로 한국 기업의 경쟁상대가 되지 않았다.

한국의 주요 EPC기업들은 국내에서 미국 정유회사(칼텍스 등) 공사 등을 글로벌 스탠더드에 따라 수행해 온 경험을 이미 축적하고 있었다. 그렇기에 해외 플랜트사업의 수주물량이 늘어나던 2010년까지만 해도 해외 원가율은 하락하고 있었다. 한국 기업이 플랜트 EPC사업에서 글로벌 경쟁력을 갖추지 못했다는 말은 사실이 아니다.

2008년 하반기 글로벌 금융위기를 맞이하면서 국내 건설시장이 급격하게 위축되고, 고유가로 인한 오일머니에 힘입어 산유국의 플랜트 발주가 급증하면서 상황이 달라졌다. 한국 기업들은 규모를 유지하기 위해 해외 수주 확대가 절실했다. 하지만 전통적인 토목·건축공사는 특별한 경우를 제외하고는 현지업체와 비교하더라도 글로벌 경쟁력을 기대할 수 없었다.

그나마 글로벌 경쟁력을 갖추고 있고, 2010년까지만 해도 안정적으로 원가율을 관리하고 있던 플랜트 공사의 수주 확대를 위해 한국 기업들이 대거 뛰어 들었다. 한국 기업 간에 과당경쟁이 발생했던 것이다.

해외 플랜트사업은 대개 입찰참가자격 사전심사(PQ: Prequalification)를 통과한 기업 중 최저가 입찰자를 낙찰자로 선정한다. PQ 통과업체들은 수주를 위해 저가 입찰을 감행했다. 그 와중에 플랜트 공사 수주잔고가 3년 사이에 2배나 늘었다. 그런데 과잉수주가 이루어졌다고 해서 수행역량이 갑자기 2배로 늘어나는 것이 아니다. 플랜트사업의 1건 규모도 과거보다 훨씬 커졌다.

과거에 경험해 보지 못했던 대규모 플랜트사업은 관리가 제대로 될 리 없었다. 설계부터 시공인력까지 EPC사업의 각 단계별 수행인력과 역량이 모두 부족했다. 한국 기업 간에 인력 스카우트 전쟁이 벌어졌다. 그러다 보니 인건비가 상승하면서 원가율도 올라가게 되었다. 우수인력을 스카우트하기보다 닥치는 대로 뽑아서 배치하게 되고, 이 과정에서 경험 없고 미숙한 기술자들이 대거 투입되었다. 기술인력의 전문성 같은 질적 기준은 상대적으로 등한시하면서 양적으로만 머릿수를 맞춘 것이다.

그런데 EPC사업에서는 설계가 잘못되면 기자재의 구매·조달이 제대로 되기 어렵고, 이후의 공사 일정도 지연되기 일쑤다. 대부분의 플랜트사업은 공사기간이 지연되면 엄청난 페널티를 지불해야 한다. 이 같은 상황에서 한국 기업들은 이른바 '돌관공사'를 추진하지 않을 수 없었다. 장비와 인력의 대규모 투입을 통해 계약된 공기를 준수하는 돌관공사로 인해 원가율은 더 올라가게 되었다.

과잉수주 상황이다 보니, 저가 수주 현장이 아닌 정상 수주 현장에서도 수행인력 부족과 역량 부족, 공기 지연, 돌관공사, 원가율 상승과 같은 상황이 파급되었다. 특정 기업만이 아니라 한국 플랜트 기업 모두가 과잉수주에다 저가 수주 현장을 떠안고 있었다. 사실상 모두가 같은 처지였다. 마침내 더 이상 해외 플랜트 현장의 부실을 숨길 수 없게 되었고, 2013년에 차례로 어닝 쇼크를 고백하게 된 것이다.

3 ———————— 저가 수주의 실태

　　　　　　　그렇다면 말로만 듣던 '저가 수주'의 양상은
도대체 얼마나 심각했던 것일까? 상황이 극심했던 2010~2011년 A사
가 정리한 자료를 보자.

　총 26개 프로젝트 중에서 20건(77%)에서 한국 기업이 '최저가 입찰자
lowest'로 수주에 성공했다. 저가 수주 경쟁에 뛰어든 한국 기업은 전통
적인 주요 EPC기업만이 아니었다. 뒤늦게 해외 플랜트 시장에 진출한
기업들도 앞다퉈 저가 입찰을 감행했다.

　이들 26개 프로젝트에서 최저가 입찰자 1위와 2위의 한국 기업 비중
은 무려 75%였다. 일부 한국 기업은 해외 발주처의 예정가격 대비 55~
65%의 가격에 수주하기도 했다. 최저가 1위의 한국 기업과 2위 한국 기
업의 입찰가격 차이가 14%나 벌어진 프로젝트도 있었다.

　발주처가 예상한 가격의 반값에, 경쟁사보다 14%나 싸게 시공할 수
있는 특별한 노하우를 보유한 기업은 찾아보기 어렵다. 그러니 저가 수
주 사업은 원가율이 오르기 마련이다. 2008년 이전까지 하향 안정세가
뚜렷했던 원가율은 2009년 이후 계속 상승했다.

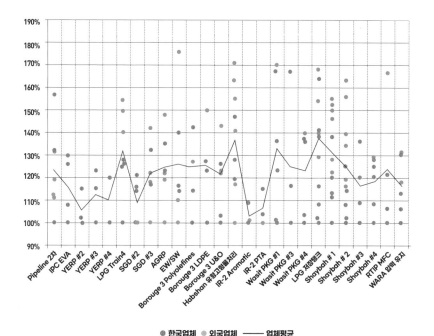

자료: 2010~2011년 2년간 A사가 입찰 참여한 중동지역 26개 프로젝트 대상, Lowest=100%

　　한국 기업이 저가 수주에 올인할 때, 외국 기업은 어느 정도의 가격에 입찰했을까? 최저가 입찰자인 한국 기업의 입찰가를 100%로 보았을 때, 절반 이상은 140%보다 높은 금액으로 입찰했다(물론 110~130%에 입찰한 사례도 있긴 하다). 한국 기업의 가격 경쟁력이 압도적으로 높아서 이런 결과가 나왔을까? 그로부터 몇 년 지나지 않아 어닝 쇼크가 발생한 것을 보면 그렇지 않다는 것은 명확하다. 한국 기업들은 오로지 수주를 위해 저가 입찰을 감행한 것이다.

　　저가 수주를 정당화하는 논리도 있다. 유가 상승세가 지속되면 해외 플랜트 시장도 지속적인 성장세를 보일 것이고, 이 시장에서 자리를 잡기 위해서는 사업실적을 확보할 필요가 있다는 것이다. 특히 사업실적이 부족한 신규 진출기업으로서는 치열한 경쟁 상황에서 저가 입찰이 불가피했다는 견해다.

다시 말해 저가 수주를 일종의 '전략'이라 볼 수도 있다. 적정가격만 고집하다 다른 경쟁사에 수주물량을 빼앗기게 되면 향후 해외 플랜트 시장에서 경쟁력을 상실할 수 있다는 절박감도 있었다. 게다가 당시 국내 건설시장이 글로벌 금융위기로 위축되고 있었기에 해외수주 확대로 기업의 규모를 유지해야 한다는 요구도 엄존했다.

당시 플랜트 발주가 급증하면서 각 기업마다 입찰 건수가 급증했다. 부족한 인력으로 견적을 하다 보니 정확도 부족이나 오류로 인해 저가 입찰하는 경우도 있었다. '전략'이 아니라 '실수'란 이야기다. 처음 진출하는 시장이나 처음 참여하는 공종은 축적된 정보나 경험 부족으로 본의 아니게 저가 수주를 하게 되는 경우도 있었던 것이다.

기업 내부의 왜곡된 인센티브 구조도 짚고 넘어가야 한다. 원래 건설공사의 손익은 수주 시점이 아니라 준공 시점에서 드러난다. 수주 시점에서는 추정 손익만 알 수 있을 뿐이다. 하지만 한국 기업들은 대개 수주 시점에서 인센티브를 주었다.[55]

기본적으로 한국 기업들은 사업부서의 성과를 수주, 매출, 영업이익으로 평가한다. 이중에서 매출과 영업이익은 수주의 결과물로 인식하는 경향이 크다. 따라서 건설기업들은 전통적으로 매출과 영업이익에 선행하는 '수주'를 가장 중시했다. 오죽했으면 건설산업을 '수주산업'이라 불러 왔겠는가.

1조 원 규모의 초대형 플랜트사업을 수주했다고 해보자. 사내에서, 언론에서 떠들썩하게 축하해 준다. 수주한 임직원들에게는 승진과 두둑한 성과금이라는 포상이 따른다. 반대의 경우도 생각해보자. 손실 가능성을 감안해, 혹은 리스크를 반영하여 상대적으로 과다한 예비비contingency를 책정해서 높은 가격에 입찰했다가 수주를 하지 못한 임직원은 성과 부족이나 무능을 이유로 불이익을 받을 수 있다. 그러니 영업하는 입장에서는 저가라도 수주하는 것이 낫다.

저가 수주에 따른 인센티브는 즉시 이루어지고, 적자의 현실화는 한참 뒤에야 나타난다. 4~5년 뒤 저가 수주 공사가 기업에 손실을 떠안길 때쯤에 다른 회사로 옮기면 그만이다. 이런 왜곡된 인센티브 구조와 전문직업인professional으로서의 도덕성 상실도 저가 수주의 원인중 하나로 작용했다고 본다.

해외 발주처로서는 한국 기업의 저가 입찰을 마다할 리가 없다. 예산의 반값에 해주겠다는 기업을 누가 싫어하겠는가? 더욱이 한국 기업들은 오랫동안 중동시장에 참여해왔던 터라 신뢰도 쌓아왔다. 주요 EPC 기업들은 삼성, 현대, SK, GS 등과 같은 글로벌 그룹사의 일원이므로 신용도 측면에서 의심할 이유가 없다.

저가 수주가 고착화되는 과정에서 일부 발주처는 우선협상 대상자로 선정된 한국 기업을 상대로 계약금액을 할인해 달라는 무례한 요구를 하는 경우도 꽤 있었다. 그런데도 수주하겠다는 욕심에 상당수 기업이 발주처의 불합리한 요구를 수용했다고 한다.

4 ——————— **과잉 수주**

　　　　　　　　앞에서 저가 수주의 양상을 살펴보았으니, 이번엔 과잉수주가 어느 정도로 이루어졌는지를 알아볼 차례다.

　한국 기업의 해외 플랜트 수주실적은 2007년에야 120억 달러를 기록하면서 처음으로 100억 달러를 넘어섰다. 이후 급성장해서 2012년에는 390억 달러를 기록해 불과 5년 만에 3배 이상으로 성장했다.

　2011년 말에는 삼성엔지니어링, GS건설, 대림산업 등의 해외 플랜트 수주잔고가 모두 100억 달러를 초과했고, 현장 수도 대거 늘었다. 1건당 규모도 2004년에 평균 1억 달러 수준이던 것이 2010년대에 들어와서는 4~5억 달러로 급증했다.

　이런 상황이 반영되어 한국 주요 플랜트 기업의 1인당 매출액도 늘어났다. 2007년 이전에는 10억 원 미만이었던 것이 2009~2011년에는 14억 원 수준으로 증가한 것이다. 그렇다면 당시 한국 기업의 주요 경쟁 상대들의 1인당 매출액은 어느 정도였을까? 2011년 기준으로 영국의 페트로팩Petrofac 사는 4.3억 원, 이탈리아 사이펨Saipem 사는 4.4억 원에 불과했다.[56]

4~5년 사이에 해외 플랜트 수주가 3배 이상 증가했고, 1건당 프로젝트 규모가 4~5배 확대되었으며, 외국 경쟁사보다 1인당 매출액도 훨씬 많았으므로, 한국 기업이 수행역량을 벗어난 '과잉 수주'를 했다고 평가할 수밖에 없다. 2010년부터 해외 플랜트 현장의 원가율이 급증했던 원인은 저가 수주 탓도 있지만 과잉 수주 탓도 크다. 어쩌면 과잉 수주가 원가율 상승의 더 큰 원인이라고도 볼 수 있다.

　　플랜트사업의 과잉 수주에 따른 문제는 EPC사업의 특성과 연관하여 좀 더 상세한 설명이 필요하다. 일반적으로 토목·건축공사는 착공 시점에서 인력 투입이 그다지 많지 않다. 착공 시점의 초기 공정은 주로 터 파기나 골조 등 기계·장비를 활용한 작업이 많다. 인력 투입은 공사의 후반부로 갈수록 많아지고, 특히 건축공사는 마지막에 마감이나 인테리어 공사를 할 때 가장 많은 인력이 투입된다. 따라서 토목·건축공사는 수주 이후에 부족한 인력을 새로 모집해서 투입할 수 있는 시간적 여력이 있다.

　　하지만 플랜트 EPC사업은 다르다. 일반적으로 대형 플랜트 사업은 수주하자마자 공사에 돌입하는 것이 아니다. 상세설계(E)를 시작해서 1~2년이 지난 다음에야 계약금액을 확정하고, 기자재 구매·조달(P) 등을 병행하면서 공사를 진행(C)한다. 따라서 입찰 및 사업초기의 상세설계를 위해서는 미리 충분한 설계인력을 확보해 두어야 한다. 특히 토목·건축공사와 달리 가장 많은 인력이 투입되는 시기는 상세설계가 이루어지는 사업초기다.

이처럼 플랜트사업의 인력투입 곡선은 준공 시점에 가장 많은 인력이 투입되는 토목·건축공사와 상반되는 궤적을 그리게 된다. 그래서 플랜트 EPC사업은 미리 전문인력을 확보하고 사업수주를 추진하는 것이 원칙이다. 수주한 뒤에 전문인력을 보강하겠다는 식으로 접근하는 것은 위험한 발상이다.

하지만 대부분의 한국 기업들은(예외가 있긴 했지만)**57)** '선先 수주 확대, 후後 인력 보강' 방식으로 접근했다. 과잉 수주로 기업마다 수주잔고가 급증하면서 인력 스카우트 전쟁이 극심했다. 경쟁사 엔지니어들에게 보다 높은 급여와 처우를 약속하면서 '인력 빼오기' 경쟁이 불붙었다.

2010년대의 해외 플랜트 사업은 수행을 위한 전문인력과 기술력, 시스템 역량이라는 기본이 갖추어지지 않은 상태에서 과잉 수주 형태로 진행되다 보니, 대규모 적자가 발생할 수밖에 없는 구조였다. 소화력은 좋지 않은데 급하게 너무 많이 먹으면 체할 수밖에 없지 않은가.

5 ——————— **전문인력 부족**

기업들이 과잉수주를 할 때 간과한 것이 있다. 바로 인력 수급의 문제다. 전문인력은 한정되어 있고, 속성으로 만들어지는 것도 아니다. 폭발적 수주 증가가 폭발적 인력 수요로 연결되었지만, 한국 기업들은 양과 질, 두 가지 측면에서 필요한 전문인력을 확보할 수 없었다.

우선 양적인 측면에서, 기업과 정부 모두 중장기적인 관점에서 플랜트 전문인력을 제대로 양성한 적이 없었다. 질적인 측면에서는 플랜트 규모의 대형화와 세계적 수준의 프로젝트관리 환경을 기준으로 한 우수 인력의 확보가 어려웠다. 기업의 인사부서도 비상상황이었다. 플랜트 인력을 관리해 온 전문가가 부족하니 적정한 인력투입 규모나 시점, 자격 등 인력 운용에 관한 지표도 없이 단순 채용과 발령에 급급했다. 그런데도 2009년 이후 한국 기업들의 플랜트 입찰 건수는 늘어만 갔다.

D사의 내부자료를 토대로 당시의 상황을 재구성해보자.

D사의 입찰 건수는 2007~2008년에 6~7건, 2009년에 13건, 2010년에 29건, 2011에 26건으로 폭증했다. 2008년 D사의 플랜트 사업부문 인력은 1,067명이었는데 2012년에는 대폭 증가한 1,838명이 되었다. 이 지표로만 보면, 충분하지는 않지만 증가한 수주량에 맞춰 인력을 보충하고자 노력한 흔적이 보인다고 할 수 있다.

그런데 D사의 인력구조에서 허리에 해당하는 차장과 과장급 인력의 비중을 따져보면 얘기가 달라진다. 2008년 46%(491명)가 2012년에는 26%(471명)가 되었다. 경쟁사 간에 벌어진 인력 스카우트 경쟁 때문이다. 대신 늘어난 인력은 사원(626명)과 대리(328명)로 그들이 전체 인력에서 차지하는 비중은 52%로 증가했다.

이렇게 경험을 갖춘 전문인력은 줄어들고 신입사원만 늘어나니, 투입되는 인력이 늘어나도 생산성은 떨어지기 마련이다. 특히 플랜트 EPC 사업에서 가장 중요한 설계부문의 경우, 2008년에는 과장급 이상의 고급인력 비중이 63%였지만 2012년에는 41%로 감소하면서 설계품질의 심각한 저하를 초래했다.

인력부족 문제 해결을 위해 머리를 짜내다 보니, 1980년대 초반 중동 건설시장에서 활약하다가 은퇴한 고령자들을 이용하자는 의견이 나왔다. 한때 해외건설협회에서는 은퇴한 해외건설 경험자 리스트를 작성하고 해외건설업계에서 재활용할 것을 요청하기도 했는데 성과는 거의 없었다.

필자는 은퇴자 인력 활용이 잘 되지 않는 원인을 파악하고자 열린 회의에 참석했던 적이 있다. 해외건설기업의 인사담당자들 답변은 명확했다. 고령자를 다시 중동으로 보냈다가 혹시 건강상의 문제를 겪지 않을까 하는 우려도 있지만, 본질적으로 기업이 요구하는 인력은 영어가 능통한 프로젝트관리자(PM)인데 초창기 인력들은 대부분 단순 기능공이었기 때문에 채용을 하고 싶어도 할 수가 없다는 것이다.

게다가 기업은 플랜트 EPC사업을 수행할 수 있는 인력을 원하는데, 초창기 중동시장에서 토목·건축공사 현장에만 있었다면 활용도가 지극히 낮다. 기업이 원하는 인력과 정부·협회에서 공급하고자 하는 인력 간에는 커다란 간극이 있었다.

플랜트 전문인력이 부족한 상황인데도, 실제 수행 과정에서 설계나 공사와 관련된 문제를 해결하기 위해 과도한 인력을 투입해야 하는 역설적인 상황도 많았다. 특히 설계인력의 경우가 심각했다. 거의 모든 프로젝트에서 애초 계획보다 초과된 인력이 투입된 것이다. 인력계획이 처음부터 부정확했고, 적정한 인력 투입 시점을 놓쳤거나 투입인력의 역량 차이가 크다 보니 그 갭을 메우기 위해 시간이 흐를수록 과다 투입이 불가피했다.

인력의 과다투입은 원가율 상승으로 직결된다. 역량 있는 전문인력이 투입되지 못하다 보니 공기 지연이 발생하고, 그것을 만회하기 위해 돌관공사를 하느라 인력을 계속 과다 투입하는 악순환이 벌어졌다. 그러다 보니 가용할 수 있는 플랜트 전문인력은 계속 부족했고 결국 품질 저하, 공기 지연, 원가율 상승과 같은 결과로 이어졌다.

6 ─── EPC 부문별 역량 및 프로젝트관리(PM) 역량 부족

한국 기업들이 주로 수행해 온 사업은 '상세설계(E)−구매 · 조달(P)−시공(C)'을 포괄하는 'EPC사업' 영역이다. 2010년까지 한국 기업의 EPC사업 원가율이 하향 안정세를 보였고, 중동 플랜트 EPC사업을 한국 기업들이 대거 수주했던 것은 글로벌 경쟁력을 보유하고 있었기 때문이다.

하지만 2009년 이후 해외 플랜트 수주가 급증하면서 상황이 달라졌다. 과잉 수주, 저가 수주가 지속되는데도 전문인력의 양과 질이 모두 부족하니 입찰단계의 견적부터 시작해 상세설계—구매·조달—시공 등 EPC사업의 근간을 이루는 각 부문별 경쟁력도 무너졌다. 결국 해외 플랜트 시장의 어닝 쇼크는 각 부문별 문제와 함께 각 부문을 종합적으로 관리해야 할 프로젝트관리(PM) 역량 부족이 한몫했다고 봐야 한다.

플랜트 EPC사업도 시공 이전의 견적 및 설계단계가 전체 사업비와 원가율에 미치는 영향이 압도적이다.[58] 그런데 2009년부터 해외 플랜트 입찰참가 횟수가 급증하면서 견적기간이 짧아졌고, 숙련된 전문인력의 투입도 부족했다. 그러다 보니 심각한 문제들이 속출했다.

견적물량과 실행물량 간에 큰 격차가 발생했고, 물량 산출의 오류나 누락 사례도 잦았다. 견적 단가도 부정확했고, 수주를 위해 예비비 contingency를 의도적으로 낮게 계상하는[59] 등의 부실 견적이 빈발한 것이다. 그 결과 입찰용 견적과 수주 후 실행용 견적을 다시 작성하는 작업이 반복되었고, 이런 과정이 전체 공사기간의 지연을 초래하는 원인으로도 작용했다.

플랜트 EPC사업 역시 원가산정의 기준은 설계에서 출발한다. 설계 품질의 확보가 원가율 확보를 위한 핵심이란 말이다. 하지만 한국 기업들의 과잉 수주는 사내 인력 부족만 야기한 것이 아니다. 설계 협력사도 절대적인 인력이 부족했다. 그나마 있는 인력도 과장급 이상의 고급 인력보다는 경험이 부족한 사원·대리가 절반이 넘었다. 설계 협력사의 인력 부족은 설계도서에 대한 검토 부실, 공사용 설계도서의 현장제공

지연 등으로 이어졌다.

기자재 발주나 납기도 여러 가지 이유로 지연되면서 공기 준수를 어렵게 만들었다. 구매·조달을 위한 프로세스상의 부문별 공조가 제대로 이루어지지 않으면서 납기 지연에 따른 추가비용이 발생했다. 시장조사 부족이나 부적절한 업체에 대한 발주로 저품질의 기자재가 구매되면서 또 다른 추가비용이 발생하기도 했다.

공사 과정에서는 부족한 공사기간과 우수 인력 부족으로 시공성을 고려한 설계반영이 미진했고, 원가개선을 위한 공법 검토도 제대로 이루어지지 못했다. 견적과 실행의 연속성도 유지되지 못했고, 본 공사의 공정 지연이 일상화되고 이를 만회하기 위한 돌관공사도 빈번했다.

부족한 인력으로 급하게 일을 하려다 보니 협력업체 선정상의 실수도 잦았고, 설계부서와 구매부서 간의 협력도 제대로 이루어지지 못했다. 인력부족을 메꾸기 위해 계약직이나 경력직을 대거 채용했기에 애사심을 기대하기도 어려웠고, 창의적이고 도전적인 원가혁신 활동은 언감생심이었다.

플랜트 EPC사업은 그 특성상, 수주 이후 불완전한 정보 하에서 미확정 부분을 추정하여 상세설계에 반영한다. 따라서 설계도서의 수정작업이 불가피하고, 기자재 시장의 시황이나 인력 수급 상황 등 수많은 외부 요인들이 사업과정에 영향을 미친다. 기업 내부에서는 엔지니어링과 구매·조달 및 시공부문별로 전문성을 가진 조직들이 끊임없이 상호작용을 해야 한다.

이처럼 가변적인 상황에 탄력적으로 대응하기 위해서는 E-P-C 각 부문이 한 몸처럼 유기적으로 기능해 주어야 한다. 그것을 가능하게 하는 것이 프로젝트관리자(PM)의 역할이다. 하지만 평균적으로 한국 기업들의 프로젝트관리 역량은 선진 기업들에 비해 부족한 것으로 평가된다. 플랜트사업의 과잉 수주와 대규모화에 대응할 수 있는 역량 있는 프로젝트관리자가 부족했고, 유관부서 간의 협력이 제대로 이루어지지 않으면서 현실적으로 프로젝트를 관리하기 어려웠다.

7 ——————— 프로젝트 리스크관리 부실

한국 기업들이 잘하는 것과 못하는 것이 있다. 잘하는 것은 리스크 떠안기risk taking요, 못하는 것은 리스크관리risk management다. 오랫동안 고도 성장기를 거치면서 '하면 된다'는 긍정적인 마인드와 기업가 정신이 충만한 나라였기 때문일 것이다. 특히 고도 성장기를 이끌었던 핵심산업이 건설이었기에, 건설기업인들은 리스크를 적극적으로 떠안는 것이 당연하다고 인식하게 되었다.

하지만 우리는 IMF외환위기와 글로벌 금융위기를 겪으면서 경제는 늘 성장하기만 하는 것이 아니라는 사실을 뼈아프게 배웠다. 해외건설의 경우도 1980년대와 1990년대, 두 차례에 걸친 부실화로 대규모 구조조정을 겪었다. 리스크관리를 염두에 두지 않을 수 없었던 것이다.

2005년경에 해외 플랜트 수주가 조금씩 늘 때만 해도 그랬다. 과거의 경험을 바탕으로 혹시라도 부실화되면 기업에 큰 손실을 입힐 수도 있다는 생각에 때로는 지나칠 정도로 리스크관리를 했다. 2010년 이전의 해외 플랜트 원가율이 전반적인 하향안정세를 보였던 이유는 리스크관리 시스템이 작동한 결과라고 본다.

하지만 2009년 이후 해외 플랜트 수주가 급증하면서 리스크관리가 제대로 이루어지지 못했다. 그보다는 수주 확대가 우선이었다. 해외건설을 추진하는 기업마다 사업심의나 리스크관리 시스템이 있기는 하다. 물론 그런 시스템이 제대로 작동하느냐는 별개의 문제다.

해외건설은 숙명적으로 리스크를 안고 시작할 수밖에 없고, 본사에서 특정 프로젝트의 사업심의나 리스크관리를 제대로 하기란 대단히 어렵다. 짧은 견적기간에 중동, 아프리카, 동남아의 현지 발주처나 협력업체 사정을 제대로 알 수가 없다. 특히 처음 진출하는 지역이나 처음 시도하는 공사는 더더욱 그렇다. 그 프로젝트를 담당하는 임직원의 '애사심loyalty'을 믿지 않는다면 어떤 의사결정도 하기 어렵다.

리스크관리라고 하면 많은 사람들이 '기법technique'을 생각한다. 하지만 기법은 실무자의 사소한 도구에 불과하다고 본다. 그보다는 조직과 인력이 핵심이다. 리스크관리 조직은 가급적 사업부서와 거리를 둔, 독립적인 조직이어야 한다. 인력도 해당 사업부서의 이해관계를 대변하는 직원이 아니라 독립적인 위치에서 전사 차원의 리스크를 관리할 수 있는 전문인력이어야 한다. 조직·인력의 독립성과 전문성이야말로 리스크관리 시스템의 핵심이다.

한국 기업 내부의 역학관계로 보면 가장 힘이 있는 부서는 돈을 버는 부서다. 아마 대부분의 사업부서가 리스크관리 부서보다 우위에 있을 것이다. 사업부서는 사업을 하는 것이 본령이다. 때로는 손해 볼 수밖에 없는 사업도 저가 수주를 감행한다. 수주가 줄면 사업부서가 축소될 수도 있기 때문이다. 게다가 앞에서 설명했듯이 수주 시점에서 이루어지는 왜곡된 인센티브 제도의 문제도 있다.

사업부서는 "우리는 사업을 하는 부서이지 리스크관리를 하는 부서가 아니다."라고 강변한다. 사실 그렇기 때문에 리스크관리 부서가 필요한 것이다. 문제는 대부분의 리스크관리 부서가 집행조직이 아니고, CEO나 CFO의 참모조직이라는 데 있다. CEO나 CFO가 리스크관리 부서의 판단을 근간으로 의사결정을 하지 않고, 단순히 사업부서가 간과했을 만한 사안에 대해 참고의견을 듣는 정도로만 활용한다면 리스크관리는 무의미해진다.

또한 사업부서의 장보다 리스크관리 부서장의 직급이 낮은 것도 문제다. 직급상으로도 리스크관리 부서장은 CEO나 CFO의 강력한 뒷받침이 없는 한, 사업부서를 상대하기 어렵다. 특히 CEO나 CFO가 '단기경영' 관점에서 '수주 지상주의'에 빠질 경우에는 리스크관리 시스템 자체가 무의미해진다. 리스크관리 부서의 독립성은 CEO나 CFO도 존중해야 한다.

리스크관리 부서의 인력에겐 독립성과 전문성이 필수적이다. 하지만 한국 기업의 리스크관리 부서는 대부분 사업부서별로 한두 명씩 잠깐 스쳐가는 자리다. 가끔 리스크관리 부서에서 실제로 전사 차원의 리스크관리를 제대로 하는 임직원들이 있긴 하다. 하지만 그런 임직원들은 일시적으로 CEO나 CFO의 총애를 받을지 몰라도 사업부서로 복귀하는 순간 보복이나 왕따의 대상이 된다. 기업들마다 이런 선례가 꽤 있다.

그러다 보니 리스크관리 부서로 사실상 '파견' 나온 사업부서 임직원들은 경영진을 상대로 해당 사업부서의 이해관계나 의지를 잘 설명해서 오해가 없도록 하는 일에 치중한다. 그런 역할을 잘 마치고 다시 사업부서로 복귀하면 더 좋은 보직과 승진이 기다리고 있기 때문이다.

문제는 또 있다. 리스크관리 부서에는 오래 근무하기도 어렵지만, 오래 근무했더라도 올라갈 수 있는 최고 자리가 대개는 상무(혹은 전무) 정도에 머문다. 이런 구조에서는 리스크관리 부서의 임직원들이 사업부서로 복귀하기 위해 준비할 수밖에 없다. 이러니 리스크관리 부서의 독립성은 애초에 꿈꿀 수도 없다. 그렇지만 외부에서 전문인력을 데려오기도 어렵다. 특히 플랜트사업이 그렇다.

상대적으로 토목, 건축, 주택 분야는 전문가라고 할 만한 사람들이 외부에 꽤 있는 편이다. 하지만 플랜트사업은 기업에서 실제로 오랫동안 일한 경험이 없이는 전문가가 될 수 없다. 대학만 해도 토목학과, 건축학과, 부동산학과는 많지만 '플랜트학과'라는 것은 없다. 플랜트는 독자적인 학문영역이라기보다 화학공학, 기계설비, 토목 · 건축공학 등이 복합된 실무영역이기 때문이다.

독립성과 전문성이 없는 리스크관리 부서는 제 역할을 다하기 어렵다. 기업 내부의 각 조직들이 생존과 성장을 위해 나름대로 최선을 다한다는 사실을 부정하는 것은 아니다. 모두가 해외 플랜트 수주에 혈안이 되어 있을 때, 리스크관리 부서라고 사사건건 수주를 가로막기는 힘들었을 것이다. 하지만 최소한 '과잉 수주'와 '저가 수주'가 초래할 부작용에 대해서는 강력한 경고음을 울렸어야 한다. 그것을 몰랐을 리는 없다. 다만, 독립성과 전문성이 없는 리스크관리 부서라면 수수방관할 수밖에 없었을 것이다.

8 ─── 시장정보 수집·분석 역량 부족

동네에서 치킨 집을 시작할 때도 꼭 필요한 것이 시장조사다. 새로운 상품을 내놓을 때, 새로운 지역에 진출할 때 시장조사가 필요하다는 것은 상식이다. 기존 사업이라도 대규모 투자를 하고자 한다면 그 사업의 장기적인 전망을 살펴봐야 한다. 기업이 연구조사기관은 아니지만, 필요한 시장정보Market Intelligence를 어디선가 수집하고 분석해야 한다. 그런데 시장정보란 것이 정답이 있는 것이 아니다. 주식이나 부동산 전망처럼, 어디는 떨어진다고 하고 어디는 오른다고 한다. 누구 말을 믿을 것인지, 어떤 전망을 신뢰할 것인지가 문제다.

2000년대 중반부터 해외 플랜트 수주가 늘어나자 이런 상승 추세가 얼마나 지속될 것인지에 대한 논란이 일었다. 과거의 중동 건설 붐 때를 회상하면서, 얼마 가지 않아 가라앉을 것이라는 전망은 2000년대 후반에 잠깐 등장했다가 사라졌다. 해외 플랜트 수주실적이 계속 늘어나면서 2010년 사상최고치인 716억 달러를 달성하게 되자, 모두가 중동 플랜트 시장의 장기적 성장을 믿는 분위기였다.

한국 기업들은 외국기관의 전망자료를 토대로 일방향적인 플랜트 시장의 성장세를 예측했다. 어닝 쇼크 발표 직전인 2013년 2월에 외국기관의 플랜트 시장전망을 모아 본 적이 있다. 기업 입장에서 5년 뒤, 10년 뒤 전망은 무의미하기 때문에 가급적 2015년까지의 전망치를 제시한 자료들을 모아 보았다.

■■■■■ 세계 플랜트 시장 규모

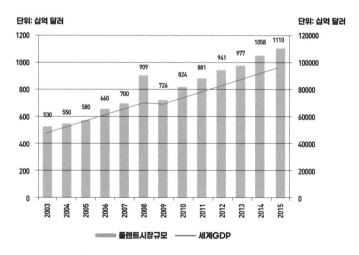

자료: ADL, IMF, ELA

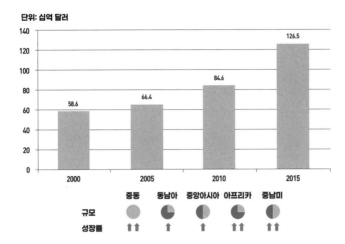

오일·가스 플랜트 시장 추이

단위: 십억 달러

자료: ADL

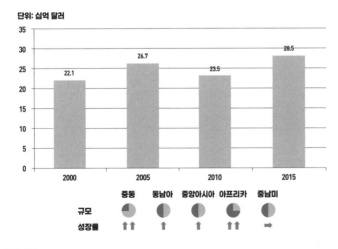

정유 플랜트 시장 추이

단위: 십억 달러

자료: ADL

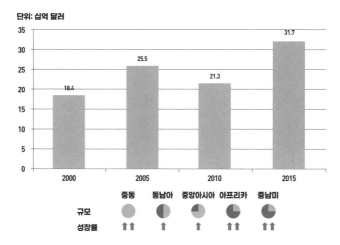

단위: 십억 달러

규모
성장률

중동　동남아　중앙아시아　아프리카　중남미

자료: ADL

　도표들에서 공통점이 보이는가? 해외 플랜트 시장전망의 그래프는
일제히 '우상향'을 그리고 있다. 해가 갈수록 무조건 시장규모가 늘어난
다는 것이다. 특히 중동에서는 오일 · 가스, 정유, 석유화학은 물론 발
전, 담수 플랜트 등 모든 유형의 플랜트 시장이 큰 성장세를 보일 것이
라는 전망이 많았다.

　연구조사기관이 아닌 기업으로서는 외국기관의 이런 전망치를 자신
의 사업활동을 정당화하는 도구로 활용하게 된다. 이런 전망이 나오게
된 전제가 어떤 것인지는 묻지도 않고 따질 생각도 없다.

　기본적으로 전망은 미래에 대한 가정을 전제로 한다. 그런데 그 전제는 우리가 기대하듯이 그렇게 치밀하지 않다. 인구증가율, GDP 증가율 등에 따라 수요가 늘어나고 그에 따라 공급도 증가한다는 식의 가정이기 때문이다. 글로벌 금융위기라도 전 세계 인구는 계속 증가하고, GDP도 성장세는 낮겠지만 지속적으로 증가할 것이다. 따라서 모든 플랜트 시장은 지속적으로 성장하게 된다. 뭐 이런 식의 전망일 뿐이다. 실제로 그렇게 될지 안 될지는 향후 상황에 따라 달라질 것이다.

외국기관의 전망을 과신하면 안 된다는 것은 직접 확인할 수 있다.

중동 및 북아프리카(MENA) 지역의 실제 발주액과 한국 플랜트 기업의 주된 수주영역인 화공플랜트 발주액 추이를 비교해보자. 2008~2013년 전체 발주액은 크게 늘어난 것이 없고, 화공플랜트 발주액은 2009년에 정점을 찍고 계속 감소세다. 해가 갈수록 발주물량이 늘어난다는 우상향의 정황은 찾아볼 수가 없다. 오히려 실제 화공플랜트 발주

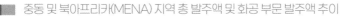

중동 및 북아프리카(MENA) 지역 총 발주액 및 화공 부문 발주액 추이

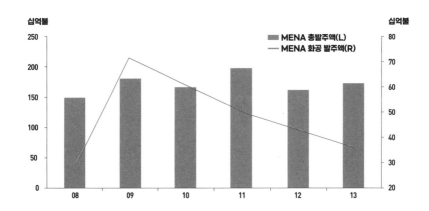

자료: MEED Projects, 하이투자증권

액은 2009년을 정점으로 2013년까지 계속 줄었다.

이런 수치는 글로벌 컨설팅 기업들의 전망자료보다 중동에서 발간되는 MEED 지에 실린 프로젝트를 직접 세어보면 진위 파악이 가능하다. 기업이든 연구기관이든, 실제 자료를 자신이 직접 수집하고 분석하기보다는 그럴듯한 이름의 외국기관에서 나오는 전망자료를 베끼면서 자신의 주장을 뒷받침하는 도구로 활용하는 것은 대단히 위험하다.

정부나 협회도 다르지 않았다. 어닝 쇼크 발표 1년 전인 2012년 해외건설협회는 해외 누적수주 5천 억 달러를 기념하면서 2020년에 누적 1조 달러를 달성하자는 목표를 제시했다.**60)** 국토해양부도 2012년에 해외건설 수주액이 다시 700억 달러를 회복하고 2015년에는 850억 달

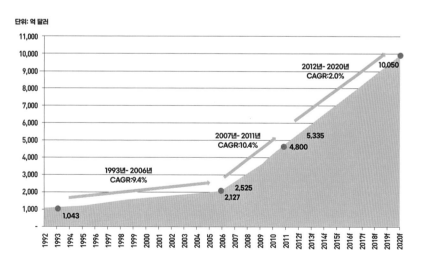

2020년 누적수주 1조 달러 달성 목표

단위: 억 달러

자료: 해외건설협회(2012년 수주금액=2007~2011년 5년간 평균치 산정)

구분	2010	2011	2012[e]	2013[e]	2014[e]	2015[e]
수주액(억달러)	716	591	700	750	800	850
시공잔액(억달러)	1,422	1,734	2,077	2,388	2,679	2,939
아국 인력(명)	14,556	15,968	18,171	22,345	25,908	30,031
플랜트(명)	8,690	9,533	10,848	13,340	15,467	17,929
원전 시공(명)	170	416	776	938	1,369	1,926

자료: 국토해양부 보도자료(2012.2.24.)

러를 달성할 것이라는 장밋빛 전망치를 제시하면서, 늘어나는 인력수요
를 어떻게 충족시킬 것인지를 고민하고 있었다.

　한국 정부, 협회가 한 목소리로 해외 플랜트 시장이 증가 추세라고
하니 기업들도 과잉 수주, 저가 수주에 따른 리스크관리 강화보다는 수
주확대를 위한 인력확보에 혈안이 되었다. 지속가능한 해외건설사업을
위해서는 시장정보의 수집과 분석기능부터 제대로 갖춰야 할 것이다.

03

Overseas Construction
Myth & Earning Shock

상승기의 신화,
하락기의 실상

상반된 이미지,
국내건설 vs. 해외건설

국내건설과 해외건설은 사뭇 상반된 이미지를 갖고 있다. 일반 국민은 물론이고 고위공직자들조차도 해외건설은 긍정적으로, 국내건설은 부정적으로 평가하는 경향이 있다. 해외건설 하면 중동이나 동남아 곳곳에 한국 기업들이 시공한 기념비적인 시설물이 떠오르기 때문일 것이다.

수주금액이 한국 정부예산의 25%에 달했던 사우디아라비아의 주베일 항만, 한반도의 6배 면적에 해당하는 사막을 옥토로 만드는 리비아 대수로, 세계 최고층 빌딩인 UAE의 버즈 칼리파와 말레이시아의 페트로나스 트윈타워, 싱가포르의 마리나베이샌즈호텔 등이 세계 곳곳에 존재한다.[61]

기적이라고까지 불리는 이런 공사들은 지금도 진행되고 있다. 한국 기업들에 의해 주탑 간 거리가 2km가 넘는 터키의 차나칼레 현수교, 이라크의 비스마야 신도시 같은 랜드마크적인 건설사업이 이루어지고 있는 것이다.

일각에서는 왜 한국 기업들이 국내에서는 이런 사업을 하지 않느냐고 비난한다. 하지만 따지고 보면 그런 비난을 받아야 할 사람은 건설기업인이 아니다. 발주자인 정부 공무원이나 대통령을 비롯한 정치권, 그리고 언론을 힐난해야 맞다.

앞의 사례에서 한국 기업들은 도급사업자였을 뿐이다. 기념비적인 시설물을 기획하고 재원을 조달하는 것은 발주자이며, 한국 기업들은 그저 입찰과 수주라는 과정을 거쳐 설계나 시공을 담당했을 뿐이다. 국내에서 그런 기념비적인 시설물이 발주되었다면 한국 기업들이 못 만들 리가 없다. 한국의 시설물들은 한국 발주자의 수준, 정부의 법과 규제, 언론과 일반 국민의 눈높이에 맞춘 결과물일 뿐이다.

국내건설이 갖는 부정적 이미지는 그 뿌리가 깊다.

부실공사로 인한 대형 참사, 끊이지 않는 부정부패와 입찰 담합, 안전사고 등이 오랫동안 지속된 탓일 것이다. 해외건설에서 이 같은 문제가 발생한 사례는 매우 드물다. 그러다 보니 한국 기업들이 해외에서는 잘하는데 국내에서는 유독 잘못한다는 식의 평가를 하기도 한다. 그래서 해외건설시장과 같은 환경을 국내 현장에 도입해야 부실공사를 방지하고 품질과 안전을 확보할 수 있다는 주장이 큰 설득력을 얻기도 했다. 실제로 이 같은 인식에 따라 제도 변경이 이루어진 사례도 많다. 대표적인 것이 책임감리제도다.

중동 건설현장을 경험한 사람들이 이구동성으로 하는 말이 있다. 미국과 유럽의 감리자들 때문에 어쩔 수 없이 글로벌 스탠더드에 맞춰 시공한다는 것이다. 그러니 한국도 그런 제도를 도입하면 모든 것이 해결될 수 있을 것처럼 떠들곤 했다. 하지만 한국의 현실을 반영하다 보니 제도 자체가 왜곡되었고, 실제 감리업무를 담당하는 사람과 건설기업 및 발주자와의 관계 등에서 수많은 문제가 발생했다.

무엇보다 해외건설을 시스템적으로 이해하고 접근하는 것이 아니라, 감리와 같은 '만병통치약'을 찾는 수준에서 접근했던 것이 문제였다. 시스템적인 이해는 전문가의 영역이다. 해외건설 현장에서 오랫동안 근무했다고 해서 전문가는 아니다. 현장의 단순 기능공으로 아무리 오래 근무했더라도 전체 시스템을 알긴 어렵다는 뜻이다. 국내건설에 해외건설의 제도나 관행을 도입하려면, 해외의 제도나 관행이 어떤 시스템에서 작동하는지부터 먼저 알아야 한다.

국내건설과 해외건설에 대한 상반된 이미지는 지금도 다르지 않다. 국내시장이 어려워지면 해외로 나가야 할 때라고 하고, 중동시장에서 전쟁을 비롯한 소요사태나 유가 상승이 발생하면 또다시 '중동 건설 붐'이 불지 모른다고 호들갑을 떤다. 1980년대 초반, 1990년대 후반, 2010

년대 초반 등 3차례에 걸친 해외건설의 호황과 불황이 한국 경제에 어떤 영향을 미쳤는지에 대한 객관적인 평가 결과도 찾아보기 어렵다.

달러를 많이 벌어서 외환위기를 극복했고, 해외 진출 인력이 증가해 고용측면에서도 크게 기여했으며, 해외에서 벌어들인 돈이 국내로 들어와 국민소득 증대에도 기여했다는 식의 막연한 평가가 전설처럼 난무하고 있다. 1980년대 초반의 부실 해외건설기업 구조조정과 2010년대 초반의 어닝 쇼크가 초래한 부정적인 효과는 한동안 언론을 장식하다가 금세 잊혀졌다. 그러다 보니 지금도 해외건설 수주는 늘어날수록 좋은 것, 수주가 감소하면 큰일 나는 것이란 공식이 떠돌아 다니고 있다. 과연 그것이 사실인지 객관적인 데이터를 토대로 평가해 볼 필요가 있다.

2 ——— 해외건설 신화의 탄생

'수출만이 살 길이다'는 논리는 건설시장이라고 다르지 않다. 그러다 보니 모두가 해외건설을 '당위적인must' 관점에서 본다. 이러한 당위적인 관점을 뒷받침해 주는 것이 해외건설 '신화神話'다. 해외건설 신화를 창출하고 유포하는 주체는 기업만이 아니다. 정부와 협회를 비롯한 공공기관과 언론까지도 포함된다.

해외건설 신화가 만들어진 것은 초창기 중동 건설 붐이 불던 1970년대 후반부터 1980년대라 볼 수 있다. 그때 형성된 신화가 너무나 강력했던 까닭에 아직도 '해외건설' 하면 그 시절을 떠올린다. 사실 당시에 해외건설이 국민경제에 기여한 부분은 무시할 수 없을 정도로 크다. 여기서 최대한 객관적인 자료를 통해 당시의 효과를 정리해 보자.[62]

1973~1974년 중동 전쟁(아랍·이스라엘 분쟁)이 발발함에 따라 아랍 산유국들이 석유를 무기화하면서, 1차 오일 쇼크가 발생했다. 1974년 1월 석유수출국기구(OPEC)가 고시한 사우디아라비아산 원유수출가격은 배럴당 11.5달러였는데, 불과 3개월 전 가격보다 무려 4배가 오른 것이다. 그 결과 1975년 서방 선진국들은 마이너스 성장을 기록했고, 인플레이션과 국제수지 적자를 겪게 되었다.

2차 오일 쇼크는 1978~1980년에 발생한 이란 혁명으로 촉발되었다. 석유 생산량이 대폭 감축되면서 공급 부족으로 유가가 급상승했다. 1978년 12월부터 1980년 7월 사이에 유가는 약 2.4배로(배럴당 12.9달러에서 31.5달러로) 급등하면서 1차 오일쇼크 때와 같이 생산비용 상승으로 인한 인플레이션 가속화, 성장률 둔화, 무역수지 악화 등과 같은 상황이 재현되었다.[63]

두 차례의 오일 쇼크로 인한 한국 경제의 위기는 1970년대 후반부터 1980년대 초반까지의 중동 건설 붐이 아니었다면 극복하기 어려웠을 것이다. 상품을 수출할 때는 국내에서 만든 제품을 해외로 이동시키는 것뿐이지만, 해외건설은 자본, 노동, 기자재, 기술 등의 생산요소가 해외로 이동한다. 이에 따라 초창기 중동 건설 붐 때는 국제수지 개선, 국민소득 증대, 고용 증대와 같은 국민경제적 효과가 대단히 컸다.

해외건설의 성과를 국제수지, 국민소득, 고용효과 등 다양한 측면에서 살펴보자.

- 1981~1990년 해외건설 실적은 총 126억 달러로 전체 흑자분의 62%를 차지했다.[64]
- 2차 오일 쇼크 직후인 1980~1983년에는 해외건설을 통한 순외화 수입액이 전체 원유수입액의 38.0% 수준에 달했다.[65]
- 1980~1983년 해외건설의 GNP 기여도는 4~6%였다.[66]
- 1980~1983년 해외건설 순외화수입에 따른 직접적인 국민소득 증대효과는 제4차 경제개발 5개년계획(1977~1981) 기간 중 평균 3.2%를 기록했다.[67]
- 해외건설은 연간 33~49만 명의 고용을 창출하여[68] 실업문제 해소에도 결정적인 기여를 했다.
- 4차 경제개발 5개년계획 기간에 필요한 총 58.4조 원의 투자재원 중 해외건설을 통해 1.5~2.1조 원을 조달했다.[69]

이와 같이 계량적으로 표시되지 않는 성과도 컸다. 해외건설은 한국의 대기업이 글로벌 기업으로 성장하는 데도 결정적인 기여를 했다.[70] 해외건설 프로젝트를 수행하면서 선진 기술 습득과 글로벌 인력을 양성하고, 국제계약 관행이나 제도 경험 등을 축적할 수 있었기 때문이다. 또한 일부 대기업들은 해외건설시장에 먼저 진출한 뒤, 이를 발판으로 다른 상품을 수출하는 기회로 활용했다.

중동 해외건설은 한국 외교의 지평을 넓히는 데도 한몫을 했다. 쿠웨이트, 바레인, 요르단, UAE, 카타르, 이라크, 예멘, 방글라데시, 나이지리아 등과 국교를 수립하게 된 것도 모두 해외건설을 매개로 한 것이었기 때문이다.

1990년대의 동남아 건설 붐이 한국 경제에 얼마나 기여했는지는 명확하지 않다. 상대적으로 호황의 규모가 작았고 기간도 짧았기 때문이다. 특히 해외건설의 긍정적 효과를 논할 때 으레 등장하는 지표인 외화가득률에서도 차이가 난다. 1980년 전후의 중동 붐 때는 약 25%에 달했지만, 1990년대에 와서는 10%대로 하락했다.[71] 그나마 1995년 6월 이후에는 '해외건설 자금 흐름에 관한 보고서' 제출 의무가 폐지되면서 수익성이나 외화가득률에 대한 정확한 통계자료를 찾아볼 수도 없다.

그러다 보니 2000년대 후반부터 2010년대 초반까지 지속된 해외 플랜트 건설 붐의 국민경제적 효과는 알려진 바가 거의 없다. EPC사업 중 시공에 치중하면서 기자재 국산화 비율은 28% 수준이었다는(1998.3~2002.7) 식의 단편적 자료만 보일 뿐이다.[72] 하지만 플랜트사업이 고부가가치 사업이란 사실은 막연하지만 틀린 말은 아니다. 글로벌 금융위기 직후 급격하게 위축된 한국 기업의 국내 주택사업 실적 하락을 해외 플랜트 수주액 증가가 어느 정도 보완해 주었던 것으로 판단된다.

3 ——————— 하락기의 실상과
부정적 효과

'산이 높으면 골도 깊다'는 격언은 진리에 가깝다. 해외건설의 호황과 불황도 그랬다. 호황기의 긍정적 효과가 클수록 불황기의 부정적 효과도 컸다. 오일 쇼크로 인한 국가 경제위기를 극복하는 데 가장 큰 기여를 했던 1980년대 초반의 중동 건설 붐 이후의 상황을 살펴보자.

1980년대 초반부터 중동의 발주 여건은 악화되기 시작했다. 유가 하락에 따른 오일 머니 축소와 주요 인프라 시설의 마무리로 공사발주량이 급감했던 것이다. 하지만 한국 기업들은 중동 외의 대체시장을 찾지 못했고, 건설근로자의 임금상승으로 가격경쟁력도 급속하게 상실했다. 엎친 데 덮친 격으로 중동 현지에서는 부실공사 등을 이유로 공사를 하고서도 받지 못한 미수금이 늘어났다.

중동시장이 침체되면서 중동에 진출한 한국 기업의 부채비율이나 차입금의존도는 계속 상승했다. 특히 정부의 도급허가를 받은 해외건설기업에 대한 '무조건 지급보증' 등으로 정상적인 은행 기능이 오랫동안 왜곡되다 보니, 은행에 누적된 과중한 부실채권이 경제위기의 뇌관으로 등장했다.

당시 해외건설의 자금 흐름 추이를 통해 심각한 상황을 피부로 느낄 수 있다. 1978년만 해도 해외건설부문에서 국내로 입금된 금액이 5.4억 달러였으나, 자금사정이 계속 나빠져 1985년에는 −13.7억 달러를 기록했다. 게다가 현지금융 조달자금은 6,800만 달러가 감소한 반면, 국내 조달자금은 14.3억 달러가 되었다.

한국 기업의 재무구조가 심각하게 악화되는 과정에서, 전체 예금은행 대출금에서 건설기업 대출금이 차지하는 비중은 9.3%(1981년)에서 16.1%(1985년)로 대폭 증가했다. 상황은 나아질 기미가 안 보였다. 밑 빠진 독에 물을 붓는 것도 한계가 있다. 예금은행의 부실채권이 계속 누적되는 상황에서 부실한 해외건설기업들에게 금융지원을 계속하다가는 모두가 망하게 될지도 모른다는 위기감이 가중되었다.

결국 정부가 문제해결에 나선 것이 1986년이다.

해외건설산업을 '산업합리화 업종'으로 지정하여 대대적인 부실 해외건설기업의 구조조정을 단행했다.[73] 수십 개에 달하는 부실 해외건설기업이 정리되는 모습은 건설업계와 금융기관뿐 아니라 전 국민에게 큰 충격을 안겼다.

1997년 동남아 건설 붐의 퇴조와 IMF 외환위기를 맞이하면서, 한국의 해외건설은 또 한 번의 시련을 맞았다. 동남아 시장에서의 수주실적이 급감했고, 기존 공사대금의 지급 지연 또는 지급불능 사태가 벌어졌다. 그중 인도네시아와 태국이 가장 심각했다. 1997년까지 전체 동남아 누적 수주액의 29.9%를 차지했던 인도네시아는 1998년 4.2%로 급감했고,[74] 태국은 12.1%에서 0.5%로 급락했다.

1990년부터 1997년 9월까지, 인도네시아와 태국의 시공 잔액은 29.7억 달러였다. 그런데 민간공사 비중이 각각 87.6%, 65.1%를 차지했으므로 사업의 지속성을 기대하기 어려웠고, 공사대금도 제대로 받을 수 없었다. 당시 활발하게 추진되던 부동산 투자개발사업은 해외에서 달러로 자금을 차입한 뒤 현지화로 환전하여 공사를 진행했기 때문에, 공사의 상당수가 중단되었고 공사비는 지급불능 상태에 빠졌다.

동남아 외환위기 와중에 한국도 IMF를 겪다 보니, 모든 한국 기업이 다 어려웠지만 그중에서도 해외건설 비중이 높은 기업일수록 더 어려웠다. 당시 국내 공공건설에 입찰하기 위한 사전심사(PQ) 평가항목 중 하나가 '경영상태 평가점수'였다. 그런데 10대 대형 해외건설기업의 점수가 중견기업보다 낮은 사태가 벌어졌다.[75] 해외건설 비중이 높은 기업일수록 경영상태가 안 좋았다는 의미다.

결국 한국을 대표하는 10대 대형 해외건설기업 중 동아건설, 대우건설, 현대건설, 쌍용건설이 모두 도산하거나 워크아웃 대상이 되었다. 또한 1998년 한 해 동안 건설기업 1,843개가 부도 처리되었다.[76] 어닝 쇼크로 치자면 2010년대 해외 플랜트 건설 붐 때와는 비교도 안 되는 쇼크 중의 쇼크였다. 당시는 한국경제 전체가 IMF외환위기를 겪는 중이었으므로 상대적으로 해외건설의 부실이 덜 부각된 측면도 있다.

2010년대 초반의 해외 플랜트 건설 붐이 가져온 손실도 개별 기업의 영업손실을 제외하고는 사실상 별로 알려진 게 없다. 2013~2015년 삼성엔지니어링, GS건설, SK건설, 대우건설, 대림건설 등이 공시한 영업손실액을 합하면 약 4.8조 원 규모다.[77] 2018년까지의 추정손실액을 합

하면 무려 8.7조원에 달한다는 자료도 있다.[78]

하지만 이런 공시자료만으로는 전체 손실액이 얼마인지 알기 어렵다. 수조 원대에 달하는 영업손실을 기록했는데도 손실규모도 정확히 모르고, 경제적 파급효과에 대한 분석도 찾아볼 수 없다. 심지어 모 증권사는 '2014년 해외건설 수익성 전환 시작!' 같은 제목의 보고서를 발표하기도 했다. 그 보고서가 나온 지 1년 반 뒤인 2015년 3분기에 삼성엔지니어링이 1조 5,127억 원의 영업손실을 발표했다. 이런 일들을 보면 해외건설산업의 투명성 결여도 심각한 문제가 아닐 수 없다.

왜 이렇게 해외건설의 실패에 대한 분석 자료가 없을까?

해외건설에 관한 전문가가 별로 없다는 것이 일차적 이유이고, 해외건설은 당연히 좋은 것, 해야 되는 것이란 편향성이 다음 이유라고 본다. 1980년대 초반에 형성된 해외건설 신화가 이 같은 편향성을 만들었다. 게다가 정부나 해외건설협회를 비롯한 유관기관들은 한결같이 '해외건설 활성화'를 외쳐 왔다. 이들은 늘 해외건설의 긍정적인 면을 홍보하기에 바쁘다. 혹시라도 해외건설의 부정적 측면이 알려져 관심과 지원이 위축될까 노심초사한다. 의도하진 않았겠지만 이런 태도가 한국 해외건설의 객관적인 평가나 장기적인 발전을 가로막는 장애물이 될 수도 있다.

1965년부터 2020년 3월 말까지, 총 1,644개사가 해외건설시장에 진출하여 누적 수주 8,451억 달러를 달성한 나라가 대한민국이다. 55년의 역사와 수많은 성공과 실패 경험을 안고 있는 나라에서 자화자찬 식의 긍정적 성과만을 강조하는 것은 바람직하지 않다. 아울러 지역별·공종별 수주실적과 같은 양量적 지표만 나열한다면, 해외건설의 진정한 글로벌 경쟁력을 확보하기란 요원한 일이다.

04

수업료를 치렀으면
배워야 한다

─────── 시스템에 대한
인식이 필요하다

　　해외건설의 성장과 쇠퇴를 가장 잘 설명할
수 있는 키워드는 무엇일까? 환경변화, 수주 프로젝트, 전문인력, 기술
력, 정부 지원, 법과 제도, 정책…, 정답은 그중 하나가 아니고 그 모두
이다. 해외건설을 제대로 알고 제대로 분석하기 위해서는 모든 연관 요
수를 포괄하는 '시스템system'에 대한 인식이 필요하다.

　　해외건설 신화가 창조된 1970년대 후반을 보자. 이때는 기업가 정신,
근면 · 성실이 체화된 근로자, 정부의 강력한 지원정책이 시너지 효과를

일으켜 신화의 창출이 가능한 생태계와 시스템이 구축된 시기였다.

그런데 1990년대 중반부터 한국 건설시장과 정부조달시장의 개방이 이루어지고 정부의 법적 · 제도적 지원은 급속도로 축소되었다. 동남아 개발 붐에 힘입어 한동안 해외건설도 붐을 이루었지만, 1998년 이후 동남아 외환위기와 한국의 IMF외환위기로 인해 한국의 해외건설은 크게 위축되었다.

2000년대 후반부터 해외 플랜트 시장의 호황이 이어졌지만 과잉 수주와 저가 수주가 지속되는 상황에서 리스크관리가 제대로 이루어지지 못했다. 그 결과는 주요 해외건설기업들의 어닝 쇼크로 나타났고, 아직도 그 충격을 말끔히 씻어내지 못했다.

이처럼 한국이 겪은 해외건설의 성장과 침체는 석유가격을 둘러싼 글로벌 정치경제 환경, 중동 및 동남아 각국 정부와 시장환경, 한국 기업인들의 기업가 정신과 전략, 한국 건설인들의 기술력과 프로젝트관리 역량, 정부의 지원정책과 제도 등이 복합적으로 작용한 결과였다.

해외건설 성장기에는 인력과 제도 등을 포괄하는 시스템이 비교적 잘 작동한 편이다. 반면 쇠퇴기에는 시스템을 구성하는 요소들 하나하나가 내부적인 한계나 취약성을 보여주었다. 결국 한국 해외건설의 성장과 쇠퇴 과정에서 다음과 같은 공식이 반복적으로 나타났다.

시스템 구축과 작동 → 시스템 와해 → 시스템 에러나 오류 심화 → 시스템 실패 사실 너무 당연해서, 시스템을 강조하는 말조차 진부하게 느껴진다. 그런데 현실에서는 여전히 시스템에 대한 인식 없이 단편적인 원인 진단과 해법이 판을 치고 있다. 1980년대 초반의 중동 건설 부실은 유가 하락과 한국 기업 간의 과당경쟁 탓이라고 한다. 1990년대 후반의 동남아 건설 부실은 외환위기 탓이라고 한다. 2010년대 초반의 해외 플랜트 부실은 저가 수주 탓이라고 한다.

이렇게 외부환경 탓, 해외 발주처 탓, 경쟁사 탓만 하면 마음은 편할 수 있다. 하지만 부실의 원인을 알 수 없고 해법도 낼 수 없다. 중장기적이고 지속가능한 해외건설을 위해서는 연관된 모든 요소를 포괄하는 '시스템 사고system thinking'가 필요하다는 점을 다시 한 번 강조한다.

2 ——— 과거 시스템에서 미래 시스템으로

어떤 분야든 모든 것을 아는 사람은 없다. 시스템 사고가 어려운 이유도 여기에 있다. 현실적으로는 각자의 경험이나 알고 싶은 것, 보고자 하는 것에 국한될 수밖에 없다는 한계가 존재한다. 하지만 그럼에도 불구하고 가급적 시야를 확대해 보고자 하는 노력은 중요하다.

필자에게 1980년대나 1990년대의 해외건설 시스템은 책이나 자료를 통해서 경험한 것이다. 대학에서의 전공이 정치학·행정학이다 보니 주로 정부의 법적·제도적 지원장치에 초점을 두었다. 박사학위 논문과 한국건설산업연구원에서 발간한 자료들이 그 범주에 해당한다.

사실상 해외건설에 대한 정부 지원은 1990년대에 들어와서 대부분 무력화되었다. 따라서 1990년대 이후 한국의 해외건설은 사실상 민간 기업들이 주도했고[79] 앞으로도 그럴 것이다.

여기서 말하는 '과거의 시스템'은 1980년대나 1990년대가 아니라 2000년대 후반부터 2010년대 초반의 한국 해외건설업계 시스템을 말한다. 2013년 어닝 쇼크를 전후한 시기에 기업에 몸담고 있으면서 왜 이런 사태가 발생했는지, 앞으로 어떻게 해야 할 것인지를 고심한 내용이다. 다만, 여기서 설명할 내용은 필자가 근무한 특정 기업에서의 경험에 국한된 것이 아니다. 특정 기업에만 속하는 사항은 가급적 배제했음을 밝혀 둔다.

지난 30여 년간 해외건설 관련 연구와 정부의 정책수립 과정에 직접 또는 간접적으로 관여해 왔기 때문에 많은 사람들을 만났고 많은 경험을 했다. 여기에 10여 년간에 걸친 기업에서의 근무 경험이 더해졌다. 이 장의 내용은 필자의 경험을 토대로 교훈을 정리해 본 것이다. 필자 역시 해외건설의 모든 것을 알지는 못한다. 하지만 그동안 배웠던 교훈을 한마디로 요약할 수는 있다.

'해외건설은 시스템 리셋Reset이 필요하다'는 것이다. 시장정보의 수집과 분석에서부터 시작하여 사업전략, 조직, 인력, 관리 등 모든 면에서의 개선이 필요하다는 의미다.

남의 시장정보 vs. 독자적 시장정보

필자가 사내 경제연구소장을 맡고 있던 시절, 20여 년간 중동 지사에서 근무하다 본사 임원으로 승진해 들어온 분이 인사를 왔다. 필자가 중동 출장에서 만나 안면이 있는 분이었다. 덕담 차원에서 이렇게 인사를 건넸다.

"중동에서 20년이나 근무하셨으니 누구보다 중동시장을 잘 아실 것이고, 앞으로 경제연구소에도 많은 정보와 도움을 부탁드립니다."

그런데 의외의 답변이 돌아왔다.

"사실 저는 중동시장을 잘 모릅니다. 매년 발주처를 찾아다니면서 올해 발주할 프로젝트 리스트를 확보하고, 그중 우리 회사가 입찰할 만한 프로젝트가 무엇인지를 본사에 보고하고, 그 프로젝트를 수주하는 데 도움이 될 도우미agent를 찾아다니는 게 주된 업무였으니까요. 20년을 있었어도 중동의 정치나 경제에 대해선 솔직히 잘 모르겠습니다."

겸손한 말이지만 사실이기도 했다. 한국 기업 대부분은 시장정보보다 프로젝트 정보를 따라 움직였다. 시장정보는 해당국의 언론이나 미국·유럽의 컨설팅 기업 등으로부터 얻었다. 즉 남으로부터 얻은 것이 대부분이었다. 한국 기업들은 남의 시장정보에 의존해서 자기 사업을 해 온 것이다.

물론 기업은 연구조사기관이 아니다. 미국과 유럽도 마찬가지다. 그런데 미국과 유럽에는 해외시장 전문가들이 대단히 많다. 일례로 유가 전망을 하는 연구조사기관도 많고 전문가도 많다. 한국에서는 국책연구기관이 유가 전망을 하긴 하지만 전문가가 누군지는 모른다. 그러다 보니 해외건설시장 관련해서는 미국과 유럽 언론의 보도내용을 베끼기 바쁘다.

정부의 〈제3차 해외건설진흥기본계획(2015)〉 안에는 한국 기업을 대상으로 해외시장 진출 시 주요 애로사항이 무엇인지 설문조사한 결과가 실려 있다. 정보 부족(26.5%)이란 응답이 가장 많았다. 그 다음이 금융지원 및 수행인력 부족(각각 19.2%), 기술력 부족, 기타(17.8%) 순이었다.[80] 이처럼 시장정보가 중요하다고 하면서도 한국은 아직도 제대로 된 시장정보를 만들 생각을 하지 않는다. 후순위로 꼽는 기술력, 금융지원을 더 중시하는 것이다.

모건 스탠리의 신흥시장 총괄대표를 지낸 루치르 샤르마Ruchir Sharma가 쓴 베스트셀러가 한국에서도 출간되었다.[81]

책의 내용에 따르면 그는 250억 달러에 달하는 신흥시장 자산을 운용했던 15년간, 한 달 중 일주일은 신흥시장에 머물면서 현지인을 만나고 그 나라를 이해하기 위한 노력을 해왔다고 한다. 책이 출간되자마자 단숨에 읽은 필자는 몇몇 회사의 고위임원으로 있는 지인 몇 분에게 이 책을 선물했다. 2012년(어닝 쇼크 발표 1년 전이다) 여름휴가 직전이어서 휴가 때 한번 읽어 주십사고 드린 것이다.

이 책의 핵심은 '이제 황홀경이 끝났으니 고된 일상이 다시 시작될 가능성이 높다'는 것이다. 과거 10여 년과 같은 신흥시장의 장기 성장세는 막을 내릴 것이란 전망이다. 특히 중동 플랜트 시장 편중도가 컸던 한국 기업들에게는 유가 전망이 중요한데, 이 책에서는 과거 200년간의 역사에서 석유를 비롯한 원자재 가격은 10년간 상승하고 20년간 하락하는 패턴을 반복해 왔으며, 현재 유가는 10년 상승세의 막바지에 이르렀다고 단언했다.[82]

필자는 이 책을 통해 중동 플랜트 경기가 금방이라도 꺼질 수 있다는 사실을 알리고 싶었다. 하지만 애석하게도 그때 책을 선물했던 분들에게서 읽었다는 연락을 받은 적이 없다.

한국에서는 루치르 샤르마 같은 해외시장 전문가를 보기 어렵다. 정부, 협회, 연구기관, 금융기관, 기업 어디에서도 해외시장 전문가 양성을 위해 15년간 한 달에 1주일씩 해외 현지에서 보낼 수 있도록 지원해 주는 기관이 있다는 말을 들어 본 적이 없다.

물론 각 기관마다 시장정보를 수집하고 분석하기는 한다. 그런데 누가 하는지, 어떻게 하는지 구체적인 내용을 알고 나면 실망하게 된다. 특히 대학과 연구원의 경우, 시장의 현실은 물론이거니와 기업의 현실과도 괴리가 크다. 간혹 기업 내부에 시장정보를 수집하고 분석하는 조직을 만들기도 하지만, 수주와 매출에 기여하지 않기에 기업 사정이 어려워지면 구조조정 1순위로 정리되고 만다.

안정적인 시장환경에서 추격형fast follower 성장전략을 추진할 때는 상대적으로 시장정보의 중요성이 떨어진다. 그보다는 프로젝트 정보가 더 중요하다. 시장정보는 남들이 만들어 놓은 것만 잘 파악해도 큰 문제가 없다.

하지만 불확실한 시장환경에서 선도형first mover 성장전략을 추구한다면 독자적인 시장정보의 수집과 분석이 무엇보다 중요하다. 흔히 한국 기업 간에 차별화된 사업전략이 없다고들 하는데, 차별화된 사업전략을 펴려면 독자적인 시장정보의 뒷받침이 필요하다. 개별 기업은 기업대로, 산업계는 산업계대로, 정부는 정부대로 독자적이면서 차별화된 시장정보 수집과 분석을 해야 한다.

리스크 떠안기 vs. 리스크관리

한국 기업의 강점은 '리스크 떠안기risk taking'이고, 약점은 '리스크관리risk management'라고 했다. 만약 적극적인 리스크 떠안기가 없었다면 오늘날과 같은 한국 경제와 건설기업의 성장은 불가능했을 것이다. 1970년대 후반의 중동시장 진출 시기엔 적극적인 리스크 떠안기가 이루어졌다.

초창기 사업추진과정에서 현실화되었던 리스크는 기업과 정부가 상황에 맞춰 기민하게 잘 대응했다. 하지만 중동시장이 변곡점을 넘어서 환경이 바뀌었는데도 리스크 떠안기는 한동안 계속되었고, 그 결과가 중동 건설 부실화와 대규모 기업 구조조정으로 나타났다.

1990년대의 동남아 건설 붐도 마찬가지였다. 동남아 건설시장의 성장기에는 리스크 떠안기가 필요했을 수도 있다. 하지만 감당하기 힘든 과도한 차입구조의 건설기업들은 외환위기에 의한 리스크관리 실패로 무너졌다.

2010년대 초반의 해외건설 어닝 쇼크도 마찬가지다. 한국기업들은 배럴당 100달러를 상회하는 유가가 지속될 것이라는 전제 하에 적극적으로 해외 플랜트 수주에 나섰다. 한국 기업들이 해외 플랜트 EPC시장을 대거 석권하게 된 것도 리스크 떠안기의 결과였다. 미국이나 유럽의 건설기업들은 리스크를 줄이고 회피하기 위한 차원에서 사업초기 단계의 개념설계, 기본설계 및 연결설계(FEED)에 주력했다. 한국의 플랜트 EPC 기업들은 상세설계(E)-구매·조달(P)-시공(C) 전반의 리스크를 모두 다 떠안았다.

물론 이처럼 과감하게 리스크를 떠안을 수 있는 선진 건설기업들이 많지 않았기에 해외 플랜트 EPC 시장에서 한국 기업이 경쟁력을 가질 수 있었던 것은 사실이다. 문제는 2010년대에 접어들면서 점차 과잉 수주와 저가 수주로 원가율이 상승하는데도 리스크관리보다 여전히 리스크 떠안기에 치중했다는 점이다. 심지어 2013년 어닝 쇼크를 발표하고서도 2014년의 해외 플랜트 수주량은 더 늘어났다.

모든 경우에 맞는 법칙도 없고, 모든 시장에 맞는 전략도 없다.

급성장하는 시장에서는 리스크 관리보다 리스크 떠안기가 중요할 수 있다. 급성장 국면에서 리스크관리를 강화하면 성장의 기회를 빼앗기게 된다. 하지만 성장세가 멈추고 하강하는 시장에서 리스크 떠안기만 해서는 배겨날 기업이 없다.

2010년대 초반의 한국 기업들은 해외 플랜트 시장이 언제 변곡점을 맞아 경기가 꺾일 것인지에 대한 시장정보를 갖고 있지 못했다. 고유가 추세가 지속되면서 플랜트 시장도 지속 성장한다는 암묵적 전제 하에 리스크관리를 등한시한 것이 화근이었다.

해외건설 리스크 관리시스템에 대한 이론과 기법은 대단히 많다. 그런데 이런 이론과 기법들은 수행 프로세스상의 리스크에 집중하는 경향이 있다. 글로벌 정치경제 상황의 변화, 진출 국가 리스크와 같은 것은 대부분 시장정보 영역에 해당한다. 또한 계약이나 법률적 리스크에 관해서 인식하기 시작한 것은 최근에 불과하다.

리스크관리 이론과 기법에 못지않게 중요한 것이 있으니, 리스크관리 조직과 인력의 독립성 및 전문성이다. 조직과 인력의 독립성을 확보하려면 사업부서와 거리를 두어야 한다. 단순히 CEO나 CFO 직할 조직으로 두는 것만으로는 부족하다. 리스크관리 조직에 오랜 기간 몸담으며 전문성을 쌓고 성과를 인정받으면 내부 승진과 성장이 가능해야 한다. 사업부서에서 잠시 파견 왔다가 다시 사업부서로 복귀하여 승진하는 식으로 리스크관리 인력을 운영한다면 독립성은 보장될 수 없다. 한마디로 리스크관리 조직에서 근무하는 임직원에게 '비전'을 제시해야 한다. 그래야만 우수인력을 리스크관리 조직에 붙잡아둘 수 있다.

인력의 독립성과 전문성을 확보하기 위해서 외부에서 전문가를 수혈하는 방법도 있다. 한국 기업의 조직문화를 생각하면 이 방법도 적극 고민해야 한다. 한국 사회의 수직적이고 위계적인 조직문화는 건설기업에도 뿌리 깊게 박혀 있다. 직원들도 나이, 직급, 학연에 따라 스스럼없이 호형호제한다. 사업부서에서 10년, 20년을 형님, 동생 하면서 지냈는데 리스크관리 조직으로 잠깐 파견 갔다고 해서 그 관계가 재설정되지는 않는다. 형님, 동생 사이에 리스크관리가 될 턱이 없다.

이런 조직문화에서는 외부 전문가 영입이 독립성을 확보하는 좋은 방법이다. 문제는 외부에서 진짜 '전문가'를 찾아보기 어렵다는 것이다. 또한 리스크관리는 외부 환경뿐 아니라 내부 역량이나 사정도 잘 알아야 가능하다. 외부에서 수혈해 온 전문가가 제 역할을 하려면 그 기업의 리스크관리 조직에 들어가서 오랫동안 일해야 한다. 하지만 이것도 한국 기업의 현실에서 그리 녹록한 일이 아니다.

수주 중심 vs. 수익성과 수행 역량

건설산업을 수주산업이라고 부른다. 기업들은 해마다 수주, 매출, 영업이익 등의 경영목표를 대내외적으로 공표한다. 수주는 가장 중요한 경영지표로 인식된다. 수주가 이루어져야 매출이 잡히고 영업이익을 기대할 수 있기 때문이다.

금융시장이나 신용평가시장에서도 기업의 미래 성장성을 평가하는 지표가 수주다. 건설기업 CEO의 임기도 대개 3~5년이기 때문에, 수주 중심의 단기 실적주의에 빠지는 경우가 많다. 특히 초대형 해외 프로젝트는 수주한 뒤에 부실이 노출되기까지 3~5년 이상이 소요된다. 경영진 입장에서는 무리를 해서라도 수주하는 편이 유리하다. 수주 시점에서 보상하는 왜곡된 인센티브 구조도 문제다. 또한 '중장기 비전'이란 것도 5년 뒤, 혹은 10년 뒤의 수주나 매출 목표치를 계량적으로 제시하는 경우가 많다. 수익을 목표로 하는 기업은 거의 없다.

정부라고 다르지 않다. 정부도 해외건설 수주 확대를 가장 중요한 목표로 설정해 왔다. 2005년에 처음 수립했던 '해외건설진흥계획'만 해도 연간 100억 달러 이상을 수주하겠다는 목표를 내걸었다.[83] 해외건설 누적수주 5천 억 달러 달성(2012), 8천 억 달러 달성(2018)을 기념하는 성대한 행사도 열었다. 2020년에는 누적수주 1조 달러를 달성하자는 목소리가 높았다.

2013년의 어닝 쇼크를 겪고 나서도 아무런 변화가 없었냐는 의문이 있을 수 있다. 물론 다소 변화의 조짐을 보이고 있긴 하다. 일례로 2015년에 수립한 〈제3차 해외건설진흥기본계획〉에는 다음과 같은 내용이 포함되었다.

'수주액 위주의 해외건설 통계를 수익성이 반영되도록 개선'하고자 '매출액, 수주잔고, 시공잔액, 외화가득률 등 다양한 통계지표를 발굴'하겠다는 것이다.[84]

의지는 있으되 변화의 발걸음은 더디기만 하다. 아직도 정부나 해외건설협회의 발표자료는 수주통계 중심이다.

해외건설에서 대규모 프로젝트를 수주하면 상장사들은 공시를 통해 사세를 과시하고 언론도 대서특필해준다. 하지만 수천억 내지 수조 원에 달하는 대규모 프로젝트일수록 시작은 창대했으나 끝은 미미하다 못해 창피한 경우가 많다. 우여곡절 끝에 준공된 대규모 프로젝트의 수익성에 대해서도 알려진 것이 없다. 어닝 쇼크의 진원지였던 플랜트 EPC 사업뿐 아니라 토목·건축공사도 적자 사업이 부지기수였다.

장기적 관점에서 지속가능한 해외건설사업을 추진하려면 수주가 아니라 수익성 위주로 생각해야 한다. 선진 기업들 중에는 수주나 매출 목표는 없고 수익 목표만 제시하는 경우도 있다. 수행역량을 기준으로 수주와 매출 목표를 설정하는 기업도 있다. 일정한 수행역량 수준을 넘어가면 신규 수주를 사실상 중단하기도 한다. 한국 기업들에게는 딴 세상 일처럼 보인다.

건설산업은 수주산업이라고 주장하는 사람들은 수주만 하면 인력이나 장비는 얼마든지 공급할 수 있다고 믿는다. 하지만 2000년대 후반부터 일부 연구기관을 통해, 해외건설 수주 급증에 따른 수행역량 부족 문제가 공식화되기 시작했다.

국토연구원은 2006년 2월에 한국 기업의 해외건설 현장에 파견된 기술·관리 인력이 2,690명인데 반해 인력수요는 3,691명으로 1,000여명이 부족한 상황으로 평가했다. 그런데 국토연구원의 당시 수주전망은 과하게 보수적이었다. 2005년 109억 달러→2006년 130억 달러→2007년 138억 달러→2010년 171억 달러로 전망한 것이다.[85]

그렇다면 실제 수주액 추이는 어땠을까? 2007년 397억 달러→2010년 716억 달러로 기하급수적으로 증가했다. 전망치보다 3~6배나 많은 수주실적을 기록했으니 당초의 추정치보다 훨씬 더 심각한 기술·관리 인력 부족난을 겪을 수밖에 없었다.

국토연구원의 전망에 뒤이어 한국건설산업연구원은 2007년부터 인력부족이 심화되면서 2008년에는 4,212명이 부족할 것으로 예측했다. 또한 2007년 시점에서 400억 달러대에 달하는 계약분의 준공시점이 2009년과 2010년이었으므로, 이때는 잠재된 문제들이 외부로 표출될

것이라는 경고도 했다.[86]

이처럼 국책연구기관과 민간연구기관의 전망이나 경고만 보더라도, 수행역량을 고려하지 않은 '과잉 수주'가 가져올 재앙은 사전에 충분히 알 수 있었고 대비할 수도 있었다. 2013년의 어닝 쇼크란 뼈아픈 경험을 되풀이하지 않으려면, 수행역량에 기반한 수주의 중요성을 깊이 인식해야 한다.

인력의 양量 vs. 질質

한국 기업의 건설인력을 흔히 '국내용'과 '해외용'으로 구분한다. 사람에게 이런 딱지를 붙이는 것이 불편한 일이긴 하지만, 국내건설과 해외건설 환경이 그만큼 다르기 때문이다. 그렇다면 구체적으로 무엇이 다른 걸까? 발주처의 역할과 역량, 법과 제도, 관행과 문화, 언어 등이 다르다. 그래서 국내용은 국내에서, 해외용은 해외에서 운용할 생각만 한다. 한국의 건설제도와 관행을 글로벌 스탠더드로 바꾸는 것보다는 그편이 쉽기 때문이다.

해외건설 활황기 때마다 맞닥뜨리는 문제가 인력부족이었다. 2000년대 후반부터 시작된 해외 플랜트 건설 붐 때도 그랬다. 키워놓은 인력이 없으니 경쟁사 인력을 '스카우트'라는 이름으로 약탈해 오는 데 치중했다. 하지만 해외건설 수주액이 2005년 109억 달러에서 2010년대 초반에는 600~700억 달러로 6~7배나 증가했으니 스카우트로는 모자란 인력을 보충할 수가 없었다.

급한 마음에 신입 사원을 대거 뽑았다. 앞서 언급했던 D사 사례처럼, 2010년대 초에는 전체 인력에서 차지하는 사원/대리급 비중이 50%를 넘었다. 수주나 매출 대비 인력 숫자量는 그나마 비슷하게 맞추려고 노력했겠지만, 역량質은 현저하게 떨어졌다. 해외건설 경험이 있는 인력의 비중이 30~40%에 불과하고 경험 없는 인력이 60~70%라면, 수주 급증에 따라 인력 숫자를 늘릴수록 리스크는 더 커진다. 2010년대 초반의 어닝 쇼크는 인력구조만 보더라도 충분히 예견할 수 있고, 발생할 수밖에 없는 참사였다.

정부의 해외건설 인력정책도 숫자量 중심이었다. 문제는 2013년에 어닝 쇼크가 발표된 뒤에도 마찬가지란 것이다. 숫자 중심의 목표나 전망이 얼마나 비합리적인지 보여주는 사례가 있다.

해외건설협회 조사에 따르면, 2013년 기준 해외건설 파견인력은 23,744명이었다. 그런데 정부의 2017년 수주목표액은 1,000억 달러였다! 이 목표가 달성된다면 2018년부터 해외 고용 6만 명, 국내 고용 30만 명에 해당하는 신규 일자리가 창출될 것으로 예측한 것이다.[87]

이처럼 양적 기준(수주나 매출액)으로 필요 인력을 추정하는 방식은 상당히 부정확하다. 실제로 수주나 매출 증가에 따른 인력수요는 그렇게 선형적linear으로 증가하지 않는다. 예를 들어보자. 2014년 현재 주식시장에 상장된 한국의 대형 건설기업들은 5년간 매출액이 75~99% 늘었지만, 고용 증가율은 17.6%에 불과했다는 자료도 있다.[88] 수주나 매출 증가에 비례하는 인력 수요 추정방식은 한마디로 잘못된 것이다.

해외건설 인력이 부족하니까 1980년대에 중동 건설현장에서 일하다 은퇴하신 분들을 다시 해외건설 현장에 보내자는 주장도 시대착오적이다. 해외건설 인력을 질質이 아닌 양量으로만 생각한 전형적 사례다. 2010년 한국노동연구원이 '한국 기업들이 해외사업에 투입하고자 하는 국내 인력의 선호도'를 조사한 적이 있다. 조사에 따르면 계약 및 사업관리 인력이 가장 높았고(68.2%), 기능공에 대한 선호도는 1%도 되지 않았다.89) 해외현장에서 한국 기업들이 가장 선호하는 인력의 스펙을 한 줄로 정리하면 다음과 같다.

'영어 능통자로서 현장 근무 경력 7년에서 15년 사이인 실무책임자급 이상'90)

1980년대 초반에 중동 건설시장에 갔던 인력은 대부분 기능공 수준이었다. 하지만 이미 오래전부터 과거 한국 기능공들이 차지했던 자리는 인도, 파키스탄, 방글라데시 등의 저개발국 기능공들이 대체했다. 2018년 1인당 국민소득 31,349달러를 달성한 한국에서 건설 기능공을 양성하거나 과거에 해외건설 현장에서 기능공으로 일했던 고령자를 재활용해서 해외건설 활성화를 도모하자는 식의 주장은 시대착오적이면서 퇴행적인 발상이다.

한국 기업들이 해외현장에서 필요로 하는 인력이 '프로젝트관리 역량을 갖춘 고급 엔지니어'로 바뀐 지 오래다. 그러니 해외건설 인력의 양성과 공급은 양이 아닌 질이란 관점에서 봐야 한다. 질적으로 우수한 글로벌 인재를 얼마나 영입하고 양성해서 확보할 것인지가 중요하다는 의미다. 아울러 그들에게 어떤 전문지식과 경험을 갖추게 할지, 이런 인력을 어떻게 양성해서 공급할 것인지는 해외건설 호황기가 아니라 소강 국면에서 준비해야 한다. 필요한 인력도 확보하지 못한 상태에서 글로 벌 경제 여건의 변화로 뜻밖의 해외건설 호황기를 맞게 된다면, 또다시 2010년대와 같은 어닝 쇼크를 겪게 될 것이 뻔하기 때문이다.

기술경쟁력 vs. 사업경쟁력

해외건설의 글로벌 경쟁력, 그 핵심은 기술 경쟁력이라고들 한다. 그렇다면 과거 세 차례에 걸친 한국 기업의 해외건설 붐 시기에 '건설 기술력'이 미친 영향은 얼마나 되었는지 살펴볼 필요가 있다.

1970년대 후반의 중동 건설 붐이 한국 기업의 기술력 덕분이라고 평가하는 사람을 아직껏 보지 못했다. 저렴하면서도 우수한 근로자들 덕분에, 미국이나 유럽 기업보다 가격경쟁력이 월등하게 높았기 때문이라는 것이 상식이다.

1990년대의 동남아 건설 붐도 동남아 각국의 부동산 개발 붐에 힘입어 토목 · 건축공사 중심으로 진행되었다. 물론 토목 · 건축공사라고 해서 한국 기업의 기술력이 낮았다는 이야기는 아니다. 해외건설시장에서 한국 기업들이 건설한 기념비적인 인프라 시설물과 건축물이 그 증거다. 다만 그런 사례에서조차 설계와 엔지니어링은 주로 미국이나 유럽의 선진 기업들이 했고, 한국 기업들은 시공만 담당했다는 한계가 있다. 한국 기업의 시공 기술력은 세계적 수준인데 반해, 설계나 엔지니어링 기술이 취약하다는 지적이 늘 끊이지 않고 제기되는 이유다.

2000년대 후반의 해외 플랜트 사업도 다르지 않았다.

플랜트 EPC시장은 기술력이 없으면 시장진입이 힘들다. 비교적 최근까지도 중국 기업들은 가격 경쟁력은 갖췄지만 기술 경쟁력이 뒤처지다 보니 한국 기업의 경쟁상대가 되지 못했고, 그래서 한국 기업의 해외 플랜트 건설 붐이 가능했다.

하지만 토목 · 건축공사와 마찬가지로 플랜트사업에서도 한국 기업들은 개념설계, 기본설계 및 연결설계(FEED)시장에는 제대로 진입하지 못했다. 상세설계(E)−구매 · 조달(P)−시공(C)이라는 EPC영역에 머물러 있다.

한국 건설기업들의 약점은 3가지 분야로 대표된다. 즉 상세설계 이전 단계의 설계와 엔지니어링 기술 경쟁력, 시공과정에서의 프로젝트관리(PM) 역량이다. 왜 이렇게 되었을까? 아니 왜 지금까지 개선되지 못하고 있을까?

그것은 한국 기업들이 주로 도급자contractor로서 수주한 프로젝트의 시공construction에 주력해 왔기 때문이다. 그렇게 된 배경도 알 필요가 있다. 일반인들은 잘 모르겠지만, 한국에서는 오랫동안 설계 · 엔지니어링업과 시공업을 겸업할 수 없도록 규제해 왔다.[91] 겸업이 안 되면 둘 중 하나를 선택해야 한다. 그러다 보니 재벌그룹들은 사업규모가 큰 '시공업(즉 건설업)'을 선택했고, 전체 사업비의 10%도 되지 않는 설계 · 엔지니어링은 '건설 용역업'이란 이름으로 상대적으로 영세한 중견 · 중소기업들이 담당하게 된 것이다.

CM이라 불리는 건설사업관리는 1996년 〈건설산업기본법〉이 제정되면서 처음으로 제도화되었다.**92)** 이러한 맥락과 구조 속에서 한국 기업들은 주로 프로젝트를 수주한 뒤 설계도면과 시방서를 기준으로 건설공사를 수행하는 '시공'에 집중했다. 설계·엔지니어링이나 건설사업관리는 '용역'으로 분류되어 메이저 건설기업들의 사업영역에서 제외되었다.

하지만 현 시점에서 시공만 고집할 수는 없다. 특별한 기술을 요하지 않는 시공분야는 중국 기업이나 현지 기업에 비해 가격경쟁력이 뒤떨어진다. 해외건설 수주에서 차지하는 토목·건축공사의 비중이 떨어진 이유도 여기에 있다. 플랜트 EPC사업에 있어서는 중국이나 현지 기업에 비해 시공 기술력과 경험이 축적되어 있고, 선진 기업들이 EPC사업에 수반되는 리스크를 회피하기 위해 사업초기 단계의 설계나 엔지니어링에 치중하고 있기 때문에 그나마 한국 기업들의 영역으로 남아 있다.

향후 한국 기업들이 도전해야 할 분야는 개발사업, 투자사업, 운영사업들이다. 이런 사업에 뛰어 들기 위해서는 해외건설을 프로젝트 시공construction이 아니라 사업business 중심으로 봐야 한다. 이제는 시공기술 경쟁력 확보가 아니라 시공 이전과 이후 단계의 사업경쟁력 확보에 주력해야 한다는 의미다.

그러기 위해서는 사업개발과 기획, 사업타당성 분석과 조사, 대규모 금융조달, 프로젝트관리 및 운영사업 역량 같은 것들이 중요하다. 오래 전부터 선진 기업들이 경쟁력 확보를 위해 인수·합병(M&A)을 통해 성장해 온 것은 해외건설을 '건설공사'가 아니라 '건설사업'으로 보았기 때문이다.

사업경쟁력을 확보하기 위해 한국 기업은 인력 구성부터 다양화해야한다. 아직도 한국 기업의 인력구성은 토목·건축 전공자 중심이다. 앞으로는 설계·엔지니어링 역량을 갖춘 고급 엔지니어는 물론 M&A를 추진할 수 있는 경제·경영·법률 등 다방면의 인재영입이 필요하다. 단기적 안목으로 본다면, 현장에 투입되어 당장 수주·매출에 기여할 수 있는 기술인력이 더 중요할지도 모른다. 하지만 그런 조급함이 가져온 폐해를 이미 세 차례나 겪었다. 중장기 경영 차원에서 사업 경쟁력을 확보하고자 한다면 당장 수주·매출에 기여하지 않더라도 다양한 분야의 전문인력 영입과 보유가 필수적이다.

한국화 vs. 현지화

해외건설은 해외 고객(발주자=수요자)의 필요needs를 충족시켜 주어야 한다. 해외건설을 '건설수출'이라고도 하는데, 수출하고자 하는 건설 상품이나 서비스가 해외 현지인들의 입맛에 맞아야 한다. 그런데 해외건설시장에서 한국 기업들은 '한국식' 관행으로 상품과 서비스를 제공하고자 하는 경향이 있다.**93)**

특히 해외진출 경험이 짧을수록 '한국식'의 유혹이 크다. 해외 현지에 대한 이해도가 낮기 때문이기도 하지만, 한국의 절차와 관행에 익숙해져서 해외에서도 한국식이 편하기 때문이다.

지속가능한 해외건설사업을 위해서는 현지화localization가 필수적이다. 현지화란 해외건설시장에서 수행하는 활동의 가치사슬(프로젝트 및 시장정보 수집-영업-견적 및 입찰-설계-구매·조달-공무-공사-운영 및 유지관리 등) 전반에 걸쳐 현지 자원(정보, 인맥, 인력, 협력업체 등)을 최대한 활용하여 현지 대응력을 높이는 과정이다.

과거 한국의 경제수준이 뒤떨어지던 시절에는 해외 진출국이 한국보다 잘 사는 나라일 경우가 많았고, 그 나라 수준에 맞춰서 일할 수밖에 없었다. 하지만 상황이 역전되어 지금은 한국보다 뒤떨어진 신흥국이 주된 해외건설시장이 되었다. 해외 신흥국의 인프라나 주거 수준은 열악하기 짝이 없다. 한국 기업들은 은연중에 한국의 인프라와 주거 수준을 과시하고 싶어 한다. 해외시장에 '한국식 아파트'를 지으려 하는 것이다.

현지업체를 신뢰할 수 없으니 한국의 협력업체들을 대거 이끌고 현지에서 공사를 진행한다. 그런데 이렇게 만든 아파트는 한국식이 아니라 '한국' 아파트다. 당연히 공사원가나 분양가는 현지인들이 상상하기 어려울 정도로 높아진다. 요행히 부동산 버블이라도 생기면 모르겠지만, 그것도 잠시이고 곧 불황을 맞으면서 부동산 개발사업 전체가 어려워진다. 설마 이런 일이 있으랴 싶지만, 이런 식의 해외 부동산 개발사업이 꽤 있었다.

해외건설 가치사슬 전반의 활동도 현지화가 미진했다. 기본적으로 한국 기업들은 본사 중심의 의사결정 구조를 갖고 있다. 공식적인 입찰 공고 이전에 현지인을 통한 사전 프로젝트 수주 정보를 입수해야 했지만 그 부분도 미흡했다.

연락사무소 수준밖에 되지 않는 1인 지사 중심의 영업, 프로젝트 베이스의 출장으로는 현지 발주처와 현지의 영향력 있는 고급 인맥을 활용한 영업이 불가능하다.

현지에서 견적하기 위한 데이터베이스 구축도 제대로 되어 있지 않고, 짧은 기간 한국에서 직원이 파견되어 견적하다 보니 부실 견적을 하는 경우가 많았다. 우수한 현지 설계사나 협력업체 풀을 확보하지 못했으니 신뢰성 있는 견적을 받을 수도 없었다. 현지 인력도 고급 엔지니어보다는 사원/대리급의 초급 엔지니어 위주로 활용해 왔고, 현지인의 생활습관이나 문화에 적합한 프로젝트관리 역량도 키우지 못했다. 사업수행을 지원하는 금융, 세무, 법무, 인사 기능도 본사 중심으로 출장 지원하는 정도에 그친 경우가 많았다.

다행스럽게도 지금은 분위기가 달라졌다. 한국 기업의 해외건설 전략도 현지화를 강화하는 추세다. 우선 권역별·지역별 거점조직을 구축하는 것이다. 본사 중심의 의사결정 권한을 거점 조직이나 현지 법인에 분산시켜 법무나 세무 등 기존의 본사 지원 기능을 현지에서 수행하는 것이다.

또한 지역전문가 육성과 더불어 우수 현지 협력업체 풀을 구축하여 '현지 공급 사슬local supply chain'을 관리하고, 현지인 채용 비중을 늘려 현지인을 활용한 정보수집과 영업·견적 및 발주처 관리를 확대하는 것이다.

한국기업 중에는 현지 법인을 설립해 현지인의 채용과 교육은 물론 사회공헌 활동을 전개하는 기업도 있다. 하지만 아직까지는 극소수 대

기업 중심으로 현지화가 추진되고 있다. 개별 기업 차원을 넘어서 해외
건설산업이나 정부 차원에서도 현지화를 지속적으로 추진해야 한다. 다
만 이 같은 현지화도 좀 더 큰 글로벌 전략의 틀 속에서 이루어져야 한
다는 점이 중요하다.**94)** 현지화도 어디까지나 글로벌 전략의 일환이기
때문이다.

개별 기업 vs. 전체 생태계

하나의 기업만 잘한다고, 또 해외건설업계의 힘만으로 해외건설 강국
이 될 수는 없다. 그보다는 해외건설을 둘러싼 생태계가 중요하다. 우리
나라에 해외건설 생태계란 것인 만들어진 것은 1970년대 후반부터 1980
년대 초반 사이다. 그 시기에 정부의 법적, 제도적 지원에 힘입어 생태
계가 구성되었는데, 정부의 노력은 매우 적극적이고 전폭적이었다.

- 1975년 말, 해외건설 지원을 위한 〈해외건설촉진법〉 제정
- 1976년 1월, '중동경제협력위원회'와 '중동문제연구소' 설립
  (중동경제협력위원회는 국무총리와 관계부처 장관으로 구성된 정부 최고기관
  이고, 중동문제연구소는 중동 시장정보의 수집과 분석을 담당했다.)
- 1976년 2월, 경제기획원에 '중동경제협력관실' 설치**95)**
- 1976년 4월, '해외개발공사'의 조직과 기능 보강, 해외건설 인력의
  원활한 공급 위해 대한건설협회 산하의 '건설기능훈련원' 확충
- 1976년 11월, '해외건설협회' 설립

해외건설 주무부처인 건설부는 1970년에 신설된 '해외협력관'을 1976년에 '해외국'으로 개편하여 조직을 확대했다. 이후 몇 차례 변화를 겪다가 1983년에는 '해외건설국'을 신설하여 산하에 4개 과課를 두었다. 또한 중동 건설시장 진출을 지원하기 위해 중동 각국에 대사관 등을 증설했다. 당시 중동 국가들의 대사는 '건설 대사'라고 불릴 정도였는데, 그들의 지휘 하에 현지전담반을 설치하기도 했다.[96]

이처럼 정부의 해외건설 지원체제가 정비되면서 금융, 외환관리, 세제, 보험 및 무역관련 제도 전반에 걸친 지원도 원활하게 이루어졌다. 여기에 한국 기업인들 특유의 기업가 정신과 근면 성실하면서도 인건비가 낮은, 이른바 '가성비' 높은 우수한 건설인력들이 대거 중동 시장으로 진출했기에 초창기 중동 건설 붐과 해외건설 신화의 탄생이 가능했다.

정부주도의 해외건설 생태계는 1990년대 중반에 우루과이라운드(UR) 건설서비스 협상과 정부조달협정(GPA)이 타결되면서 대부분이 와해되었다. 해외건설에 대한 과거의 정부지원제도는 대부분 폐지되었고, 남아 있는 몇몇 지원제도 또한 유명무실한 수준이다. 이제는 정부가 아니라 민간이 나서야 한다. 정부와 민간이 새로운 거버넌스를 구축하여 해외건설 생태계를 새롭게 구축해야 할 시점이다.

해외건설시장에는 대기업만 진출해 있다고 착각할 수 있다. 하지만 설계·엔지니어링기업, 기자재 제작 및 제조기업, 건설사업관리(CM/PM) 및 감리기업, 분야별 하도급기업은 물론이거니와 법무·회계법인들도 대거 참여하고 있다. 해외건설 강국이 되기 위해서는 특정 유형만이 아니라 다양한 유형의 기업 모두가 글로벌 경쟁력을 갖춰야 한다.

2018년 민간 기업의 부족한 금융조달 능력을 보완해 주기 위해 정부가 주도한 '한국 인프라 도시개발 지원공사(KIND)'가 출범했다. KIND뿐 아니라 산업은행이나 수출입은행과 같은 국책금융기관들도 해외건설을 지원해야 한다.

앞으로는 민간기업(건설기업, 설계·엔지니어링기업, 건설사업관리기업 등), 공기업(KIND, LH공사 등), 금융기관, 법무·회계법인, 컨설팅기업, 건설 인력 교육기관, 관련 협회 및 단체 등 수많은 해외건설 참여자들이 적극적으로 소통하고 교류하면서 선순환을 가져올 수 있는 해외건설 생태계를 만들어야 한다.

05

*Overseas Construction
Myth & Earning Shock*

만병통치약 대신
시스템 리셋을

해외건설이 침체국면에 빠질 때면 이것 하나면 해결된다는 식의 '만병통치약'을 찾는 경향이 있다. 과거에도 그랬다. 그때 찾았던 약은 기술이나 금융과 같은 개별 요소들이었다. 세계 최고 수준의 건설기술력을 보유하고 있었다면, 금융조달능력을 갖추고 있었다면 이렇게 나빠지지는 않았을 것이란 현실 인식이다. 하지만 이는 단편적이고 단선적인 사고방식이다.

해외건설의 성공요인(KSF: Key Success Factors)은 숱하게 많기 때문에 몇 개의 요소만 강화한다고 해서 해외건설이 활성화되지 않는다. 기술만 하더라도 상품별·분야별로 수많은 요소가 있고 전체 프로세스를 관리하는 프로젝트 관리(PM) 기술도 있다. 금융조달능력은 투자개발사업이나 시공자 금융주선사업에서 필요한 역량 중의 하나이지만, 그것만으로 해외건설이 만사형통으로 되지는 않는다. 단순 도급시장에서는 금융조달능력이 불필요하기도 하다. 또한 한국 기업의 수주실적을 보면, 지금까지 투자개발사업 비중은 매년 5%도 되지 않았다. 95% 이상이 도급사업이었다. 5%에 달하는 투자개발사업의 비중을 확대하기 위해 금융조달능력을 강화해야 할 필요성은 있지만, 그것만으로 전체 해외건설 활성화가 이루어진다고 말하기는 어렵다.

최근 새로운 만병통치약으로 언급되는 것이 '개념설계 역량'이다. 개념설계란 아무것도 없는 상태에서 제품의 개념을 최초로 정의하는 밑그림에 해당한다.[97] 건설산업을 비롯한 한국의 산업계가 당면한 위기의 본질을 개념설계 역량에서 찾은 것이다. 그런데 개념설계 역량은 시행착오의 경험을 꾸준히 축적해야 얻을 수 있다.

한국 기업들은 너무도 오랫동안 개념설계는 외국에서 돈 주고 사오는 것이라 여겼고, 개념설계 이후의 실행에만 집중했다. 그 결과 단기간에 성장하긴 했는데 거기서 멈춰버린 것이다. 그러니 지금부터 해야 할 일은 '축적의 시간'을 통해 개념설계 역량을 키워야 한다고 주장한다.[98]

하지만 이런 주장도 전혀 새로울 것이 없다. 지난 30~40년간 한국 건설기업을 논할 때, 시공부문만 강점이 있고, 개념설계와 기본설계를 포괄하는 초기단계 설계와 엔지니어링 역량이 취약하다는 지적은 빠지지 않는 단골 메뉴였다. 하지만 한국 기업들은 개념설계 역량을 키우지 못했다. 그렇다고 해서 한국 기업의 해외건설이 경쟁력이 없다고 잘라 말하기도 어렵다. 해외 플랜트 시장에서 개념설계 부문은 선진 기업들에게 강점이 있지만, EPC시장은 한국이 상대적으로 경쟁력을 갖추고 있기 때문이다. 결국 개념설계를 비롯한 설계와 엔지니어링 역량을 강화하느냐, EPC역량을 강화하느냐는 선택의 문제이기도 하다.

첫 번째 선택지는 한국기업이 개념설계 역량을 축적해서 선진 기업과 경쟁하고 그 시장에 진입하는 것이다. 두 번째 선택지는 지금처럼 개념설계는 선진 기업에게 맡기고 대신 EPC시장의 점유율을 높이는 것이다.

총사업비에서 차지하는 개념설계의 비중이 5% 내외이고, EPC가 차지하는 비중이 90% 내외라면 어떤 것을 선택할 것인지에 대한 고민을 하지 않을 수 없다. 개념설계의 비중이 30%, 50%라고 하면 더 이상 고민할 이유가 없다. 하지만 전체 사업비의 5% 내외이다 보니 수익금액이 그다지 크지 않다.

전체 사업비의 90%를 차지하는 EPC사업은 수익률이 5%만 되어도 수익금액은 개념설계 쪽보다 월등하게 클 수 있다. 2000년대 후반 1건당 수주금액이 1조 원을 상회하는 해외 플랜트 EPC사업이 많았다는 사실을 상기해 보라. 게다가 개념설계 역량을 확보하는 데는 많은 시간과 노력이 소요된다. 단순히 몇 년간 경험하고 투자한다고 얻어지는 것이 아니다.

2010년대 초반에 해외건설보다 더 큰 어닝 쇼크를 초래했던 조선산업의 사례도 비슷했다. 2010년 이후 유럽의 경기침체로 상선商船 발주량이 급감했다. 반면 고유가가 지속되면서 원유 시추와 생산을 위한 해양 플랜트 발주가 급증했다. 당시 2년간(2012~2013) 대우조선해양과 삼성중공업이 수주한 해양 플랜트는 전체 수주량의 90%에 달했다. 언론에는 하루가 멀다 하고, 세계 최초 내지 세계 최대 해양 플랜트 수주 소식이 보도되었다. 하지만 화려한 시절은 오래가지 않았다.

해외건설 어닝 쇼크 발표와 비슷한 시기인 2014년부터 해양 플랜트 부실이 공개되기 시작했다. 현대중공업을 포함한 조선 3사의 확인된 손실액만 8조 원에 달할 정도였다.**99)** 오랫동안 세계 1~3위를 차지해 온 한국의 3대 조선사는 해양 플랜트 분야의 개념설계 역량을 갖추지 못한 상태였다.

일반 상선과 해양 플랜트는 기본부터 다르다. 해양 플랜트시장에서 자체 설계 역량과 기술인력이 부족한 상황에서 수주만 잔뜩 해놓았으니 결과는 뻔했다. 납기를 맞추지 못했고 손실만 눈덩이처럼 불어났던 것이다.**100)** 조선산업의 실패 사례에서 보듯이, 해외 플랜트 분야의 개념설계 역량도 단기간에 쉽게 갖출 수 없다.

건설 기술력, 금융조달 역량, 개념설계 역량 등등 해외건설 활성화를 위해서는 특별한 하나가 아니라 모든 분야에서 기본기를 갖춰야 한다. 필요하다고 당장 갖추기도 힘들지만, 하나를 갖췄다고 해서 만병통치약처럼 당장 해외건설의 활성화가 이루어지는 것도 아니다.

중요한 것은 단선적 사고를 탈피해서, '시스템 사고'를 해야 하고 '시스템 혁신'을 이루어야 한다는 점이다. 단선적 사고의 특징은 원인과 결과를 바로 연결하는 것이다. 반면 시스템 사고는 원인과 결과가 어떤 '구조(=시스템)'에 의해 연결되어 있다고 생각한다.[101]

예를 들어보자. 금융조달이나 개념설계 역량만 갖추면 당장 해외건설이 활성화 될 것이라고 생각하는 것이 단선적 사고다. 반대로 시스템 사고는 어떤 지역·어떤 발주처·어떤 사업에서, 누가, 어떤 프로세스를 거쳐서 금융조달을 하고, 개념설계를 하며, 수주한 뒤에 어떻게 실행을 해야 성공적으로 해외건설사업을 완수할 수 있는지를 포괄적으로 생각하는 것이다.

서울대학교 공과대학의 교수진들도 개념설계 역량을 강조하면서 시스템의 중요성을 말했다. 오늘날 한국의 산업계가 정체 상태에 빠진 이유는 실행 역량의 효과가 다했는데도 개념설계 중심으로 '시스템을 전환하지 못했기 때문'이라는 지적이다.[102] 정부가 나서서 아무리 금융지원을 해준다고 한들 해외건설이 '시공 중심'의 시스템을 유지하는 한 성과를 거두기 어렵다. '투자개발사업 중심', '비즈니스 경쟁력 중심'으로 시스템 전환이 이루어져야 정부의 금융지원도 성과를 거둘 수 있다.

한국은 과거 세 차례에 걸쳐 해외건설 붐과 쇠퇴를 겪었다. 세부적인 내용은 차이가 있지만 그 구조는 놀라울 정도로 비슷했다. 예측하지 못한 글로벌 정치경제 상황의 변동, 특정 지역과 공종에 편중된 수주, 도급사업과 시공 중심 수주, 한국 기업 간의 과당경쟁과 저가 수주로 인한 낮은 수익성, 부실기업 정리에 따른 국내 경제 악영향 등이 반복된 것이다. 비슷한 사례가 반복된다는 것은 한국 해외건설의 시스템이 바뀌지 않았다는 의미로 엄중하게 받아들여야 한다.

지금까지 설명한 시스템 전환의 패러다임을 간단히 도표로 정리해 보았으니 참고하길 바란다. 이러한 시스템 전환의 주체는 기본적으로 해외건설업계가 되어야 한다. 거기에 정부의 지원이 뒷받침되는 것이 최선이다. 과거처럼 정부가 주도하는 혁신은 한계가 있고 근본적 변화를 이루어낼 수 없다.

건설 강국으로 가는 길에서 시스템 리셋은 선택이 아니라 필수다.

	기존 시스템	새로운 시스템
시장정보	외부 의존 / 자체 역량 부족	독자적 수집과 분석 역량 강화
리스크대응	과도한 리스크 떠안기	리스크관리 강화
경영전략	수주 중심의 단기 경영	수익성과 수행 역량 중심의 장기 경영
인력운용	국내용/해외용 구분 운용	글로벌 고급 인재 영입과 양성
인사관리	양적 인사관리(머릿수 중심)	질적 인사관리(수행역량 중심)
경쟁력	시공(기술) 경쟁력 중심	사업(비즈니스) 경쟁력 중심
현지화	한국적 관행 중심	철저한 현지화
지향점	개별 기업 역량 개선	전체 생태계 개선

Overseas Construction
Myth & Earning Shock

글로벌 기업은
어떻게 다른가

글로벌 경쟁력의
실체

▎──────── 한국 해외건설의
글로벌 경쟁력 평가

한국의 해외건설이 위기를 맞을 때마다 글로벌 경쟁력이 부족하다고 한탄한다. 한국은 아직 멀었다고도 한다. 하지만 정작 해외건설 기업이나 산업의 글로벌 경쟁력이 얼마나 되는지, 어떤 부분이 취약하고 어디가 강점인지에 대한 분석은 별로 없다. 그저 자학하듯이 문제가 있거나 취약하다고 생각되는 부분을 나열하는 경우도 많다.

하지만 한국의 해외건설이 그렇게 형편없는 것은 아니다. 해외건설에 관한 한 한국은 상당한 글로벌 경쟁력을 가진 선진국이고, 한국 기업도 마찬가지다. 물론 자화자찬만 할 일은 아니다. 지금보다 더 나은 해외건설 강국이 되기 위해서는 우리보다 나은 글로벌 기업을 벤치마킹할 필요가 있다.

해외건설의 글로벌 경쟁력을 비교할 때 흔히 인용되는 지표가 있다. 바로 미국의 건설전문지 ENR이 매년 발표하는 기업별 매출액 순위다. 해마다 매출액 기준으로 세계 250대 해외건설기업을 국적별로 분류하고, 250대 기업의 전체 매출액에서 차지하는 비중 순으로 국가별 글로벌 경쟁력을 평가하는 것이다

이 기준에 따른 한국의 랭킹은 어느 정도일까?

2014년 한국 기업의 매출액 비중은 7.1%로 세계 5위를 기록했다. ENR 집계상 사상 최고의 기록이다. 2010년대 초반의 해외 플랜트 건설 붐으로 높은 수주실적을 기록했던 것이 2014년까지 매출 성장으로 나타난 덕분이었다. 이후 해외건설 수주실적이 주춤하면서 매출액도 하락하기 시작했지만, 2018년 매출액 기준으로도 중국(24.4%), 스페인(14.1%), 프랑스(8.7%), 미국(7.0%), 독일(6.5%)에 이어 한국은 6위(6.0%)를 차지했다.[103]

매출액 기준으로만 보면, 한국은 세계 5~6위의 해외건설 강국임에 틀림없다. 하지만 수주액이든 매출액이든 양量적 기준이라는 데에 함정이 있다. 만약 수익성과 같은 질質적 기준으로 비교했다면 한국이 영국, 오스트리아, 스웨덴, 네덜란드, 호주 같은 국가들보다 높은 순위를 차지하기는 어려울 것이다.

그런데 ENR이 해외건설기업의 매출액 순위만 발표하는 것은 아니다. 매출액 기준으로 세계 225대 해외설계기업도 발표한다. 한국은 해외건설에 비해 해외설계 부문이 무척 초라하다. 한국 기업은 오랫동안 시공에 비해 설계·엔지니어링의 글로벌 경쟁력이 취약하다는 평가를 받아왔다.

2018년 해외설계시장에서 차지하는 한국 기업의 매출비중은 1%에도 못 미치는 0.8%다. 미국(23.9%)은 말할 것도 없고, 중국(7.1%)이나 일본(1.1%)보다도 적다.[104] 2015년 해외설계 부문에서 10위를 기록했지만

■■■■■ 국가별 해외건설 매출 점유율 순위 변화(ENR)

(단위: %)

순위	2015		2016		2017		2018	
	국가(업체수)	점유율	국가(업체수)	점유율	국가(업체수)	점유율	국가(업체수)	점유율
1	중국(65)	18.8	중국(65)	21.1	중국(69)	23.7	중국(76)	24.5
2	스페인(11)	12.0	스페인(11)	12.6	스페인(11)	13.9	스페인(10)	14.2
3	프랑스(5)	9.6	미국(43)	9.0	프랑스(3)	7.6	프랑스(3)	8.7
4	미국(38)	9.5	프랑스(3)	8.9	미국(36)	6.9	미국(37)	6.9
5	한국(13)	8.1	한국(11)	7.3	독일(4)	6.3	독일(4)	6.5
6	독일(4)	5.8	이태리(14)	5.7	한국(11)	5.3	한국(12)	6.0
7	이태리(15)	5.1	터키(46)	5.5	일본(14)	5.3	터키(44)	4.6
8	일본(14)	5.0	일본(13)	5.2	터키(46)	4.8	일본(11)	4.0
9	터키(40)	4.6	독일(2)	5.0	영국(3)	4.6	오스트리아(2)	4.0
10	스웨덴(2)	3.3	스웨덴(2)	3.2	이태리(11)	3.8	영국(3)	3.9
11	브라질(2)	3.1	오스트리아(2)	3.0	오스트리아(2)	3.7	이태리(12)	3.3
12	오스트리아(2)	3.0	영국(2)	1.9	스웨덴(2)	3.3	스웨덴(1)	2.8
13	호주(3)	2.0	호주(3)	1.9	호주(4)	1.8	네덜란드(3)	2.0
14	네덜란드(3)	1.9	네덜란드(3)	1.8	인도(6)	1.5	호주(4)	1.8
15	영국(2)	1.6	그리스(2)	1.4	네덜란드(2)	1.4	인도(5)	1.5

자료: 해외건설정책지원센터(2019.12). 〈국내 건설기업의 글로벌 경쟁력 강화를 위한 전략성과 분석〉. p.8.

(단위: %)

순위	2015 국가(업체수)	점유율	2016 국가(업체수)	점유율	2017 국가(업체수)	점유율	2018 국가(업체수)	점유율
1	미국(86)	31.5	미국(81)	30.8	미국(75)	28.5	미국(81)	25.7
2	캐나다(6)	12.6	캐나다(4)	11.6	캐나다(7)	14.7	캐나다(5)	14.5
3	네덜란드(4)	9.9	네덜란드(5)	8.8	네덜란드(4)	8.1	영국(4)	13.1
4	호주(6)	9.0	영국(4)	7.6	중국(24)	7.1	중국(23)	7.0
5	영국(4)	7.4	호주(6)	6.8	호주(6)	6.8	호주(6)	5.9
6	이집트(6)	4.1	중국(24)	5.8	영국(4)	6.0	벨기에(3)	5.8
7	중국(23)	4.0	스페인(9)	4.4	스페인(9)	4.2	스페인(10)	3.6
8	스페인(9)	3.9	UAE(5)	3.8	UAE(4)	3.6	스웨덴(2)	3.3
9	덴마크(2)	2.6	프랑스(7)	3.6	덴마크(2)	3.0	UAE(4)	3.2
10	한국(12)	2.4	덴마크(2)	2.7	스웨덴(2)	2.6	덴마크(2)	3.1
11	프랑스(6)	2.1	스웨덴(2)	2.4	프랑스(6)	2.5	프랑스(5)	2.4
12	스웨덴(2)	1.4	한국(12)	1.8	한국(12)	1.9	네덜란드(3)	2.3
13	독일(7)	1.3	이태리(8)	1.4	이태리(8)	1.4	이태리(11)	1.7
14	일본(11)	1.0	일본(11)	1.1	일본(12)	1.4	싱가포르(2)	1.4
15	이태리(6)	1.0	인도(4)	0.8	독일(6)	1.1	일본(9)	1.1
							18위:한국(9)	0.8

자료: 해외건설정책지원센터(2019.12). 〈국내 건설기업의 글로벌 경쟁력 강화를 위한 전략성과 분석〉. p.12.

2016년에는 12위, 2018년에는 18위로 떨어졌다.

물론 ENR의 평가가 절대적인 기준은 아니다. 매출액 기준으로, 그것도 기업이 제출한 자료를 집계한 것이기 때문이다. 해외건설의 글로벌 경쟁력은 매출액만으로 평가하기 어렵다. 심지어 자료를 내지 않아 누락된 기업도 있다. 글로벌 경쟁력을 구성하는 기술력이나 수익성 등을 비롯한 수많은 요인들도 빠져 있다. 그럼에도 불구하고, 글로벌 경쟁력이 있다면 해외시장에서 매출비중도 높을 것이라고 추정할 수는 있다. 참고할 만한 지표임에는 틀림없다.

국가별 해외매출액 순위는 건설기업과 설계기업이 다르다. 어느 쪽의 매출액이 글로벌 경쟁력의 실상을 좀 더 잘 표현해주는 지표일까? 필자는 해외설계기업의 매출액 쪽이라 본다. 높은 소득수준과 기술 경쟁력을 갖춘 미국, 캐나다, 영국, 호주 등의 선진 기업들은 상대적으로 부가가치가 높은 해외설계 및 엔지니어링시장의 점유비중이 높다. 반면 중국과 같은 신흥국 기업들은 부가가치가 낮은 건설시장 점유비중이 높다. 이런 기준에 따르면 한국은 아직 신흥국이다. 한국 기업의 해외설계시장 점유비중(0.8%)은 해외건설시장 점유비중(6.0%)에 비해 현격하게 낮다.

한국이 적어도 해외건설 부문에서 만큼은 글로벌 경쟁력을 갖췄다는 것이 사실일까? 이조차도 250대 기업에 포함된 국가별 기업의 숫자와 규모를 통해서 다시 한 번 점검해 볼 필요가 있다.**105)**

2018년 매출액 기준으로 중국이 전체의 24.4%를 차지했지만, 이는 76개사의 매출액을 합한 비중이다. 반면 스페인은 9개사가 14.1%를 차지했다. 비중은 중국이 높아도 참여한 기업 수가 스페인의 8배 이상이므로, 중국 해외건설기업의 글로벌 경쟁력이 스페인보다 높다고 하기 어렵다.

한국도 12개사의 매출 비중이 6.0%로 세계 6위라고 하지만, 프랑스는 3개사가 8.7%, 독일은 4개사가 6.5%를 차지했다. 프랑스와 독일은 한국의 4분의 1밖에 안 되는 해외건설기업으로 더 많은 매출을 점유했다. 영국 역시 한국의 4분의 1밖에 안 되는 3개사가 3.9%를 차지했기에 1개 기업당 매출 점유비는 한국보다 높다.

1개 기업당 매출 점유비중은 기업의 규모를 의미한다. 2018년 해외 매출액 기준으로 상위 20대 기업의 국적을 살펴보자. 중국(5개), 스페인 · 프랑스 · 미국(각 2개), 독일 · 오스트리아 · 프랑스 · 스웨덴 · 영국 · 이탈리아 · 그리스 · 네덜란드 · 한국(각 1개)으로 나타난다.

1위를 차지한 스페인의 ACS는 2018년 해외매출액이 380억 달러, 15위를 차지한 한국의 현대건설은 66억 달러다. 현대건설이 ACS의 5분의 1도 안 된다. 글로벌 기업과 비교하면 아직도 한국 기업의 규모는 대단히 미약하다.

하지만 이 같은 비교를 할 때도 주의해야 할 점이 있다. ACS, 방시 Vinci를 비롯한 유럽의 글로벌 기업들은 오랫동안 기업 인수합병(M&A)을 통해 성장해 왔다는 사실이다. 따라서 이들 기업은 수백 개 내지 1,000 개가 넘는 계열사 그룹으로 구성되어 있다. 반면 현대건설과 같은 한국 기업들은 계열사라고 해봤자 몇 개 내지 몇 십 개에 불과하다. 따라서 단일 기업만 놓고 본다면, 한국 기업도 그 규모가 작다고 단정하기는 어렵다.

글로벌 경쟁력을 평가하는 기관은 국내에도 존재한다. 국책연구기관인 한국건설기술연구원(KICT)은 2011년부터 건설산업의 글로벌 경쟁력 순위를 발표하고 있다. 그 기준은 건설 인프라 경쟁력(건설시장 안정성, 건설제도, 인프라)과 건설기업 역량(시공경쟁력, 설계경쟁력, 가격경쟁력) 평가를 종합한 것이다.

이에 따르면 한국의 글로벌 경쟁력 순위는 2014년 8위에서 2016년 6위까지 상승했다가, 2018년에는 12위가 되었다. 2017~2018년 국내 건설시장의 연평균 성장률이 조사대상 20개국 중 최하위를 기록한 데다 해외사업 부진(해외건설 매출비중 15위, 해외설계 매출비중 17위)이 반영되었기 때문이다.[106)]

하지만 이런 지표들은 참고로만 활용해야 한다. ENR이 한국 기업의 해외매출 비중이 세계 6위라 해서 한국 건설산업의 글로벌 경쟁력이 세계 6위가 되는 것은 아니다. 한국 기업의 해외설계 매출 점유비중이 세계 18위라고 해서, 글로벌 경쟁력이 18위가 되는 것도 아니다.

29개의 세부지표를 종합한 한국건설기술연구원의 평가도 글로벌 경쟁력을 평가하는 데는 한계가 있다. 너무 많은 항목을 평가하고 있고 국내 변수가 차지하는 비중이 크기 때문이다.

그렇지만 한국 건설산업의 글로벌 경쟁력이 10위권 언저리에 있다는 평가가 틀렸다고 하기도 어렵다. 다만, 오랫동안 해외건설 강국으로 손꼽히는 국가들과는 아직도 격차가 크다는 것을 인정하지 않을 수 없다. 스스로를 너무 비하하는 것도 과대평가하는 것만큼이나 바람직하지 않다. 한국 기업들이 나아가야 할 방향은 확실하다. 유럽이나 미국의 글로벌 기업 수준에 도달하는 것이다. 해외시장에서 한국 기업들의 점유비중을 늘려가는 것이 한국 건설산업의 글로벌 경쟁력을 높이는 길이고, 한국이 해외건설 강국이 되는 길이다.

2 ——————— 해외 플랜트 건설 붐 시기의 글로벌 기업

ENR이 선정한 2018년의 글로벌 10대 기업(국내외 매출 모두 포함) 중 7개가 중국 기업이다. 게다가 1위부터 5위까지가 모두 중국 기업이다. 유럽기업으로는 방시Vinci(6위), ACS(7위), 브이그Bouygues(10위) 3개사만 10위권에 들었다. 중국기업은 국내 매출이 대단히 크기 때문에 정확한 비교가 어렵다. 그래서 이 책에서는 해외매출액만을 기준으로 글로벌 경쟁력을 평가하고자 한다.

2018년의 해외매출 실적만 본다면, 10위권 내의 중국 기업은 3개이고, 나머지 7개는 유럽 기업이다. 스웨덴의 ACS(1위), 독일의 호크티에프Hochtief(2위), 프랑스의 방시Vinci(4위), 오스트리아의 스트라백Strabag(5위), 프랑스의 브이그Bouygues(6위), 스웨덴의 스칸스카Skanska(8위), 스페인의 페로비알Ferrovial(10위)이 그 주인공이다.

20위권 내에는 프랑스의 테크닙Technip(11위)과 플루어Fluor(12위), 미국의 벡텔Bechtel(13위)이 포함된다. 이들 글로벌 기업들 대부분은 오랫동안 20대 해외건설기업의 위상을 유지하고 있다.

2000년대 후반부터 해외 플랜트 건설 붐에 힘입어 한국 기업들은 급격한 매출 신장을 기록했다. 그때 글로벌 기업들의 상황은 어떠했는지, 한국 기업과 어떻게 달랐는지를 살펴볼 필요가 있다.

ENR의 2012년 매출기준 20대 해외건설기업 중 신흥국(한국, 브라질, 중국 등) 5개 업체와 스페인의 ACS, 미국의 벡텔을 제외하고 13개 기업의 매출액과 당기순이익을 정리한 자료를 분석해보자.[107] 13개 기업은 다음과 같이 분류된다.

- 플랜트 전문기업 3개(해외 매출액의 거의 100%가 플랜트사업에서 발생): 사이펨, 테크닙, 페트로팩
- 플랜트 우위기업 2개(해외 매출액 중 플랜트사업 비중이 50% 상회): 플루어, 빌핑거 버거Bilfinger Berger
- 토목·건축공사 중심 기업 8개: 호크티에프, 방시, 스트라백, 브이그, 스칸스카, FCC, 발포어 베티Balfour Beatty, 로열 밤Royal Bam

5년간(2008~2013) 13개 글로벌 기업의 합계 매출증가율은 10%에 불과했다. 같은 기간 한국의 해외건설 수주 상위 6대 기업의 매출액은 2008년 36.0조 원에서 65.4조 원으로 182%라는 놀라운 증가율을 보였다. 물론 동일선상에서 매출액을 비교하는 것은 부적절하다. 한국의 6대 해외건설기업의 주된 수주영역은 플랜트였기 때문이다.

13개 글로벌 기업 가운데 페트로팩(110%), 플루어(35%), 테크닙(25%)과 같은 플랜트 전문 또는 우위기업과 호크티에프(37%), 방시(19%)와 같은 토목·건축중심 기업의 매출 증가율도 컸다. 하지만 과잉 수주 문제가 심각했던 한국의 6대 해외건설기업 매출증가율(182%)과는 비교가 되지 않는다.

수익률 관점에서도 비교해보자. 13개 글로벌 기업의 합계 당기순이익률은 2008~2011년 3%대를 기록했다. 2012년 이후에는 수익성이 악

화되면서 2013년에는 1.6% 수준까지 하락했다. 예외적으로 영국의 플랜트 전문기업인 '페트로팩'이 2012~2013년 연속으로 10%대의 당기순이익을 기록했지만, 이탈리아의 플랜트 전문기업인 '사이펨'은 한국 플랜트 기업과 마찬가지로 2013년에 적자(-1.3%)를 기록했다.**108)**

한국 기업의 수주와 매출이 급상승하던 시기에 글로벌 기업들의 성장세가 상대적으로 미진했던 이유를 곰곰이 생각해봐야 한다. 글로벌 기업들 중에는 '스칸스카'처럼 수주나 매출 목표 대신 수익 목표만 제시하는 기업도 있다. 수주나 매출목표를 제시하더라도 성장세를 전략적으로(수행 가능한 수준으로) 조절했을 수도 있다.

실제 플랜트 기업들의 2013년 매출 및 수익 목표에 대해 점검해 보자. 대체로 매출 목표는 전해와 비교해 별반 차이가 없었지만, 수익목표는 한국 기업들에 비해 대단히 높은 편이었다. 반대로 2013년 그 어떤 한국 기업도 해외 수주나 매출 목표를 2012년 실적과 비슷하거나 낮게 잡은 사례는 없었다는 점은 시사하는 바가 크다.

02

Overseas Construction
Myth & Earning Shock

유럽 기업의
해외사업 전략

종합건설기업 vs.
플랜트 전문기업

유럽과 미국의 글로벌 기업은 크게 두 가지
유형으로 구별된다. 첫째, 매출의 100%가 플랜트 부문에서 발생하거
나 플랜트 매출 비중이 대단히 높은 소위 플랜트 전문기업이다. 테크닙
FMC,**109)** 페트로팩은 매출액의 100%가 플랜트 부문에서 나왔다. 플루
어, 벡텔, 테크니카스 레우니다스Tecnicas Reunidas(T/R)는 플랜트 해외매
출 비중이 각각 84%, 42%, 47%에 달할 정도로 높다.

둘째, 플랜트 부문도 갖고 있긴 하지만 토목 · 건축공사 중심의 매출

구조를 갖고 있는 종합건설기업이다. ACS, 호크티에프, 방시, 브이그, 스칸스카 등이 여기에 속한다.

유럽과 미국의 글로벌 기업들은 두 가지 유형별로 구사하는 전략이 다르다. 플랜트 전문기업들은 플랜트 내부에서의 사업영역 확장과 함께 지역적 확장을 중시한다. 한국 플랜트 기업들이 오랫동안 육상플랜트 on-shore plant 및 중동 시장에 편중되어 있었던 것과는 대조된다.

한편 교통이나 건축사업 등의 비중이 높은 종합건설기업들은 사업다 각화와 가치사슬의 확장을 추진해왔다. 토목 · 건축공사의 시공만이 아 니라 운영사업, 부동산 개발사업, 민간투자사업(PPP) 등으로 사업영역을 확장하면서 안정적인 사업포트폴리오를 구축했다. 지역적으로는 유럽 과 미주 지역 등 선진국 시장 중심으로 확장을 도모했다.

글로벌 기업들은 해외시장 진출만이 아니라 필요한 기술을 확보하고 가치사슬을 전후방으로 확장하면서 지속적으로 성장하기 위한 수단으 로 기업 인수합병(M&A)을 지속적으로 추진해 왔다. 또한 해외에서는 현 지화localization를 통해 원가경쟁력을 확보하고자 노력했다. 해외건설시 장에 리스크가 많다는 사실을 잘 알고 있기 때문에 경쟁이 치열할수록 리스크관리를 강조했다.

글로벌 기업의 핵심적인 해외사업 전략은 7가지로 요약된다. 즉 '성 장과 수익의 균형, 지역 확장, 사업다각화, 인수합병(M&A), 현지화, 리 스크관리, 상시 구조조정'이다. 이들 전략의 내용도 중요하지만, 전략 을 실행할 수 있는 여건도 눈여겨 봐야 한다. 어떤 지역에 진출해 어떤 사업을 하고자 한다면, 사전에 시장정보를 수집하고 분석해야 한다. 미국·유럽에는 시장정보 수집과 분석을 하는 전문기관들이 많다. 새로운 사업을 하는 데 필수적인 글로벌 인력도 많다. 글로벌 투자은행(IB) 역시 많다. 이러한 기반 위에서 해외건설 사업전략을 수립하고 실행하는 것이다.

따라서 공식적으로 발표된 글로벌 기업의 해외건설 사업전략은 수면 위에 떠 있는 빙산의 한 조각일 뿐이다. 수면 위에 보이는 10%를 따라하자고 주장할 수는 있다. 하지만 실제 실행을 하고자 하면, 수면 아래에 감춰진 90%의 뒷받침이 없이는 불가능하다는 사실을 절감하게 된다. 바로 이것이 여태껏 수없이 많은 해외건설 활성화 대책이 나왔지만 별 성과를 거두지 못한 이유라 본다. 해외건설도 시스템 내지 생태계가 뒷받침되어야 한다.

2 ─────── 유럽 기업의
7대 핵심 전략

한국기업의 해외 플랜트 건설 붐 기간에 유럽의 글로벌 기업들은 어떤 일을 했는지가 궁금해진다. 여기서는 2000년대 후반부터 2010년대 초반까지 약 3~5년간에 걸쳐 유럽 글로벌 기업들의 해외건설 사업전략을 정리해 보고자 한다. 2018년 매출액 기준

30대 해외건설기업 중 유럽 기업은 15개에 해당한다.**110)**

연도를 2000년대 후반부터 2010년대 초반으로 한정한 데에는 몇 가지 이유가 있다. 우선, 특정 연도만 살펴보면 단기적인 사업전략의 소개만 가능할 뿐 중장기적 성과를 알 수 없기 때문이다. 벤치마킹을 하고자 하는 입장에서는 3~5년간에 걸친 중장기적인 시장상황의 변동과 연계하여 사업구조의 변화나 실제 결과를 보는 것이 의미 있다. 특히 2010년대 초반 어닝 쇼크를 겪은 한국 기업을 당시 유럽의 글로벌 기업들과 비교해봄으로써, 중요한 교훈을 얻을 수 있으리라 생각하기 때문이다.**111)**

① 성장과 수익의 균형

매년 ENR에 등장하는 30대 글로벌 건설기업들은 아주 익숙한 유럽과 미국 기업들이다. 최근 등장한 중국 기업과 순위가 뒤로 밀린 일본 기업을 제외하면 그렇다. 이들이 오랫동안 글로벌 기업으로서의 위상을 유지하는 이유는 성장과 수익의 균형을 추구해 왔기 때문이다. 이들은 어느 정도의 규모와 위상을 차지하기까지는 성장을 더 중시하고, 그 다음 단계에서는 안정적인 수익을 더 중시하는 모양새를 보여준다. 실제 사례로 살펴보자.

첫 번째 사례는 스웨덴의 스칸스카Skanska이다. 이 기업은 1990년대까지만 해도 미국, 남미 등지에서 39개의 건설업체를 M&A 했을 정도로 저돌적인 성장전략을 추진했다. 하지만 2000년대에 들어서 성장보다는 안정성과 수익성 확보로 전략을 수정하면서, 수익성이 낮고 리스크가 큰 사업부문을 분리해서 매각하기 시작했다. 2000년대 후반에는 경영목표부터 수익성을 우선하고 있다.

'스칸스카'는 토목ㆍ건축공사 중심의 종합건설기업이다. 공공과 민간, 도급과 개발사업 간의 균형은 물론 미국과 유럽 시장 전역에 걸쳐 안정적인 포트폴리오를 구축해 왔다. 특히 경영목표 자체가 매출성장이 아니라 수익성을 전면에 내세웠다. 건설공사의 평균 영업이익률은 3.5 ~4.0%, 개발사업의 자본수익률(ROCE)은 10~15%로 설정했다.

■■■■ ■ 스칸스카(Skanska)의 매출 및 영업이익률 추이

자료: GS건설경제연구소에서 애뉴얼 리포트를 취합하여 작성(2013.8).

다음 사례는 독일의 '빌핑거 버거'인데, 5개년(2011-2016) 계획을 통해 매출은 50% 늘리고 순익은 200% 확대하는 것을 목표로 삼았다. 목표 달성을 위한 방법으로는 운영효율성 제고, M&A를 통한 성장, 사업부문 간 시너지 창출, 해외시장 진출 확대 및 리스크 관리 등이 제시되었다.

빌핑거 버거의 경영전략 중 특히 눈에 띠는 것은 5년에 걸친 중기 재무적 성장목표를 사업부문별로 설정하고 달성방법에 관한 가이드라인을 제시한 점이다.

빌핑거 버거(Bilfinger Berger)의 5개년 재무 목표

구분	현재('11년)	목표
output volume	* €8.5bn	* '16년까지 €11~12bn 달성목표 -연평균 3~5%의 유기적 성장 -기업인수를 통한 성장 달성
영업이익 (EBITA)	* 4.7% (€397mn)	* '14년까지 그룹 전체 최소 5.5% (EBITA 마진) 목표 * '16년 6% 달성목표(~€700mn)
순익 및 배당 정책	* €220mn	* '16년까지 €400mn * 순익의 50% 배당
ROCE	* 18.1% continuing op.	* '16년까지 ROCE 15~20% 수준 -industrial services, Power services, Building & Facility servies 9.5% -Construction: 11.5% -Concessions: 8.5%
투자 및 인수 기타	* 1.2% * 부채비율 3.2	* 매출대비 투자 비율 2% * 부채비율(Debt/Equity) 2.5 이하 * 레버리지 40% 미만

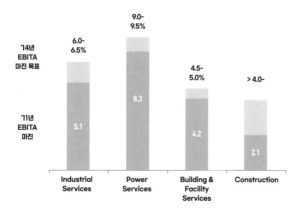

자료: GS건설경제연구소(2013.8).

② 지역 다변화

한국 해외건설의 고질적인 문제 중 하나가 지역 편중이었다.

늘 중동시장에 편중되었고, 1990년대 중반에는 비록 잠깐이었지만 동남아에 지나치게 편중되었다. 중동과 동남아는 신흥국 시장이라는 공통점도 갖고 있다.

플랜트 기업으로서 가장 인상적인 성장세를 보여주었던 기업은 영국의 '페트로팩'이다. 2010년까지만 해도 중동·북아프리카(MENA)지역의 매출 비중이 70%에 달했지만, 2012년과 2013년 상반기에는 35~37%로 절반 가까이 축소되었다. 대신 중앙아시아(CIS)를 비롯한 아시아와 유럽의 매출이 크게 늘었다. 불과 3~4년 사이에 지역 다변화가 확실하게 이루어진 것이다.

프랑스의 '테크닙'도 2009~2011년 20%를 상회하던 중동 지역 매출을 2012년에는 14%, 2013년 상반기에는 12%로까지 축소했다. 대신에 미주 및 아시아 지역의 매출이 증가했다. 한국 플랜트 기업의 중동 의존도가 급격히 심화되던 시기, 유럽 기업들은 중동시장의 비중을 줄이고 있었다는 사실을 확연하게 알 수 있다.

플랜트 사업도 하지만 그보다는 토목·건축공사 비중이 높은 유럽의 종합건설기업들은 유럽과 미주 지역을 중심으로 해외사업을 추진해 왔다. 아시아를 비롯한 신흥국 시장으로 진출 및 확장을 할 때는 현지기업의 인수합병(M&A)이나 전략적 제휴 등을 활용했다. 아무리 글로벌 기업이라 해도 신흥국 시장의 토목·건축공사에서는 경쟁력이 없기 때문에 비슷한 수준의 선진국 시장에만 진출한 것으로 보인다. 실제로

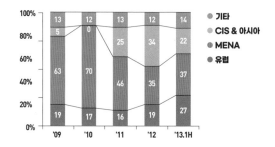

페트로팩(Petrofac)의 지역별 매출 비중 추이

- 기타
- CIS & 아시아
- MENA
- 유럽

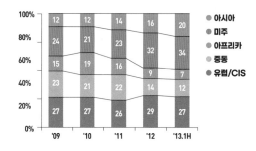

테크닙(Technip)의 지역별 매출 비중 추이

- 아시아
- 미주
- 아프리카
- 중동
- 유럽/CIS

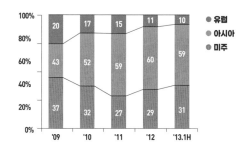

호크티에프(Hochtief)의 지역별 매출 비중 추이

- 유럽
- 아시아
- 미주

자료: GS건설경제연구소에서 각 사 애뉴얼 리포트 자료를 취합하여 작성(2013.8).

2009~2013년 상반기까지 '스칸스카'의 매출에서 유럽과 미국시장 비중이 90%를 차지했고, 중남미 시장은 5~7%에 불과했다. '방시'도 프랑스를 포함한 유럽의 매출 비중이 80~90%를 차지했다.

독일의 '호크티에프'는 예외적으로 아시아 매출비중이 높다. 하지만 2000년대 초반까지만 해도 미국 시장의 매출비중(60~90%)이 압도적으로 높았다.[112] 2001년 호주의 최대 종합건설기업이었던 레이튼Leighton을 인수하면서 Leighton Properties, Leighton Asia 등을 통해 아시아태평양 지역의 사업을 확장했다.

그 결과 2009년 이후에는 아시아태평양 지역의 매출이 미주지역의 2배를 넘어섰다. 호크티에프는 미국, 호주와 같은 선진국 시장의 인프라 사업을 중심으로 해외 시장을 확장한 사례다.

③ 사업 다각화

토목·건축공사 중심으로 해외사업을 해오던 한국 기업이 플랜트 중심으로 전환한 시점은 2000년대에 들어서면서부터다. 특정 공종, 특정 사업분야의 쏠림현상은 고질적인 것이어서, 사업다각화는 늘 핵심적인 해외건설 과제로 손꼽혀 왔다.

글로벌 기업들의 사업다각화는 2가지 방향에서 이루어졌다. 하나는 종합건설기업들이 연관사업 분야로 확장하는 것이고, 다른 하나는 플랜트 전문기업들이 핵심사업을 확장하는 것이다.

전통적으로 토목·건축공사를 수행하던 종합건설기업들은 개발사업이나 운영 및 유지·보수사업은 물론 건설자재 생산 등으로도 사업다각화를 추진했다. 플랜트 전문기업들은 플랜트 분야 내부에서 수직계열화를 하거나 기자재 생산으로 사업다각화를 추진해 왔다.

██████ 유럽 글로벌 기업들의 사업다각화 유형

구분	건축	토목	주택	플랜트	개발(투자)	운영	유지·보수	생산
Skanska					주거·비주거 부동산 인프라(교통,발전소)			
ACS					교통 부동산	송배전망		
Vinci					교통(도로, 철도, 주차장)			도로시공자재 생산·판매
Bouygues					주거·비주거 부동산			
Saipem							플랜트	
Technip							플랜트	Subsea 배관 생산·설치
Bilfinger Berger					부동산	인프라	발전소, 빌딩, 도로	수처리 필터 제조
Petrofac								
	시공중심				사업다변화			

그림 주: 음영 부분이 글로벌 기업들의 사업영역임.
자료: GS건설경제연구소에서 각 사 애뉴얼 리포트를 취합하여 작성(2013.8).

프랑스 건설기업 '방시'의 사업영역은 양분되는데, 도급사업contracting과 운영사업concession이 그것이다. 방시가 왜 이런 전략을 써 왔는지는, 각 사업부문의 특징을 분석해보면 바로 알 수 있다.

운영 사이클 측면에서 도급사업은 단기나 중기사업이지만, 운영사업은 장기사업이다. 재무 측면에서 도급사업은 투자를 수반하지 않으므로 현금 흐름에서 장점이 있고, 운영사업은 장기투자를 필요로 하지만 반복적인 수익을 창출할 수 있다. 전문성 측면에서 도급사업은 구조물 설계 · 시공 · 유지관리 역량 등이 필요하고, 운영사업은 운영조직의 관리와 금융 역량 등이 필요하다. 두 사업부문이 서로 상반되면서 상호 보완 관계에 있음을 알 수 있다. 방시는 이렇게 균형성장과 시너지 강화를 통해 시장을 확대해왔다. 하지만 지역적으로는 여전히 유럽과 미주에 편중되어 있다.

방시의 부문별 매출비중을 보면, 도급사업이 전체 매출에서 차지하는 비중이 80%를 넘지만 영업이익은 50%가 채 안 된다는 사실을 알 수 있다. 반면 운영사업은 전체 매출에서 차지하는 비중이 10%대에 불과하지만, 영업이익은 50~60%대에 달한다. 방시는 도급사업과 운영사업이 매출과 수익, 양면에서 서로 보완해줌으로써 안정적인 기업 운영이

방시(Vinci)의 부문별 매출 비중

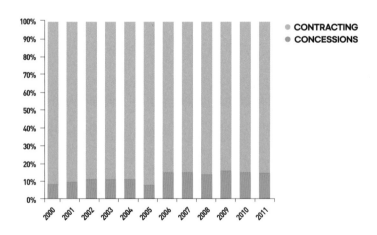

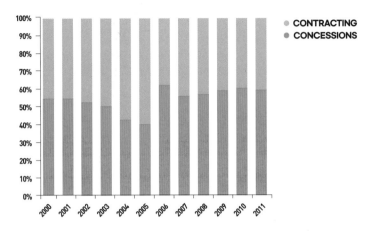

방시(Vinci)의 부문별 영업이익비중

● CONTRACTING
● CONCESSIONS

자료: GS건설경제연구소에서 애뉴얼 리포트를 취합하여 작성(2013.8).

가능했던 것이다.

　스웨덴의 '스칸스카'는 건설 및 부동산개발사업 중심으로 북유럽과 미국 등 선진국 시장에서 주로 사업을 추진해왔다. 이 회사는 시공부문과 개발사업 간의 시너지 창출을 중시한다. 시공부문은 기업의 규모를 유지하는 데 기여하고, 개발사업은 수익을 높이는 데 기여하고 있다.

　실제로 전체 매출에서 차지하는 시공부문 비중은 90%에 육박하지만, 영업이익은 70%에도 못 미친다. 이러한 사업포트폴리오는 성장과 수익의 균형을 달성하고자 하는 전략에 기반하고 있다. 앞서 살펴본 방시의 사례와 마찬가지로, 스칸스카도 시공부문과 개발사업을 통해 매출과 영업이익이란 측면에서 보완관계를 형성하는 기업운영을 하고 있다.

한편 플랜트 전문기업들은 플랜트 사업 내부에서 다각화 방안을 강구해 왔다. 플랜트 매출이 100%인 프랑스의 '테크닙'과 영국의 '페트로팩' 사례를 보자. 먼저 테크닙은 육상 플랜트on-shore plant뿐만 아니라 해양 플랜트off-shore plant, 특히 해저 플랜트subsea plant 부문의 확장을 추진해왔다.

2000년대 중반까지만 해도 영업이익률이 5% 미만이었지만, 해저 플랜트 진출과 육상 플랜트의 수익성 개선으로 2010년대에 들어서는 10%대의 영업이익률을 달성했다. M&A 등을 통해 해저, 해양, 육상 플랜트 전반에 걸쳐 수직계열화를 이룬 덕분에 수익성을 제고했기 때문이다. 특히 새로운 주력 사업분야인 해저 플랜트 부문은 배관 제조부터 설치까지 전체 과정을 수행하고 있다. 지역적으로도 중동 의존도를 줄이면서 다른 지역으로 사업을 확장했다.

테크닙과 마찬가지로, 플랜트 사업 매출이 100%인 '페트로팩'은 1981년에 설립되었다. 그런데 이 기업은 1991년 아랍 에미리트에 '페트로팩 인터내셔널'을 설립할 때까지만 해도 육상 플랜트의 설계와 시공을 수행하던 EPC기업이었다. 이후 플랜트 사업과 연관된 기업들을 적극적으로 M&A 하면서 수직계열화와 사업다각화를 이루어 플랜트 기업으로 급성장했다. 페트로팩은 현재 에너지 EPC사업 외에 개발과 서비스를 모두 제공하는 플랜트 전문 기업이다.

최근에는 해양 플랜트와 통합 에너지 서비스(IES: Integrated Energy Service) 사업에 집중하고 있다. 페트로팩은 플랜트사업 안에서 수직계열화와 사업다각화를 통해 급성장한 사례다.

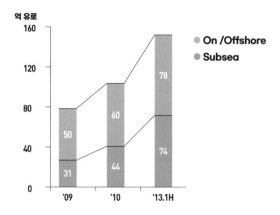

테크닙(Technip)의 부문별 수주잔고 추이

억 유로

160

120

80

40

0

50

31

60

44

78

74

'09   '10   '13.1H

● On /Offshore
● Subsea

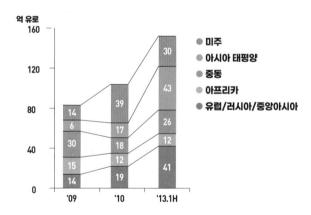

테크닙(Technip)의 지역별 수주잔고 추이

억 유로

160

120

80

40

0

14
6
30
15
14

39
17
18
12
19

30
43
26
12
41

'09   '10   '13.1H

● 미주
● 아시아 태평양
● 중동
● 아프리카
● 유럽/러시아/중앙아시아

자료: GS건설경제연구소에서 애뉴얼 리포트 자료를 취합하여 작성(2013.8).

④ 인수합병(M&A)

앞에서 이미 알아챘겠지만, 글로벌 기업들이 성장전략, 지역확장, 사업다각화 전략에서 공통적으로 활용한 것이 인수합병이다. 종합건설기업이든 플랜트 전문기업이든 공통사항이다.

2019년 ENR 선정 해외건설기업 1위를 차지한 스페인의 ACS도 M&A를 통해 성장한 대표적인 글로벌 기업이다. ACS는 '주요 지역의 수익성, 경쟁력, 명성을 보유한 기업 확보'를 그룹 전략으로 명시하고 있다. 실제로 ACS는 독일의 호크티에프, 호주의 레이튼, 미국의 터너Turner, 스페인의 드라가도스Dragados 등 내로라하는 리딩 기업을 대거 인수했다.

유럽 건설기업의 Cross-sector M&A(2010년)

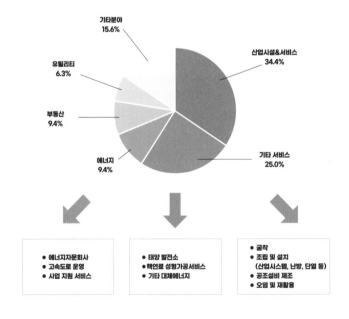

기업	M&A 분야	M&A 세부 내용
Skanska	산업시설·에너지	• '11년 미국 industrial Contractors Inc. 인수
	산업시설	• '11년 스웨덴 HVAC(공조) 전문업체 TKI 인수
Vinci	기타 서비스	• '07년 영국 환경 원자력 전문업체 Nukem 인수
	에너지	• '07년 스위스 에너지 컨설팅업체 Etavis 인수
	유틸리티	• '10년 프랑스 유틸리티업체 Faceo 인수
Bilfinger Berger	산업시설	• '11년 이탈리아 수처리 필터 제조업체 Diemme Filtration 인수
Petrofac	산업시설&서비스	• '10년 영국 탄소포집 전문업체 CO2DeepStore Limited 인수

자료: 딜로이트 컨설팅(Deloitte Consulting)(2011.11)

그뿐 아니라 운영사업, 환경사업, 산업서비스사업 영역에서도 리딩 기업들을 인수했다.

ACS는 선진국의 대형 기업들을 M&A 함으로써 확고한 글로벌 경쟁력을 확보했다. 동시에 이들 계열사에 권한을 대폭 이양하여 운영효율화를 도모했다. 참고로 2011년 말 각 사의 애뉴얼 리포트를 통해 선진기업들의 인수합병 규모를 짐작해보자.

ACS의 계열사는 1,042개, 방시는 2,246개, 빌핑거 버거는 338개, 브이그는 74개, 페트로팩은 80개, 사이펨은 81개에 이른다. 유럽의 글로벌 기업들은 건설기업뿐만 아니라 산업시설과 서비스, 에너지 등 건설이외의 분야(Cross-sector)에서도 활발한 M&A를 추진해왔다.

⑤ 현지화

해외건설 시장에서 한국 기업이 갖는 위상에 대한 선입견이 있다.

글로벌 기업에 비해 가격경쟁력은 있지만 기술경쟁력은 뒤처지고, 중국 기업에 비해 아직은 기술경쟁력이 있지만 가격경쟁력은 떨어진다는 생각이다. 하지만 2010년대 초반만 해도 글로벌 기업들이 한국 기업보다 낮은 가격에 입찰, 수주한 사례가 꽤 있다. 물론 일부는 저가 수주였겠지만 그렇지 않은 경우도 있다. 대표적인 사례가 영국의 플랜트 전문기업인 '페트로팩'이다.

페트로팩은 해외 각지로 사업을 확장하면서 '현지화localization'를 기치로 내걸었는데 사업전략에서도 이를 확인할 수 있다. 현지 인력 채용, 현지 자원 개발 및 현지 공급업체와의 협력을 통한 지속가능한 사업 기반 마련, 현지인력 양성을 위한 트레이닝 서비스 제공을 선언한 것이다.

실제로 페트로팩은 영국, 인도, 인도네시아 등지에서 엔지니어링 사무소를 운영해왔다. 전 세계 6개 국에(주로 인도인이 대상이었다) 15개 트레이닝센터를 운영하면서 적극적으로 현지인력을 양성하고 활용하기도 했다. 페트로팩의 인도인 비중은 2007년에 30% 수준에 불과했지만 그 후 70%로 증가하면서 인건비를 대거 절감할 수 있었다. 아울러 현지 협력업체를 적극적으로 활용하는 등 효과적인 현지화를 통해 한국 기업보다 원가를 낮추었던 것이다.[113]

페트로팩은 UAE, 나이지리아 등 새로운 시장에 진출할 때마다 현지 사업의 용이성과 지속성을 증대한다는 차원에서, 현지업체와 합작회사를 만들거나 지분을 인수하는 등 전략적 제휴를 맺었다. 글로벌 기업의 현지화 성공사례 두 가지를 보자.

• 2009년 페트로팩은 UAE 아부다비 국왕의 동생이 회장으로 있는 무바달라Mubadala와 페트로팩 에미리트Petrofac Emirate라는 합작회사를 설립했다(지분구성은 페트로팩이 49%, 무바달라가 51%). 이 기업의 최고경영진은 중동계로 구성되었기 때문에 사실상 중동 기업으로 인식되었다. 중동 시장에서 공격적인 영업이 가능했고 알제리, 시리아, 튀니지 등 새로운 시장 개척을 통한 급성장의 계기가 되었다.

• 2015년에 기업명을 CIMIC(Construction, Infrastructure, Mining & Concession)로 바꾼 호주의 레이튼 그룹은 지역별·상품별로 해외시장에 법인을 직접 설립하거나 지역 내 유력한 현지업체와 합작기업(J/V)을 만들어 진출하는 전략을 썼다. 물론 지역 거점별로 운영상의 자율권을 부여했다. 현지의 사업 관행과 방식을 존중하고 현지 문화와 관습에 동화되고자 하는 노력도 강화했다.

⑥ 리스크관리

해외건설은 본질적으로 리스크가 큰 사업이다. 글로벌 기업들이 하나같이 리스크관리를 강조하는 이유다. M&A 등을 통해 1,000개, 2,000개 이상의 계열사를 거느리고 세계 1, 2위를 다툴 정도로 규모가 큰 글로벌 기업일수록 리스크관리에 더 큰 관심을 기울인다.

프랑스의 '방시'는 글로벌 금융위기로 인해 2009년 실적이 급락했다. 하지만 곧바로 수익성 중심으로 경영목표를 재정립하고, 리스크관리 체계를 수립하여 2010년에는 매출과 수익성 모두 회복한 것으로 평가된다. 방시는 어떻게 그렇게 짧은 시간에 리스크를 관리할 수 있었을까?

경영목표 달성에 장애가 될 수 있는 주요 항목들(운영리스크, 재무리스

▮▮▮▮ 방시(Vinci)의 리스크 요인 정의와 관리

운영 리스크	●입찰 / 자산 인수 / 인수 및 매각 ●계약 수행: 일반계약수행 리스크/특정사업부문 리스크

재무 리스크	●국가 리스크 및 신용 리스크
	●유동성 리스크
	●시장 리스크: 이자율/환율/주식 및 상품 리스크
	●PPP 및 concession 계약이 그룹 재무상태에 미치는영향
	  → 사업부문별 금리 리스크 헤지를 통해 부채부담 축소
	  상업적/금융적 거래를 위한 환헤지를 통한 리스크 관리

법률 리스크	●법률, 제도 준수 ●분쟁 및 중재
환경, 산업, 기술 리스크	●기후변화 관련 경제적 리스크 및 기회 ●산업 및 환경 리스크 ●특정 기술 리스크
기타	●일반 정책 ●손실 방지 및 claim 기록 ●construction, Roads and Energy 사업부 보험 가입 ●concessions 및 서비스 사업부 보험 가입

자료: VINCI, Roadshows(2012.5)

크, 법률리스크, 환경·산업·기술 리스크 등)을 대상으로 리스크가 현실화될 가능성, 충격 규모를 평가하고 각각의 대응방안을 수립해서 실행한 것이다.

독일의 '호크티에프'도 2012년에 '자금력 확보 및 리스크관리 강화'를 경영전략으로 내세웠다. 전사 차원의 정례화 된 리스크관리 프로세스를 구축했고, 시장·핵심 프로젝트·입찰·시공 등 주요 부문별 관리 포인트를 설정하여 변동성을 줄이면서 지속가능한 수익확보를 추구해 왔다.

영국의 '발포어 베티'는 M&A를 통해 사업영역을 확장하고 미국과 GCC 등 해외시장으로 진출하면서 10년간(2003~2012) 연평균 13%의 매출성장율을 기록한 글로벌 기업이다. 이 기업 역시 리스크 전반에 걸친 (경제환경, 신규지역 진출과 M&A, 법률과 규제, 기업활동 여건, 인력, 입찰, 시공, 보건·안전·지속가능성 등) 관리방안을 마련했다. 리스크를 발생 초기에 인지하고 대응하도록 준비한 것이다.

⑦ 상시 구조조정

기업경영이 위기에 처했을 때 추진하는 일시적 구조조정이 아닌, 상시 구조조정도 경영전략의 하나다. 글로벌 기업들은 한편으로는 사업영역 확대와 진출 지역 확장을 위해 꾸준히 M&A를 추진해 왔지만, 다른 한편에서는 경쟁력을 상실했다고 판단되거나 수익성이 낮은 사업부문을 과감하게 정리해왔다.

오랫동안 해외건설 1, 2위 자리를 차지하고 있는 스페인의 ACS는 매년 기업 M&A 또는 지분매입을 하는 것과 동시에 사업(기업) 매각, 지분 매각, 자금 재조달refinancing 활동을 쉬지 않고 해 오고 있다. 상시 구조 조정을 실행해 온 것이다.

독일의 '호크티에프'도 꾸준히 새로운 기업을 인수하거나 설립하면서, 다른 한편으로는 비핵심 사업이나 기업의 매각 활동을 병행해 왔다. 스웨덴의 '스칸스카' 역시 2000년대 중반에 비핵심 사업부문을 상당수 매각했고, 건설시장의 상황에 따라 국가별로 특정한 기능을 통합하는 등의 구조조정을 단행했다.

03

Overseas Construction
Myth & Earning Shock

미국 기업의
해외사업 전략

ENR이 선정한 250대 해외건설기업(2018년 해외매출 기준) 중 미국 기업은 37개사이다. 다음으로 중국(73개), 유럽(45개), 터키(43개)가 그 뒤를 잇는다.

그런데 30대 해외건설기업에 포함된 미국 기업은 플루어(12위)와 벡텔(13위) 딱 두 회사뿐이다. 50대 기업으로 범위를 넓혀도 PCL(34위), 맥더모트McDermott(41위)만 포함될 뿐이다.

그렇다면 그 이전은 어땠을까? 2013년 해외매출액 기준으로 벡텔은 3위, 플루어는 5위였다. PCL이 22위, CB&I가 26위, 키위트Kiewit가 37위, KBR은 40위였다. 미국의 해외건설 실적은 2013년에 비해 2018년에 크게 떨어졌음을 알 수 있다.

기업별로 살펴봐도 마찬가지 결과가 나온다. 2018년 기준으로 벡텔의 해외매출액 비중은 43.1%, 플루어는 56.7%였다. 그로부터 5년 전인 2013년에는 벡텔이 77.0%, 플루어는 75.8%였다. 이는 미국의 경제 및 건설경기 호황과 무관하지 않은 것으로 보인다.

ENR이 집계한 2017년과 2018년 자료를 보면 보다 확실해진다.

2018년 미국의 400대 건설기업 매출액은 전해에 비해 8.3% 증가했는데, 이 중 해외분은 0.9% 증가하는 데 그쳤다. 반면 국내 매출액은 무려 9.1%나 증가했다.[114] 미국 기업들이 리스크가 많고 경쟁이 치열한 해외건설보다는 자국 내 사업 비중을 높였다는 것을 알 수 있다.

지금부터 미국 글로벌 기업의 해외사업 전략을 '벡텔'과 '플루어'를 중심으로 정리해보려고 한다. 두 회사 모두 100년이 넘는 역사를 가진 미국을 대표하는 건설기업이다.

우리는 막연하게 세계 최고의 건설기업이라고 하면 벡텔을 떠올린다. 벡텔은 1898년 설립되어 2020년에 이르기까지 122년의 역사를 가진 건설기업이다. 그런데 의외로 벡텔은 상장사가 아니고 오너가 경영하는 비상장 기업이다. 따라서 기업 내부의 재무상태를 비롯한 세부사항이 공개되지 않는다.

다만 매년 매출액, 수주잔고, 신규 수주실적 정도만 공개하고 있다. 2018년에는 전년 대비 매출액(255억 달러)이 2% 감소하고 수주잔고(469억 달러)도 8% 감소했지만, 신규수주(173억 달러)는 47%나 늘었다고 발표했다.[115]

벡텔과 쌍벽을 이루는 플루어는 1912년에 설립되어 2020년까지 108년의 역사를 가진 글로벌 기업이다. 2018년 매출액은 192억 달러로 전년 대비 3억 달러가 줄었지만, 신규 수주는 전년 대비 2배 이상 늘어난 280억 달러였다. 당기순이익은 2억 2,500만 달러였다.[116)]

지금부터 벡텔과 플루어의 해외건설 전략을 4가지 측면에서 살펴보겠다.

원천기술 보유 및 탁월한 설계·엔지니어링 역량

벡텔과 플루어는 원천기술을 보유하고 있으며, 플랜트사업 초기 단계의 설계와 엔지니어링 분야에서 탁월한 역량을 갖고 있는 기술기업이다. 아마도 이것이 다른 글로벌 기업과 차별화되는 요소이고, 전 세계 엔지니어들이 두 기업을 세계 최고 건설기업으로 손꼽는 이유일 것이다.

벡텔은 원자력 발전소와 오일 · 가스 · 석유화학 플랜트 건설과 관련한 원천기술을 갖고 있다. 그래서 '기술라이센싱technology licensing과 컨설팅을 핵심적인 서비스 사업영역으로 명시하고 있다.[117)] '라이센싱'이란 특허나 기술 노하우의 일정한 영역을 대가를 받고 타인에게 일정한 기간 동안 사용할 수 있도록 허용하는 것이다. 원천기술이 없는 건설기업들은 기술라이센싱을 통해 벡텔이 보유한 원천기술을 구입해야 한다. 한편 플루어는 플랜트 FEED 분야에서 세계 최고 수준의 기술력과 경쟁력을 갖춘 기업으로 평가된다.[118]

벡텔과 플루어는 'EC(Engineering & Construction)' 기업으로 분류된다. 엔지니어링(E)과 시공(C) 모두를 수행하는 기업이라는 뜻이다. 그런데 유독 한국에서는 이들이 시공은 하지 않고 엔지니어링이나 건설사업관리(CM/PM)를 하는 기업이라고 오해하는 사람들이 꽤 많다.

벡텔 홈페이지(www.bechtel.com)를 방문해 보라. '하는 일What we do'의 첫 번째 항목이 시공construction이다.

플루어도 10년간(2005~2015) 매출비중을 보면, 시공이 80~85%였고 엔지니어링이 15~20% 수준이었다.[119] 플루어의 해외 엔지니어링 매출 비중은 2013년부터 지속적으로 늘어나 2016년에는 23%까지 늘어났다. 상대적으로 경쟁이 치열하고 리스크가 큰 해외건설시장에서 시공보다 엔지니어링 매출을 확대한 것으로 보인다.

벡텔과 플루어는 공히 플랜트사업의 개념설계, 기본설계, 연결설계(FEED) 역량을 두루 갖춘 기업이다. 벡텔은 그중에서도 오일·가스·화학, 인프라, 광산·금속, 국방·원자력, 물 사업 등에서 탁월한 기술력을 갖고 있고, 플루어는 에너지·화학, 광산·산업설비, 인프라 영역에서 기술 우위를 갖고 있다.

2 ──── 사업다각화 대신 선택과 집중

제 아무리 글로벌 기업이라고 해도 100년이 넘는 세월 동안 어려운 시기를 겪지 않았을 리가 없다. 벡텔은 1980년대 중반에 매출이 절반 이상으로 줄고 인력의 52%를 해고하는 등 심각한 경영위기를 겪었다. 유가 폭락과 환경문제 등으로 원전 건설 중단사태가 일어났기 때문이다.[120)

1990년대에 들어오면서 정상화가 되었고 벡텔은 해외건설시장 진출을 확대했다. 2000년대 초입의 10년간(2001~2011) 벡텔의 연평균 해외 매출성장률은 15.4%로 미국 내 매출 성장률 1.3%를 크게 웃돌았다. 전체 매출에서 차지하는 해외매출 비중도 2001년 35%에서 2011년 67%로 증가했다.[121)

플루어 역시 1980년대에 큰 위기를 겪었다. 1981년에 22억 달러에 인수한 광물기업이 원자재 가격 폭락으로 큰 손실을 초래하면서, 1986년까지 연속 적자를 기록한 것이다. 이 사건을 계기로 플루어 가문의 오너가 퇴진하고 전문경영인이 전면에 나섰다. 이후 일부 기업과 자산 매각 등 구조조정을 하면서, 사업다각화 전략도 핵심사업 중심으로 재편되었다.[122)

벡텔과 플루어의 홈페이지를 기준으로 정리한 도표를 보면, 다각화보다는 선택과 집중 원칙에 따라 핵심사업의 시공과 엔지니어링을 수행하고 있음을 확인할 수 있다.

	벡텔	플루어
사업부문	6개(국방·원자력 안전, 환경, 인프라, 광산·금속, 오일·가스·화학, 물)	5개(에너지·화학, 인프라발전, 광산·금속, 생명과학·첨단제조, 정부)
제공 서비스	엔지니어링, 기술라이센싱과 컨설팅, 마스터 플래닝, 제작(모듈), 구매, 터널링, 사업개발, 투자 및 파이낸스, 시공 등	엔지니어링·설계, 구매, 제조(모듈), 유지·관리, 시공 등

ENR의 해외매출 기준으로만 보면, 2018년 벡텔은 해외매출의 54%를 교통transportation 부문에서, 42%는 플랜industrial/petroleum 부문에서, 나머지 4%는 물 공급water supply 부문에서 창출했다. 이들 3개 영역 외에 일반 건축 실적은 전무하다. 5년 전인 2013년에는 플랜트 부문에서만 83%, 교통 부문에서 16%의 해외매출 실적이 있었고, 기타 영역의 해외매출 실적은 전무했다. 플루어도 2018년 해외매출의 84%가 플랜트 부문에서 나왔다. 이 같은 해외매출 실적은 벡텔과 플루어가 플랜트 전문기업이며, 핵심사업의 선택과 집중을 추구하고 있다는 사실을 여실하게 보여준다.

3 ——————— **M&A보다 전략적 제휴**

유럽의 글로벌 기업들은 해마다 M&A를 통

해 기업 규모를 키우고 필요한 기술력이나 경쟁력을 확보해 왔다. 벡텔이나 플루어 같은 미국 기업들도 M&A를 하기는 하지만, 유럽 기업들에 비하면 그 수가 적다.

플루어의 계열사 수는 20~30개 수준으로 알려져 있다. 1,000~2,000개에 달하는 계열사를 보유하고 있는 유럽 기업(ACS, '방시'가 대표적 사례이다)들과는 비교할 바가 못 된다. 그 대신 진출시장이나 상품에 따라 현지 또는 글로벌 기업들과 전략적 제휴strategic alliance를 활용해 왔다.

4 ——————— **외형 성장보다
안정적 수익 중시**

벡텔과 플루어도 한때 어려운 시기를 겪으면서 혹독한 구조조정을 한 경험이 있어서인지 외형 성장보다는 안정적인 수익을 추구하고 있는 것으로 보인다. 벡텔의 2018년 매출은 2006년 이후 최저 수준이지만, 그렇다고 매출을 만회하기 위한 성장전략을 추구한다는 소식은 아직 없다. 그보다는 디지털 기술을 대거 활용하여, 2020년에는 프로젝트의 공기를 30% 단축하고 사업비를 20% 절감하겠다는 건설현장의 혁신 목표(프로젝트 2020)를 내걸고 있다.

플루어의 매출액은 2006년 대비 2012년에 2배나 늘었다가 다시 1.5

배 수준에서 안정되었다. 2016년 매출액은 190억 달러, 2017년에는 195억 달러, 2018년에는 192억 달러를 보이고 있다.[123)]

중요한 것은 매출액이 아니라 순이익이다. 2008년에 순이익이 2.7배까지 급증했다가 2014년부터 악화되어 2016년에는 1.1배 수준으로 줄었기 때문이다.[124)]

이렇게 성장성에 비해 수익성이 크게 뒤처지자, 플루어는 최근 리스크가 높은 해외시공 매출은 줄이고 엔지니어링 부문을 강화하고 있다. 특히 플루어의 강점으로 꼽을 수 있는 것은, 기존 발주처로부터 프로젝트 물량의 70~80%를 안정적으로 수주하면서, 실비정산방식cost reimbursable으로 계약한 물량이 매출액의 70% 이상을 유지하고 있다는 점이다. 또한 일부 지역에 편중되지 않도록, 특정 발주처에 대한 의존도가 10%를 넘지 않도록 리스크관리를 하고 있다.[125)]

■■■■ ▮ 벡텔의 글로벌 매출 추이(2006-2018)

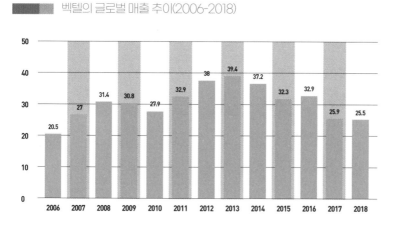

자료: 벡텔 홈페이지, Statista

04

글로벌 기업의
전략 기반

글로벌 기업의 해외사업 전략과 함께 간과해서는 안 되는 것이 그 전략의 기반이 되는 요소들이다. 어떤 회사가 훌륭한 전략을 수립한다 해도 그것이 실행되기 위해서는 다양한 요소들이 뒷받침되어야 한다. 그 요소란 법률일 수도 있고 국가 전체의 경제수준일 수도 있다.

시장정보 기반

시장정보는 해외건설에 있어 특히 중요한 요소이면서, 수행 중심의 한국 기업들이 가장 취약한 것 중 하나이다. 미국과 유럽은 이 분야에서 단연 세계 최고다. 정부기관은 말할 것도 없고, CNN이나 BBC 같은 언론매체, 신용평가기관, 투자은행(IB), 컨설팅기관 등 수많은 기관에서 시장정보를 창출하고, 점검하고, 평가하면서 새로운 비즈니스 기회를 발굴하고 있다.

어떤 시장에 진출하고, 어떤 서비스나 상품을 수출할 것인지 선택하기 위해서는 시장정보 기반이 필수적이다. 한국 기업은 자체적으로 시장정보를 창출하기보다는 미국과 유럽 각 기관의 시장정보를 바탕으로 가공하여 사용하는 경우가 대부분이다.

글로벌 인력 기반

영어를 모국어로 사용하는 사람들이 대부분이거나 압도적 다수라는 것부터가 미국과 유럽 기업의 강점이다. 게다가 기술뿐만 아니라 관리, 금융을 담당할 글로벌 인력 역시 대단히 풍부하다. 또한 과거 식민지 경영의 역사를 갖고 있어 인도, 중남미, 아시아, 아프리카 등지에서 현지인을 활용하거나 현지 기업들을 협력업체로 활용하는 데도 용이하다.

기술 기반

미국이나 유럽의 글로벌 기업들은 기술 기반도 견고하다. 보편적인 시공 기술이 아니라 벡텔처럼 신흥국 기업들이 갖기 어려운 원천기술을 가지고 라이센싱이나 컨설팅 사업까지 한다. 플랜트사업의 개념설계나 기본설계는 '거의'라는 수식어를 붙여도 될 정도로 온전히 미국과 유럽 기업의 영역이다.

즉 경쟁자가 많지 않고, 리스크도 적은 고부가가치 사업영역을 선점한 것이다. 그러니 큰 리스크를 감수하고 플랜트 EPC사업이나 시공을 할 필요가 없다. 미국과 유럽의 글로벌 기업들은 시공 이전 단계의 설계·엔지니어링사업과 시공 이후 단계의 운영사업을 주로 하고, 시공은 현지 업체나 한국·중국 등 신흥국 기업들끼리 치열하게 경쟁해서 수주하고 있는 것이 현실이다.

글로벌 투자은행(IB) 기반

글로벌 투자은행은 미국과 유럽 기업들이 투자개발사업을 활발하게 벌일 수 있는 또 하나의 기반이다. 미국과 유럽은 글로벌 투자은행의 규모가 글로벌 건설기업보다 더 클 정도다. 그런데 한국에는 아직도 이렇다 할 글로벌 투자은행이 없다. 국책은행인 한국수출입은행이나 한국산업은행 정도가 해외건설사업을 일부 지원해 주고 있다. 글로벌 투자은행 없이 투자개발사업을 확대하기란 결코 쉽지 않다.

프로젝트관리 기반

미국과 유럽 기업들의 프로젝트관리(PM: Project Management) 역량도 해외건설을 하는 데 큰 기반이다. 오랫동안 국내외에서 다양한 인종과 현지 협력업체 및 제3국 인력들을 활용하여 건설사업을 진행해 왔기 때문에 학문적으로나 실무적으로 프로젝트관리가 발달할 수 있었다.

법률 기반

해외건설과 관련된 법률도 중요한 기반이다. 특히 계약 및 클레임 관리역량은 미국과 유럽기업들의 큰 경쟁력 요소다. 국제컨설팅엔지니어링연맹(FIDIC)을 비롯한 국제계약법령의 대부분을 미국과 영국을 비롯한 유럽국가의 전문가들이 제정 및 개정을 주도해왔기 때문이다. 게다가 미국과 유럽의 법률사무소law firms들은 오랫동안 해외건설 계약 및 클레임 분야에서 지식과 경험을 축적해 왔다.

법·제도와 조달시스템 기반

미국과 유럽에서는 설계 · 엔지니어링과 시공을 함께 수행할 수 있는 EC(Engineering & Construction) 기업이 탄생하는 데 있어, 처음부터 법적 · 제도적 제약이 없었다. 또한 정부조달시스템은 투명성과 경쟁성을 확보하는 데 주력하고 있으며 입찰업체의 기술력을 평가하는 시스템도 확립되어 있다. 이 같은 시스템에서 경쟁력을 확보한 기업이라면 해외건설시장에서도 경쟁력을 가질 수 있는 것이다.

제조업 기반

미국과 유럽의 제조업 기반도 무시할 수 없다. 예를 들어 미국 GE의 발전소 터빈 등을 비롯한 일부 플랜트 기자재는 한국 기업이 수입할 수밖에 없는 품목이다. 특히 개념설계나 기본설계를 미국과 유럽 기업들이 독점하다 보니 설계과정에서부터 자국 제조업의 제품을 반영하는 사례도 많다.

05

한국 기업이
배워야 할 것들

글로벌 기업이라고 해서 한국 기업보다 모든 면에서 탁월하다고는 생각하지 않는다. 글로벌 기업을 따라 한다고 해서 항상 성공할 수 있다고도 생각하지 않는다. 따라 할 수 없는 일도 많고, 국가의 정치·경제·사회의 구조가 다르고 문화가 다르기 때문이다. 또한 한국 기업이라고 해서 장점이 없는 것도 아니다. 시공기술력을 기반으로 가격경쟁력도 한동안 보유하고 있었고, 탁월한 추진력으로 수많은 글로벌 랜드마크를 건설한 실적과 경험도 갖고 있다.

한국 기업들은 일단 수주한 공사는 설사 손실을 보더라도 계약된 기간 내에 성공적으로 준공해서 인도한 경우가 대부분이었다. 한국 기업의 공기 준수 노력과 성실한 자세는 중동을 비롯한 수많은 국가의 발주처로부터 신뢰를 얻는 바탕이 되었다. 한국 기업은 현장 근로자뿐 아니라 기술인력과 관리인력까지 애사심 내지 애국심을 갖고 해외건설 현장에서 놀라운 성과를 창출해 왔다. 그러다 보니 한국 해외건설 산업이나 기업이 일본을 비롯한 외국의 벤치마킹 대상이 되기도 했다.

하지만 지금은 자화자찬하고 있을 때가 아니다.

한국 기업은 글로벌 기업들의 사업영역에 제대로 진출하지 못했고, 중국을 비롯한 후발국 기업들은 한국 기업의 턱밑까지 추격해 왔다. 아니 앞지름을 허용한 영역도 생기고 있다. 가격경쟁력을 비롯한 한국 기업의 글로벌 경쟁력은 지속적으로 약화되고 있다. 초창기 해외건설 시기에 볼 수 있었던 한국인 특유의 기업가 정신도 희미해지고 있다.

하지만 우리의 위기는 글로벌 기업들이 이미 겪은 것임을 상기해야 한다. 해외건설 경기의 부침, 후발국의 추격, 가격경쟁력 상실 모두 그렇다. 미국과 유럽의 전통적인 글로벌 기업들 중 상당수는 그 위기를 극복하고 현재까지도 해외건설시장에서 최상위 그룹Top-tier에 포진해 있다. 우리 앞에는 시행착오를 최소화하고 보다 빨리 위기상황에서 벗어날 기회가 열려 있다는 의미다.

탁월한 성과를 내고 있는 글로벌 기업, 오랫동안 높은 해외시장 점유율을 보유한 기업들에게는 몇 가지 공통 요소가 발견된다. 한국 기업들에게 이런 요소가 전혀 없다기보다는 상대적으로 부족한 것이다. 앞에서 밝혔듯 글로벌 기업들이 갖지 못한 한국 기업의 강점도 꽤 있다.

다만, 한국도 이제는 더 이상 개발도상국이 아니다. 2017년에 이미 1인당 국민소득 3만 달러 시대에 진입했다. 이제는 우리도 글로벌 기업의 사업영역과 방식을 채택해야 할 때다. 지금부터 한국 건설기업이 가장 먼저 배워야 할 것들을 정리해 보겠다.

양量을 버리고
질質을 취하다

글로벌 기업의 중장기 비전이나 사업목표는 대부분 질적 요소를 강조한다. 한국 기업들처럼 수주나 매출 목표가 아닌 수익성을 중시하는 경향이 크다. '스칸스카'만 해도 2000년대 후반부터 수익목표를 전면에 내세웠다. '빌핑거 버거'도 5개년 재무목표 달성을 위한 방법론을 구체화했다. '벡텔'은 프로젝트 2020을 통해 공사기간 단축과 공사비 절감 등의 생산성 향상 목표를 제시했다. 사실 수익성과 생산성은 동전의 양면과 같다. 하나가 잘되면 다른 하나는 저절로 잘되기 마련이다.

2010년대 초반 한국 기업들이 중동시장에서 '제살 깎아먹기' 식의 저가 수주 경쟁을 할 때 글로벌 기업들은 중동시장 비중을 줄였다. 한국 기업들의 '저가 수주'와 '과잉 수주'는 어닝 쇼크로 이어졌다. 저가 수주를 해서라도 수주와 매출을 확대하겠다는 글로벌 기업은 찾아보기 힘들다. 2010년대 중동 시장의 수주경쟁이 치열해지자 '테크닙'은 곧바로 중동시장 비중을 줄이고 다른 시장의 비중을 확대했다.

글로벌 기업들이 사업다각화를 추진하는 목적도 안정성과 수익성 확보 차원이라고 볼 수 있다. '방시'는 비즈니스모델을 설명할 때 항상 도급사업contracting과 운영사업concession을 구분한다. 도급사업은 매출 비중이 높아도 수익이 낮은 반면, 운영사업은 매출 비중이 낮아도 수익은 높기 때문이다. '스칸스카'가 시공부문과 개발사업을 구분하는 것도 동일한 맥락이다.

물론 단기적으로 글로벌 기업 대열에 들어서기 위해서는 수주와 매출 확대 같은 양적 성장이 필요할 수도 있다. 하지만 일단 글로벌 기업의 최상위 그룹에 들어가면, 그때부터는 외형 성장이 아니라 수익성과 생산성 향상이라는 질적 성장을 추구하는 것이 지속가능한 성장의 방식이다.

2 ——— 프로젝트에서 비즈니스로

한국 기업과 글로벌 기업은 해외건설을 보는 시각에서 차이가 난다. 한국 기업은 해외건설을 '프로젝트(혹은 건설공사)'로 이해한다. 글로벌 기업은 중장기적 관점에서 해외건설을 '비즈니스'

로 본다.

글로벌 기업들이 왜 그렇게 많은 M&A와 전략적 제휴를 해 왔을까? 한 건의 프로젝트만 수행하려고 M&A나 전략적 제휴에 주력하지는 않는다. 현지화를 위해서든, 필요한 경쟁력 확보를 위해서든, 한 건의 프로젝트가 아니라 진출한 지역에서 해외건설 사업을 확장하기 위한 중장기 전략의 일환인 것이다.

투자개발사업과 운영사업은 대부분 글로벌 기업들이 주도한다. 이는 해외건설사업의 전체 가치사슬 중에서 시공 이전과 이후 단계에 해당한다. 투자개발사업은 사업개발과 기획 및 파이낸싱이 가장 중요하다. 운영사업은 시공 이후의 운영 및 유지관리 사업을 장기적으로 수행하면서 안정적인 수익을 확보하는 것이 중요하다.

토목·건축공사의 시공부문이나 플랜트 사업의 상세설계(E)−구매·조달(P)−시공(C)을 포괄하는 EPC사업은 한국이나 중국 기업이 하면 된다. 글로벌 기업들은 리스크가 적고 수익성이 높은 시공 이전이나 이후 단계의 사업만 해도 충분하다고 생각한다.

해외건설사업을 어떻게 보느냐에 따라 기업의 인적 구성도 달라진다. 한국 기업들은 프로젝트 수주 후의 수행에 초점을 두다 보니, 약간의 영업인력에 설계와 시공 인력을 더한 구성을 갖고 있다. 반면 비즈니스로 접근하는 글로벌 기업은 사업발굴과 기획, 파이낸싱 등을 담당할 수 있는 다양한 분야의 전문가들로 구성된다. 당연히 인력 채용과 교육 프로그램도 한국 기업과는 다르다.

이제부터 한국 기업들도 비즈니스 관점에서 해외건설사업을 추진해야 한다. 지금까지 잘해 왔던 프로젝트 시공은 더 이상 글로벌 경쟁력을 갖기 어렵다. 글로벌 기업들의 사업영역인 투자개발사업이나 운영사업으로 확장해야 한다. 그 과정에서 필요한 현지기업의 M&A나 전략적 제휴도 과감하게 추진할 필요가 있다.

시공과 기술인력 중심의 구조도 가치사슬의 전후방 확장에 따라 달라져야 한다. 다양한 분야의 인력을 적극 충원하고 양성해야 한다. 해외건설을 비즈니스 관점에서 하기 위해서는 국내 건설제도와 정책을 글로벌 스탠더드로 바꿔 나가는 것도 중요하다.

3 ──────── 사업전략 벤치마킹하기

글로벌 기업의 사업전략은 플랜트 전문기업과 종합건설기업으로 나눠서 봐야 한다.

벡텔, 테크닙, 페트로팩 같은 플랜트 전문기업들은 해외건설시장에서 토목·건축공사 등으로 사업다각화를 하지 않았다. 대신 플랜트사업안에서 전후방으로 가치사슬을 확장하고, 해양off-shore 플랜트나 해저subsea 플랜트로 사업범위를 넓혀 왔다. 또한 진출 지역을 다변화했다.

한편 ACS, 방시, 스칸스카와 같은 종합건설기업들은 안정적인 지역및 사업 포트폴리오를 구축하면서 다수의 M&A를 통해 오늘날과 같은 위치를 확보했다.

한국 기업과는 다른, 글로벌 기업의 사업전략 특징이라면 안정적인 지역 및 사업 포트폴리오 구축, 활발한 M&A와 전략적 제휴, 높은 수준의 현지화, 리스크관리 강화와 상시적인 구조조정을 꼽을 수 있다.

한국 기업은 아직도 지역(중동)과 공종(플랜트)의 편중 현상을 해소하지 못했다. 외국기업을 대상으로 한 M&A 사례는 미미한 실정이고, 전략적 제휴도 그다지 활발하지 않다. 한국 기업도 현지화를 추진하고 있긴 하지만, 프로젝트 중심의 해외건설을 못 벗어난 상태이기 때문에 여전히 미흡하다. 현지 인력이나 현지 협력업체의 활용도 충분하다고 보기 어렵다. 2010년대 초반의 어닝 쇼크를 계기로 리스크관리의 중요성은 크게 대두되었지만 체계적인 리스크관리는 아직도 부족하다. 상시적인 구조조정은 노동시장의 경직성이나 너무나 작은 규모의 M&A시장과 같은 한국 현실을 감안하면 쉬운 일이 아니다.

최근에는 해외건설사업 자체를 구조조정 대상으로 삼는 한국 기업도 꽤 있다. 오랫동안 국내 주택사업의 수익으로 해외 플랜트사업의 적자를 메꿔 오다 보니, 이제는 아예 자신감을 잃고 해외사업을 포기하는 듯한 모습도 보인다.

단기 경영이나 단기 수익성 관점에서 보면 이해할 만하다. 하지만 장기적 관점에서 보면 해외건설을 포기해서는 안 된다. 국내 건설, 그것도 경기 변화에 따른 부침이 심한 주택사업 위주로만 사업 포트폴리오가 편중되면 리스크는 더 심각해질 것이다.

한국 경제가 수출 없이 내수만으로 지탱할 수 없듯이, 한국 건설산업도 국내 주택사업만으로는 지탱할 수 없다. 내수시장 규모가 작은 국가나 산업에게 해외진출은 피할 수 없는 숙명과 같다. 지금까지의 성공과 실패경험을 바탕으로, 글로벌 기업의 사업전략을 벤치마킹하여 새로운 사업전략을 구사해야 한다.

4 ——————— **건설,**
시스템이 문제다

어떤 기업이든 자신의 생존과 성장을 위해 나름대로 최선을 다한다. 기업의 사업전략은 그 노력의 일환이다. 하지만 기업의 힘만으로 안 되는 일도 많다. 건설 관련 법과 제도로 인해 만들어진 건설산업의 구조적 문제가 그것이다.

글로벌 기업이 건축설계와 시공을 겸업하는 것은 아무 문제가 안 된다. 하지만 한국 기업은 〈건축사법〉의 규제 때문에 겸업을 할 수 없다. 이는 한국 기업들이 오랫동안 시공 중심에서 벗어나지 못하게 만든 원인이기도 하다.

토목분야의 공공발주시스템은 글로벌 시장에서 통하는 실적을 쌓을 수 없게 만드는 원인이 되는 경우도 있다. 예를 들어 해외철도사업을 할 때 입찰참가자격 사전심사(PQ)를 통과하기 위해서는 '단일노선 30km 시공실적'을 갖추어야 하는 경우가 있다. 그런데 한국에서는 대개 10km

내외로 공구를 분할해서 발주해 왔다(호남고속철도 건설사례).**126)** 그것도 1사 1공구 수주를 원칙으로 했기 때문에 전체 철도건설공사는 커녕 몇 개 공구를 합한 정도의 공사실적도 갖출 수 없다. 이 같은 제도 아래서는 해외건설시장 진출에 필요한 자격조차 확보할 수 없는 것이다.

M&A 문제만 해도 그렇다. 글로벌 기업이 다수의 인수합병을 진행할 수 있는 것은 글로벌 투자은행(IB)을 비롯한 금융권의 지원도 필요하지만 글로벌 기업의 규모가 크기 때문에 가능한 면이 있다. 저조한 수익기반을 탈피하지 못하고 있는 한국 기업들이 대규모의, 그리고 다수의 M&A를 진행하기란 현실적으로 어렵다.

글로벌 기업의 사업전략도 그 나라의 건설시스템이란 기반 위에서 수립되고 실행된다. 해외건설 활성화를 위해서는 국내 건설제도가 글로벌 스탠더드로 전환되어야 한다. 그런 토대 없이 한국에서 글로벌 기업이 탄생하기를 기다리는 것은 나무 아래서 떨어지는 감을 기다리는 것과 같다.

5 ——————— # 기업가 정신은 유효한가?

오랫동안 중국 기업은 값싼 노동력을 바탕으로 가격경쟁력은 갖췄지만, 기술이나 품질·안전 등에서 한국 기업의 경쟁자가 되기 어렵다는 이미지를 갖고 있었다. 그러나 최근 4~5년간의 실적을 보면, 이제는 더 이상 중국 기업을 무시하기가 어렵다.

ENR 선정 250대 해외건설기업에 포함된 중국 기업 수는 2015년 65개에서 2018년에는 76개로 늘었다. 같은 기간의 해외건설 매출 1위 국가는 중국이었다. 중국의 약진이 피부로 느껴진다. 그렇다면 이번엔 한국과 중국을 직접 비교해보자.

- 2018년 해외건설 매출액 기준 상위 20위 중

  중국 기업 6개사 vs. 한국 기업 1개사(현대건설)

- 2015~2018년 225대 해외설계기업 중

  중국 기업 23~24개사 vs. 한국 기업 9~12개사

중국의 해외설계 매출액은 비록 미국이나 캐나다 등 선진국에는 못 미치지만, 순위는 7위(2015)에서 4위(2018)로 급상승했다. 물론 이러한 중국 기업의 약진은 자국 시장의 급성장에 힘입은 바가 크다. 하지만 양量의 변화는 필연적으로 질質의 변화를 수반하는 법이다.

고속철도, 공항, 항만 등 수많은 인프라 사업의 수주실적과 시공경험이 폭발적으로 쌓이면서 중국 기업은 해외시장에서 우리의 경쟁자로 등장했다. 현실적으로 플랜트를 제외하면, 우리가 중국 기업보다 경쟁력을 갖춘 건설상품이 있는지도 의문이다. 중국 기업의 대약진을 지켜보면서 부러운 것은 그들의 기업가 정신이다. 그들은 1970년대 한국의 고

故 정주영 현대건설 회장을 연상케 할 정도다.

중국 최대 민간건설기업인 완다그룹의 사례를 보자.

1988년에 창립한 완다그룹의 매출액은 2014년 44조 원을 기록했다. 직원 수는 무려 14만 명을 넘었고, 보유자산 규모는 92조 원을 상회한다.[127] 창업한 지 30여 년 만에 초대형 기업으로 성장한 것이다. 완다그룹 창업주인 왕젠린 회장은 자사의 성장과정을 4단계 혁신으로 설명한다.

첫 번째는 1993년에 다롄의 지역업체에 불과했던 완다가 광저우로 진출하면서 전국기업으로 성장한 것이다. 두 번째는 주택 분양사업만 하다가 2000년 상업용 부동산 개발과 임대사업으로 구조전환을 한 것이다. 세 번째는 2006년 건설과 부동산사업에서 벗어나 문화·관광산업과의 융합을 시도한 것이다. 네 번째는 2012년부터 글로벌 기업으로 성장하기 위해 적극적으로 해외기업의 M&A를 추진하고 있는 것이다.

이처럼 완다그룹은 분양사업을 탈피해 개발과 임대사업자로서의 성공을 위한 비즈니스모델을 발굴하고 실행해서 큰 성공을 거두었다. 이후에는 건설이나 부동산업을 벗어나 문화산업이나 관광산업 등과의 융합을 통해서도 크게 성장했다.

지금 완다그룹은 미국 AMC 인수 등을 통해 중국뿐만 아니라 전 세계 최대의 영화관 보유기업이 되었다. 백두산 월드리조트 건설을 비롯한 관광사업도 크게 확장했다. 최근에는 글로벌 성장을 가속화하기 위해 해외기업 M&A를 활발하게 추진하고 있다.

물론 이러한 성장과정을 거친 완다그룹이 앞으로도 계속 승승장구할 지는 알 수 없다. 완다그룹을 비롯한 중국 건설기업의 앞날에 대해서는 부정적인 전망도 많다. 하지만 불과 30여 년 만에 글로벌 건설시장에서 급성장한 중국 기업의 사례는 오늘날 한국에서 사라지고 있는 기업가 정신의 중요성을 일깨워 준다.

임기가 4~5년 안팎인 한국 기업의 전문경영인들은 '단기경영의 덫' 에 빠질 수밖에 없다. 초일류 글로벌 기업으로 성장할 수 있는 비전과 전략을 갖고 있는지도 의문이고, 지속성과 일관성을 갖고 전략을 실행 할 수 있는지도 의문이다. 해외 플랜트 사업부문의 적자가 장기화되자, 혁신을 통해 재도약을 추진하기보다는 구조조정 대상으로 삼거나 아예 포기하려는 움직임도 보인다.

해외건설 활성화는 한두 가지의 변화로 이루어지지 않는다. 기술, 자 금, 전략, 비즈니스모델 등 다방면의 노력이 필요하다. 다른 사업만 융 복합이 대세는 아니다. 해외건설 역시 타 산업과의 융복합을 통한 사업 기회 창출이나 성장기회는 늘 열려 있다. 그런데도 한국 기업들은 여전 히 건설산업의 울타리 안에서 주로 도급사업에만 매달려 있다. 이렇게 된 중요한 원인이 창조적 기업가 정신의 쇠락이라고 본다. 해외건설 활 성화를 가로막는 시대착오적인 법·제도나 규제개혁도 중요한 과제이 겠지만, 창조적 기업가 정신의 회복도 그에 못지않게 중요한 과제다.

05

*Overseas Construction
Myth & Earning Shock*

글로벌 건설시장과
한국 건설시장

01

글로벌 건설시장의 전망

언제나 장밋빛 성장 전망

코로나19 사태는 경제 전반에 어두운 그림자를 드리웠다. 글로벌 건설시장 전망 역시 어둡다. 영국 런던의 정보업체인 글로벌데이터GlobalData는 코로나19로 인해 2020년 글로벌 건설시장의 성장률이 당초 3.0%에서 0.5%로 감소할 것이란 암울한 전망을 발표했다.**128)** 다행히도 2021년 이후에는 계속 3% 이상의 성장률을 전망했다(2차 팬데믹이 없다면).

코로나19로 잠시 주춤하겠지만 글로벌 건설시장의 중장기 전망은 기본적으로 장밋빛이다. 이런 중장기 전망을 완전히 틀렸다고 반박하기도 어렵다. 전 세계 인구가 계속 증가하고, 경제성장률이나 1인당 국민소득이 아주 조금이라도 늘어나는 한, 글로벌 건설투자는 긍정적이라고 전망할 수밖에 없다. 특히 주택과 인프라에 대한 수요는 인구증가와 도시화 추세를 반영해 갈수록 늘어날 것이다.

코로나19 이후, 글로벌 건설시장의 성장 전망

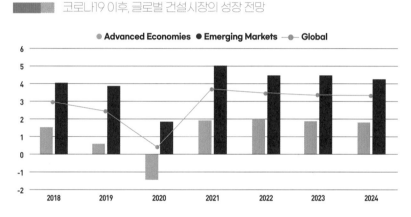

자료: GlobalData(2020.4.3), Global Construction Outlook to 2024 – COVID-19 Impact.

코로나19로 인한 글로벌 건설시장의 위축은 일시적이고 단기적인 문제로 볼 수 있다. 여기서는 좀 더 긴 기간을 대상으로 한, 코로나19 이전에 발표된 글로벌 건설시장의 중장기 전망에 대해 간략히 살펴보고 넘어가자.

• 2013년 발간 〈Global Construction 2025〉

2012년 8.7조 달러 규모의 글로벌 건설시장은 2025년에는 70% 늘어나 15조 달러가 될 것이다.**129)** 증가분의 60%는 중국 · 인도 · 미국 시장의 성장에 기인한다.

• 2015년 발간 〈Global Construction 2030〉

2030년 글로벌 건설시장 규모는 15.5조 달러가 될 것이다.**130)** 중국 · 인도 · 미국 시장의 성장이 전체 시장 성장의 57%를 차지할 것이며, 2015년부터 2030년까지 15년간은 미국시장이 중국시장보다 더 빨리 성장할 것이다. 글로벌 건설시장의 성장률은 2030년까지 연평균 3.9%로 전망된다(이는 GDP 성장률보다 더 높은 수준이다).

• 2019년 발간 〈Future of Construction, Global, 2030〉

2030년의 글로벌 건설시장 규모는 17.5조 달러로 전망된다.**131)** 중국 · 인도 · 미국 시장의 성장이 전체 시장 성장의 57%에 달할 것이다.

아무도 예상하지 못했던 코로나19 사태로 인해 당장 글로벌 건설시장의 위축은 불가피하다. 특히 상업용 부동산시장을 비롯한 건축시장이 크게 위축될 전망이다. 하지만 앞으로 발표될 수정 전망에서도, 코로나19 이전에 발표된 자료와 마찬가지로, 글로벌 건설시장은 중장기적으로 계속 성장하리라고 전망할 것이다.

2 ━━━━━━ 현실과 전망의 차이: 인프라 투자 갭

　　글로벌 건설시장의 중장기 전망은 언제나 장밋빛이었지만, 현실에서는 단기적 침체와 호황이 반복된다. 게다가 각국 정부의 목표나 전망에 비해 충분한 재원이 뒷받침되지 않을 경우, 과소 투자되는 경우가 발생하기도 한다. 민간부문은 거시경제 여건에 따라 침체와 호황이 반복되고, 각국 정부가 재정을 동원하는 인프라 투자는 재원부족으로 필요한 수준만큼의 투자가 이루어지지 않는 경우가 많다. 현실과 전망 간에는 늘 격차gap가 발생하는 법이다.

　중장기 건설투자 전망은 일종의 '소요needs'에 해당한다. 인구증가 추세에 대응하거나 경제성장률 목표를 달성하기 위해서 어느 정도의 건설투자가 소요되는지를 추정한 것이다. 필요로 하는 중장기 건설투자 규모와 실제로 이루어진 과거의 투자를 살펴보면, 늘 격차가 발생했다. 인프라시장에서는 이 같은 격차를 가리켜 '인프라 투자 갭infrastructure investment gap'[132)]이라고 한다. 사례를 통해 자세히 살펴보자.

* G20이 만든 GI Hub(Global Infrastructure Hub)[133)]와 영국 Oxford Economics[134)]에 따르면, 50개국 7개 인프라 부문(도로, 철도, 공항, 항만, 전력, 물, 통신)에 대한 누적 투자소요는 2040년까지 94조 달러다.[135)] 그런데 지난 2007~2015년의 연평균 인프라 투자금액은 2.0조 달러였다.

만약 2016~2040년 기간에도 기존의 투자 추이가 지속된다면 연평균 3.2조 달러가 투자될 것으로 보인다. 이에 비해 연평균 투자소요는 3.7조 달러이므로 매년 5,000억 달러의 인프라 투자 갭이 발생할 것이다.

- 아시아개발은행(ADB)은 2017년에 아시아 개발도상국 45개 전부를 대상으로 15년간 필요한 4개 인프라 부문의 투자소요액이 22.6조 달러(연간 1.5조 달러)라고 전망했다. 여기에 2030년을 목표연도로 하는 UN 지속가능 개발 목표(SDGs: Sustainable Development Goals)를 달성하기 위한 인프라 투자 소요액까지 합하면 26조 달러(연간 1.7조 달러)가 필요하다고 한다.[136]

  ADB는 자료획득이 가능한 25개 국(지역 인구의 96%)의 기후변화 대응을 위한 투자까지 포함할 경우 향후 5년간(2016~2020) 연평균 인프라 투자 소요액이 1.34조 달러이고, 연간 4,590억 달러에 달하는 인프라 투자 갭이 발생한다고 예상했다.[137]

앞에서 살펴보았듯이 중장기 인프라 투자전망은 언제나 장밋빛이었지만 인프라 투자 갭으로 인해 실상은 충분한 인프라 투자가 이루어지지 못했고, 앞으로도 그럴 가능성이 높다. 여기에 더해 유가 하락이나 글로벌 금융위기가 오거나 코로나19 사태처럼 전혀 예측할 수 없는 돌발변수가 생긴다면 해외건설시장이 축소되거나 저성장세가 한동안 지속될 수도 있다. 그러니 리스크관리는 언제나 중요하다.

3 ————— 민간투자시장(PPP)
전망

　　　　　　선진국과 신흥국을 막론하고 인프라 투자 갭이 존재한다는 것은 필요한 만큼 투자가 충분히 이루어지지 못했음을 의미한다. 인프라 투자 갭을 메꾸려면 어떻게 해야 할까? 한동안은 민간투자사업(PPP)이 해답인 것처럼 생각되었으나 실상은 그렇지 못했다.

　영국이나 호주처럼 민간투자사업이 활성화된 선진국도 있지만, 그 비중은 전체 인프라 투자금액의 평균 3.1%에 불과했다.[138] 2008년 글로벌 금융위기 이후에는 유럽에서도 민간투자사업 실적이 크게 줄어드는 추세다. 영국·프랑스·스페인·포르투갈·독일 등 5개국의 민간투자사업 실적이 유럽 전체의 90%를 차지했다.

　유럽의 민간투자사업 실적이 저조한 이유는 사업자 간의 경쟁 부족에 따라 공공발주자가 제대로 협상력을 발휘하기 어려웠고, 시공 지연이나 공사비 증액과 같은 비효율성도 있었기 때문이다. 또한 수요에 대한 전망이 지나치게 낙관적이거나 공공과 민간의 리스크 배분이 적절치 못했다는 문제도 지적된다.[139]

　아시아개발은행(ADB)에 따르면, 아시아 지역 25개 개발도상국에서 인프라 투자의 약 92%는 공공부문이 담당하고 있다. 민간투자는 주로 통신(49%), 발전(40%) 부문에서 이루어졌다.[140] 아시아 태평양지역의 신흥국에서 민간투자가 저조한 이유는 유럽 선진국과 크게 다르지 않다.

민간투자사업이 제공하는 가치value for money에 대해 의심하는 사람도 많다. 예를 들어 민자도로와 같은 사업에서 높은 통행료에 대한 일반국민이나 정치권의 저항은 만만치 않다. 인프라는 정부가 제공해야 하는 공공재라는 인식도 뿌리 깊다. 게다가 신흥국에서는 정부 규제나 민간투자제도에 문제가 많고, 참여자 간의 리스크 배분이 불균등하여 투자할 만한 프로젝트 자체가 그다지 많지 않다.

이처럼 선진국과 신흥국을 막론하고, 민간투자 실적은 부진하고 부정적인 시각이 많다. 그렇다고 인프라 투자 갭을 모두 재정으로만 메꾸는 것은 불가능하다. 더욱이 코로나19로 촉발된 경제위기 극복을 위해 각국 정부는 의료나 복지 부문에 재정을 대거 투입하고 있다. 인프라 부문의 민간투자가 크게 확대될 가능성이 높다는 의미다.

실제로 글로벌 금융위기 이후 크게 위축되었던 민간투자시장이 최근에는 활성화 조짐을 보이고 있다. 세계은행World Bank에 따르면, 2019년 상반기에만 498억 달러(175건) 규모의 투자약정이 이루어졌다. 또한 신흥국 PPP시장 규모가 연간 900억 달러에 달할 것으로 전망하고 있다.

글로벌 민간투자사업 전문기관인 인프라 PPP(Infra PPP)의 자료로 보면, 2019년에 계약된 민간투자사업 규모는 약 1,377억 달러(157건)로 2010년 이후 최고치를 기록했다. 한국 정부도 발 빠르게 움직이고 있다. 2018년 해외 민간투자시장(PPP) 진출을 적극 지원하기 위해 전문 공공기관인 '한국해외인프라·도시개발지원공사(KIND)'를 출범시켰고, 금융지원도 강화하고 있다.

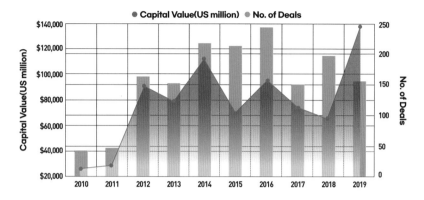

자료: Infra PPP(2020.2.5.기준). Infra PPP 데이터베이스는 2010년부터 데이터 제공

민간투자시장이 활성화되는 추세라고는 하지만, 아직 환상은 금물이
다. 신흥국은 민간투자제도의 미비뿐 아니라, 정치적 리스크를 포함한
국가 리스크가 대단히 크기 때문이다. 물론 선진국이라고 국가 리스크
에서 자유로운 것은 아니다. 미국의 민간투자시장은 트럼프정부의 인프
라 투자 확대 방침에 따라 최근 들어서야 조금씩 확대되고 있는 것으로
보인다.[141]

영국과 더불어 민간투자방식이 활성화된 국가로 꼽히는 호주는 최근
까지도 미국과 유럽의 글로벌 기업이 크게 어려움을 겪는 시장으로 알
려졌다.[142] 호주에는 미국의 벡텔, 스페인의 악치오나Acciona, 이탈리아
의 살리니Salini, 프랑스의 브이그 등 쟁쟁한 글로벌 기업들이 진출해 있
고, 실제로 진행 중인 민간투자사업도 많다. 하지만 민간투자사업으로
진행했던 호주의 초대형 프로젝트는 손실의 역사였고,[143] 뭔가 잘못되

면 정부가 아니라 건설기업에게 부담을 전가하는 것이 지금까지의 관행이었다고 한다. 민간투자시장 역시 미래의 장밋빛 전망만 볼 것이 아니라 각국의 제도와 관행에 내재된 리스크를 눈여겨봐야 한다.

02

4차 산업혁명과 글로벌 건설시장의 질적 변화

1. 스마트 디지털 기술로 생산성 혁명 촉발

4차 산업혁명은 경제뿐 아니라 삶의 패러다임까지 바꿔놓았다. 지금 글로벌 건설시장도 4차 산업혁명을 겪고 있다. 이전에 겪은 세 차례 산업혁명과 마찬가지로, 4차 산업혁명도 본질적으로 생산성 혁명이다.[144]

다만 차이가 있다면 생산성 혁명을 달성하는 수단이다. 4차 산업혁명 시대에는 인공지능, 빅데이터, 클라우드, 3D 프린팅, 건설정보모델링(BIM: Building Information Modeling) 등 수많은 '스마트 디지털 기술'이 생산성 혁명을 가능하게 할 것이다. 한국 기업이 해외건설 시장에서 글로벌 경쟁력을 갖고자 한다면 반드시 스마트 디지털 기술에 기반한 생산성 혁명을 이루어야 한다는 의미다.

영국은 이미 오래전에 '건설 2025(Construction 2025)'를 통해, 스마트 기술을 활용해 건설사업비를 33% 줄이고 사업기간은 50% 단축하겠다는 목표를 설정했다.[145] 싱가포르 건설청(BCA)은 2010년부터 '건설 생산성 향상 로드맵'을 수립하여 매년 2~3%씩 건설 생산성을 높이고 있다. 일본 국토교통성은 2016년에 '생산성 혁명 프로젝트 20개'를 제시했는데, 이 중 건설현장의 생산성 향상을 위한 혁신적인 정책방향이 i-Construction이다.[146] 여기서 일본은 건설기능 노동자의 1인당 생산성을 50% 향상시키겠다는 목표를 제시했다. 이러한 국가 차원의 건설산업 생산성 향상 움직임은 전 세계적으로 확산되고 있다.

한국도 국토교통부가 발표한 '제6차 건설기술진흥기본계획(2018~2022)'에 '건설 노동생산성 40% 향상'이란 목표가 제시되어 있다. 한국의 건설 노동생산성이 시간당 13.6달러 수준인데 19달러 수준으로 높이겠다는 것이다.

그런데 2015년 기준으로도 벨기에(48달러), 네덜란드(42달러), 영국(41달러), 스페인(41달러)의 건설 노동생산성은 한국보다 월등하게 높다. 설사 계획된 목표를 달성한다 해도 선진국의 노동생산성과는 격차가 크다. 한국의 해외건설기업은 글로벌 기업 수준으로 생산성을 높일 수 있는 혁신적 방안을 강구해야 한다.

2 ──────── 디지털 전환하라!

　　4차 산업혁명 시대, 글로벌 경쟁력의 핵심은 디지털 전환digital transformation으로 요약된다. 디지털 기술을 활용해 건설사업을 수행하는 프로세스와 비즈니스모델을 바꾸는 것이 디지털 전환이다. 글로벌 건설시장에서는 이미 광범위한 영역에서 디지털 전환이 이루어지고 있다. 갈수록 전자입찰이 확대되고 있고, 디지털 구매 · 조달 플랫폼도 활성화되어 있다. 자재나 장비 공급 소프트웨어를 활용한 적기 공급just in time, GPS나 RFID 기술의 활용 등을 통한 현장 물류도 최적화되고 있다.

　현장에서는 모바일 클라우드 솔루션, 드론, 3D 프린터, 건설로봇 등의 활용도 급증하고 있다. 건설자재 생산도 스마트 공장과 로봇 활용으로 자동화가 크게 진전되었다. 디지털 솔루션을 통한 고객관리와 프로젝트 종료 후 디지털 A/S(after sales)도 활성화되고 있다. BIM 활용은 세계 각국 정부의 조달과정에서 의무화되고 있는 추세다.

　글로벌 기업의 디지털 전환도 가속화되고 있다. 설계와 엔지니어링 단계에서는 BIM을 통해 설계 결함이나 시공성을 검토하는 일이 일상적이다. 시공단계에서는 드론이나 공장 제작 자재를 활용하고, GPS나 RFID를 통해 자재, 장비 및 근로자의 활동을 관리한다. 건설로봇, 3D 스캐너, 자율주행차의 활용도 확산되고 있다.

　운영단계에서는 센서를 통한 모니터링, 노후도 체크 등이 이루어지면서 사후관리가 아니라 예방적인 유지관리가 가능해졌다. 증강현실 (AR), 가상현실(VR) 등이 광범위하게 활용되고 있으며, 빅데이터의 축적과 분석도 활발하다.

한국의 해외건설기업들이 4차 산업혁명에 어떻게 대응해야 할 것인지는 명확하다. 프로젝트-기업-산업 등 총체적인 차원에서 글로벌 최고 수준의 디지털 전환을 이루어야 한다. 해외건설 시장에서 글로벌 경쟁력을 가지려면 디지털 전환은 필수 요건이다.

3 ——————— 공장제작 및 조립방식이 대세다!

건설에서의 '생산'은 오랫동안 현장에서 이루어졌다. 하지만 최근 들어서는 공장제작 및 조립방식이 급속하게 확산되고 있다. 미국과 영국에서는 서민주택을 대량으로 신속하게 공급하기 위한 수단으로 활성화되고 있으며, 최근에는 서민주택만이 아니라 호텔, 병원 등으로도 확산되고 있다. 건설기능인력 부족과 고령화, 숙련공 부족과 임금 상승이 생산방식의 변화를 요구하고 있으며, 현장시공에 투입되는 인력을 줄이는 것이 생산성 향상의 지름길이라는 인식도 높아졌다.

4차 산업혁명에 따른 디지털 전환도 공장제작 및 조립방식의 활성화를 촉진하는 요인이다.**147)** 미국의 대표적인 건설 스타트업인 카테라 Katerra는 설계–공장제작–운반–현장조립 및 시공에 이르는 전체 가치 사슬을 디지털 솔루션에 해당하는 '기술 플랫폼technology platform'을 기반으로 수직적으로 통합해서 운용하고 있다. 카테라는 자신들의 방식을 활용하면 건설공사비와 공사기간 모두를 절반으로 줄일 수 있다고 주장한다. 실제로 공장제작 및 조립방식을 활용한 생산성 혁신 사례는 많다. 스페인에서는 이 방식으로 4층짜리 주택을 지을 때, 기존 현장시공 방식 대비 5~10배 정도 높은 생산성을 보였다는 사례도 있다.

오랫동안 아시아시장에서 한국 기업의 핵심시장은 싱가포르였다. 싱가포르에는 글로벌 건설기업이 없고, 대규모 프로젝트는 주로 한국을 비롯한 외국 기업들이 수행해 왔다. 싱가포르 건설청(BCA)은 2016년 '건설산업 구조 전환 계획'을 발표하면서 기술혁신의 핵심과제로 그린Green 빌딩, 모듈러modular 건설,**148)** 건설조달과정의 통합 및 디지털화를 제시했다.**149)**

이 중 모듈러 건설은 싱가포르의 건설 생산성 향상을 위한 핵심전략인데, 모듈러 건설 관련 기술을 'DfMA(Design for Manufacturing and Assembly: 공장제작 및 조립방식을 위한 설계)'라 명명했다.

싱가포르는 2020년까지 공공 공사의 40%에 DfMA를 적용하고, 관련 전문기술자를 35,000명 육성하기로 했다. 이 같은 싱가포르 정부의 방침에 따라 싱가포르의 공공 공사에 참여하고자 하는 한국기업은 DfMA를 활용할 수 있어야 한다.

최근 중국 우한의 병원건설 사례가 세계적인 주목을 끌었다.

코로나19 확산에 따라 급격히 늘어나는 환자를 수용하기 위해 중국 정부는 2020년 1월 23일 밤부터 '훠선산火神山 병원' 공사 착공에 들어갔다. 800여 대의 건설 중장비가 동원되었고, 7,000여 명의 건설근로자가 투입되었다.

전통적인 현장시공 방식으로 1,000개의 병상을 갖춘 병원을 준공하려면 2년가량이 소요된다. 중국은 2003년 사스Sars 사태를 맞아 공장 제작 및 조립방식을 활용해 7일 만에 병원을 준공했고, 전체 감염자의 15%를 수용해 치료한 경험을 갖고 있다.

이번에도 당시의 병원과 동일한 설계를 활용해 7,000개가 넘는 패널과 1,000개의 병상을 공장에서 제작하여 훠선산 병원 건설에 활용했다. 현지에서는 골조와 패널을 결합하고, 골조 구조에 구조물을 끼워 넣는 인필(In-fill) 공법 및 구조물을 쌓아 올리는 라멘 식 공법 등이 모두 활용되었다.

훠선산 병원은 당초 계획대로 착공 후 열흘 만인 2월 2일에 준공되었고, 다음날부터 1,400명의 의료진이 환자를 진료할 수 있었다. 훠선산 병원 바로 옆에 1,600개 병상을 갖춘 '레이선산雷神山 병원'이 2020년 1월 26일부터 동일한 방식으로 건설되어 12일 만인 2월 6일 준공되었다.

이렇게 급조한 병원의 품질이나 하자에 아무 문제가 없을 수는 없다. 하지만 감염 확산을 빨리 막아야 할 긴급한 상황에서는 '속도'가 더 중요하다. 유튜브에는 '중국 속도China Speed'라는 제목으로 우한 병원 건설공사 동영상이 올라와 있다.

이제 중국 기업은 단순히 저렴한 인건비를 기반으로 가격경쟁만 하지 않는다. 중국 우한 병원만 봐도 그렇다. 결코 인해전술人海戰術 방식으로 인력만 대량투입해서 2년 걸릴 병원을 열흘 만에 완성한 것이 아니다. 공장제작 및 조립방식으로 대규모 시설물을 건설하기 위해서는 패널이나 구조물을 대량 제작할 수 있는 건자재업체가 있어야 하고, 설계와 엔지니어링 및 프로젝트관리 역량과 물류망이 뒷받침되어야 한다.

한국 기업들은 초창기 중동 건설 붐 시기에 경쟁력의 원천이 되었던 '양질의 저렴한 근로자'를 더 이상 기대할 수 없다. 해외건설시장에서 제3국 인력을 활용한 시공도 점차 공장제작 및 조립방식으로 전환해 나가야 할 때가 왔다.

한국 기업들 스스로도 이 같은 시장의 변화를 눈치 채고 있다. 2020년 1월 GS건설은 미국, 영국, 폴란드의 모듈러 업체 3개사를 한꺼번에 인수했고, 해외 모듈러시장에 진출할 채비를 갖추고 있다. 해외건설시장에서 확산이 가속화 될 공장제작 및 조립방식에 철저히 대비해야 할 것이다.**150)**

4 ──────── 정부조달정책은 협력에 기반해야

         4차 산업혁명에 따라 세계 각국 정부의 조달 정책도 바뀌고 있다. 전통적으로 건설사업은 단계별 프로세스로 진행되어 왔다.

  '기획 → 설계 → 시공 → 운영 및 유지관리'가 그것이다.

  시공의 경우도 다음과 같은 수직적인 생산체계가 일반적이었다.

  '발주자 → 원도급자 → 하도급자 → 2차 하도급자'이다.

  그런데 이러한 단선적인 건설프로세스와 생산방식이 크게 바뀌고 있다. 기획과 설계 단계에 시공자와 운영자가 참여하는가 하면, 시공에 있어서도 원-하도급자가 하나의 팀을 이루어 초기 단계부터 함께 참여한다. 이에 따라 건설사업 참여자들 간의 적대적인 계약문화와 관행은 협력하는 방향으로 바뀌고 있다.

  건설 선진국의 발주자나 기업들은 건설사업의 초기 단계에 많은 노력을 투입한다. 기획과 설계·엔지니어링 단계에서부터 발주자와 원도급자, 하도급자, 자재 및 장비공급업자, 유지관리업자와 건설사업관리자 등 사업참여자들이 모두 참여하여 협력하도록 유도하고 있다.

  초기 단계부터 대안적인 설계, 재료 및 장비, 시공법을 제안하여 효율적인 설계와 엔지니어링이 가능하도록 하고, 시공 및 유지관리 비용을 줄일 수 있는 방안을 강구한다. 계약제도나 발주방식도 바뀌고 있다. 설계와 시공을 분리하는 계약의 틀이 깨지면서 다양한 대안들이 널리 활용되고 있다.

- 설계 · 시공 일괄계약(DB: Design-Build): 설계와 시공을 따로 따로 발주하는 것이 아니라 함께 일괄해서 발주하여 계약을 체결하는 방식
- 시공자 조기 참여방식(ECI: Early Contractor Involvement): 시공자가 시공 이전의 초기 기획 및 설계 단계에 참여토록 하는 발주방식
- 책임형 CM(CM at risk): 건설기업이 시공 이전 단계에서는 건설사업관리 업무를 수행하고, 시공 단계에서는 발주자와 시공 및 건설사업관리에 대한 별도의 계약을 통해 종합적인 계획, 관리 및 조정을 하면서 미리 정한 공사 금액과 기간 내에 시설물을 시공하는 발주방식[151]
- 시공 · 운영 · 유지관리 통합 발주: 발전, 환경, 물 사업에서 주로 활용
- 통합 프로젝트 발주방식(IPD: Integrated Project Delivery): 발주자, 설계자, 시공자, 컨설턴트가 하나의 팀으로 구성되어 사업구조 및 업무를 하나로 통합하고, 모든 참여자가 책임 및 성과를 공동으로 나누는 발주방식[152]

한국 기업들이 미국, 유럽, 호주, 싱가포르를 비롯한 선진국 건설시장에 진출하고자 한다면 이들 국가에서 이미 활용되고 있는 발주방식이나 계약제도에 익숙해져야 한다. 한국 기업들이 주로 진출하고 있는 중동이나 아시아 각국 정부도 점차 건설 선진국들의 발주방식이나 계약제도를 채택하고 있다.

5 ──────── 건설상품의 스마트화

    해외건설시장은 스마트 상품을 요구한다. 스마트 홈, 스마트 빌딩, 스마트 시티는 물론이고, 인프라도 스마트 도로, 스마트 전력, 스마트 물과 같은 스마트 상품이 되어야 한다.

4차 산업혁명이란 단어가 등장하기 이전에는 '한국형 신도시 수출'이라는 과제가 해외건설의 이슈로 떠올랐다. 하지만 지금은 '스마트시티' 수출이란 말로 통용된다. 한국 정부는 2020년 초부터 '한국 주도의 스마트시티 글로벌 협력체계(K-City Network)'를 출범시키기로 했다.[153]

해외에서 정부와 공공기관이 추진하는 스마트시티 사업의 마스터플랜 수립, 타당성조사 등을 지원하고 초청 연수 및 기술 컨설팅 등을 패키지로 묶어 한국의 스마트시티 개발경험과 지식을 공유하겠다는 것이다. 스마트시티는 개별 건설상품이기도 하지만 4차 산업혁명 시대의 트렌드이기도 하다. 한국 정부가 지원하기로 한 사업도 마찬가지 관점에서 봐야 한다.

대규모 '도시개발형' 사업을 한 개의 건설상품으로 보고, 도시 전체를 대상으로 스마트시티 건설계획을 수립해야 한다.

중소 규모의 '스마트 솔루션형' 사업은 기존 도시 내의 행정, 교통, 보건, 복지, 의료, 환경, 에너지 등 다양한 분야에서 스마트 솔루션을 제공하거나 한 건 한 건의 건설상품을 제공할 때마다 스마트 기술을 탑재하는 것을 말한다.

도시개발이 진전된 선진국 시장에서는 스마트 솔루션을 제공하거나 한 건 한 건의 탁월한 스마트 건설상품을 공급하는 일이 중요하다. 도시화율이 낮은 인도, 동남아 등을 비롯한 신흥국에서는 대규모 도시개발형 스마트시티 시장에 진출해야 할 것이다.

2018년 1월 미국 라스베이거스에서 열린 지상 최대의 가전제품 박람회(CES) 주제는 '스마트시티의 미래'였다. 이 박람회를 주관한 미국 소비자기술협회(CTA)는 이렇게 밝혔다.

'2025년까지 88개의 스마트시티가 탄생하고, 2050년에는 전 세계 인구의 약 70%가 스마트시티에 거주할 것이며, 2020년까지 스마트시티 프로젝트에 약 354억 달러가 투자될 것이다.'

한국은 신도시 개발방식의 스마트시티 구축 및 운영 경험이 풍부하다. 오래전부터 〈유비쿼터스도시의 건설 등에 관한 법률〉을 제정하여 제도 및 계획 하에서 스마트시티를 구축해 왔으며, 우수한 정보통신기술 인프라를 갖추고 있다는 장점이 있다.

반면 약점 또한 존재한다.[154] 해외시장에 대한 정보 부족 및 초기 투자재원 마련의 어려움, 다양한 비즈니스모델 부족, 성과의 모니터링 미흡 등을 들 수 있다. 종합적으로 판단할 때, 한국은 스마트시티의 건설과 운영에 대해 상대적 경쟁력을 갖추고 있으므로 해외진출에 보다 적극적으로 대응할 필요가 있다.

03

'갈라파고스'
한국 건설시장

] ——————— 양적으로는 성장 정체,
질적으로는 갈라파고스

통일이 이루어지지 않는 한, 한국 건설시장
이 무한정 성장하긴 어렵다고 보는 것이 합리적이다. 성장세가 정체될
가능성이 크다는 뜻이다. 최근 4~5년간에 걸친 한국 건설시장의 성장
은 주택시장 활황에 힘입은 바가 크다. 하지만 2020년 이후에는 주택시
장 침체와 코로나19 사태로 인해 위축이 불가피하다.

내수경기 부양을 위해 정부가 인프라 투자를 확대하더라도 위축되는
민간주택시장의 감소 폭을 메우기는 어려울 것이다. 이런 상황에서 정

부와 언론은 또다시 해외건설 활성화에 목소리를 높이고 있다. 하지만 정작 해외건설기업들은 자신감을 상실한 듯 보인다.

질적 측면에서, 한국 건설시장은 글로벌 시장과 이른바 따로 노는 특유의 폐쇄성을 보여 왔다. 한국 상품은 해외로 무한정 수출하고, 국내에서는 규제를 통해 외국 상품의 수입을 막고 국산품만 애용하자는 식의 사고방식이 한국 건설시장을 오랫동안 지배해 왔다. 한국 건설기업의 해외시장 진출방안은 적극 모색하고, 글로벌 기업의 한국건설시장 진출은 가급적 봉쇄해서 영세한 중소건설기업을 보호하는 것이 애국인 양 생각하는 건설인들이 지금도 차고 넘친다.

그래서일까. 지금껏 한국 건설시장에서 외국 기업이 단독으로 수주한 건설공사는 단 1건도 없다. 이처럼 글로벌 기업의 진출사례가 없는 한국 건설시장은 여전히 글로벌 스탠더드가 아닌 코리안 스탠더드가 지배하고 있다. 그 결과 진화를 거부하는 '갈라파고스'(외딴 섬)가 된 것은 아닐까?

1994년 우루과이라운드(UR) 건설서비스 협상이 타결되면서 1996년부터 한국 건설시장도 외국 기업에 개방되었다. 이어서 정부조달협정(GPA)이 타결되고 이에 따라 1997년부터 정부조달시장도 외국 기업에 개방되었다. 한국 건설시장이 개방된 후 10년간(1996~2006) 총 14개 기업이 한국 '일반건설업(현재는 종합건설업으로 명칭 변경)' 등록을 했다. 국가별로 보면 미국(6개), 일본(3개), 중국(2개), 싱가포르(1개), 프랑스(1개), 홍콩(1개) 순이다.

그렇다면 현재 상황은 어떨까? 14개 기업 중 상당수가 등록을 반납

하거나 말소하면서 한국 건설시장을 떠났다. 2006년에는 8개사만 남았다. 2020년 2월 말 현재 대한건설협회에 등록된 외국기업은 일본 기업(후지타, 규슈종합건설) 2개와 중국 기업(중국건축고분 유한공사)의 영업소 1개 뿐이다.[155]

외국 기업의 한국 건설시장 진출 실적이 전혀 없었던 것은 아니다. 비록 시공부문은 없었지만, 경부고속철도나 인천 신공항 등 대형 국책사업의 건설사업관리(CM) 및 재무적 투자자로서 민간투자시장에 참여한 사례가 몇 건 있기는 하다. 하지만 장기적이고 지속적인 외국 기업의 한국 건설시장 참여는 전무했다. 아직도 한국 건설시장에는 '코리안 스탠더드'에 맞춰 국내기업끼리의 경쟁만 있을 뿐이다. 외국 기업이 보기엔 그들만의 리그가 계속되고 있는 것이다.

해외건설과 국내건설의 연계성이 없으니, 국내건설시장에서 경쟁력 있다고 평가되는 기업이나 인력이 해외에서는 그렇지 못한 경우가 많다. 국내건설시장에서 아무리 많은 실적과 경험을 축적해도 해외건설시장에서는 무용지물이다. 여기다 기업 내부 인력도 국내용과 해외용으로 뚜렷하게 구분된다. 영업과 수행, 모두 국내시장과 해외시장의 환경이 판이하게 다르기 때문이다. 이런 구조 속에서 국내건설 시장이 위축되니 해외건설 수주를 활성화하자는 식의 구호는 현실적으로 와 닿지 않는다.

2 ——— '갈라파고스'를 초래한 법·제도와 규제

　어쩌다가 한국 건설시장은 갈라파고스가 되었을까? 가장 큰 원인은 낡은 법과 제도, 규제 탓이라 본다. 몸은 4차 산업혁명의 한가운데 있는데, 정신은 1970~1980년대 산업화 초창기에 있는 것과 다를 바 없다.

　산업화 초창기의 정책과 제도는 '분업과 전문화'에 기반했다. 그 이유는 건설기업들이 이렇다 할 기술력이나 경쟁력을 갖추지 못했기 때문이다. 산업화의 초창기에는 건설산업에 토목/건축, 설계/시공/유지관리 등으로 칸막이를 쳐 놓고, 각 부문별로 세부업종을 만들어 분업화한 뒤, 그것만 전문적으로 하도록 법·제도를 통해 규제하는 것이 경쟁력을 높이는 길이라는 생각을 했다.

　건설업종 수는 계속 분화해서 지금은 무려 108개에 달한다. 이렇게 많은 건설업종을 만들어 놓고 개별 법령별로, 혹은 발주처별로 제각각 등록이나 신고를 요구한다. 건설업종 간 겸업이 어렵거나 통합이나 융합이 허용되지 않는 경우도 많다.

　이 같은 구조에서 건설공사를 수행하는 방식도 '파편화fragmented' 되어 있다. 1건의 공사를 1건의 발주나 계약으로 마무리할 수 없다. 건축공사만 해도 건축설계는 건축사 사무소가, 시공은 건설기업이 담당한다. 건축물에 포함된 전기공사나 정보통신공사는 반드시 분리 발주해야 한다. 최근에는 소방시설공사도 분리발주하도록 하는 법안이 통과되었다. 앞으로는 기계설비공사도 분리발주를 요구하게 될 것이다.

해외건설시장에서 널리 활용되는 설계·시공 일괄발주Design-Build 사례는 그다지 많지 않다. 건설기업이 설계단계부터 참여하는 '시공책임형 건설사업관리(CM at Risk)' 발주도 LH공사 등 공기업에서 시범사업을 진행하는 정도이다. 발주자·설계자·원도급자·하도급자 등이 설계단계부터 하나의 팀으로 참여해서 건설공사를 진행하는 '통합 프로젝트 발주방식(IPD: Integrated Project Delivery)'은 아직까지 제도화도 이루어지지 못했다. 이처럼 한국의 발주제도는 해외건설시장의 발주제도나 관행과는 괴리가 크고, 4차 산업혁명을 맞아 전 세계적으로 통합발주 방식이 확산되고 있는 추세와도 맞지 않다.

한국에서는 설계 이전 단계 업무의 대부분이 발주자 몫이었다. 사업발굴 및 기획, 타당성 분석, 재원조달 등과 같은 업무는 발주자의 업무였다. 그 결과 민간기업에겐 그런 영역의 실적을 쌓을 수 있는 기회가 없었다. 건설사업관리 기업의 업무도 대부분 공사현장의 감리 역할에 국한되어 있었다.

시공 이후의 운영 및 유지관리 역시 발주자가 주로 담당했다. 민자도로를 제외한 도로의 대부분은 한국도로공사나 국토부, 지자체 등이 운영 및 유지관리를 담당하고 있다. 철도는 한국철도공사가, 댐을 비롯한 수자원은 한국수자원공사가 맡아 왔다. 이처럼 주요 인프라시설의 운영 및 유지관리 권한을 민간기업에게 넘겨주지 않다 보니, 운영실적을 쌓을 기회가 없었다. 실적이 없으니 민간기업 단독으로는 운영사업에 입찰조차 하기 어렵다.

이처럼 낡은 법·제도와 과도한 규제가 지배하는 한국에서는 '벡텔'과 같은 글로벌 EC(Engineering & Construction) 기업이 탄생하기 어렵다. 프랑스의 '방시'처럼 건설사업과 운영사업을 모두 수행하는 글로벌 종합건설기업이 탄생하기도 어렵다. 어떤 기업이 가치사슬을 시공 이전과 이후로 확장하기를 원해도 법·제도가 허용하지 않거나, 발주자가 그 업무를 움켜쥐고 있는 것이다.

과연 한국 기업들이 개념설계conceptual design 역량을 가질 수 있을까? 이 질문에 답하기 전에, 한국에서는 법과 제도상 개념설계나 연결설계(FEED)를 설계·엔지니어링의 범위에 포함시키지 않고 있다는 사실부터 알아야 한다.[156] 공공발주자는 민간기업에게 그런 기술을 요구해본 적이 없다. 대부분 공공발주자 스스로 수행해 왔기 때문이다.[157] 그러니 민간기업에게 법과 제도에도 없는 개념설계 역량 보유를 요구하기도 어렵다.

건설시장 개방을 앞둔 1990년대 초반만 해도 외국 기업의 진출에 대한 경계심이 높았다. 한국 기업이 외국 기업의 하도급자로 전락할 것을 두려워한 것이다. 국내 건설제도를 글로벌 스탠더드로 전환해야 한다는 목소리도 컸고, 실제로 건설정책과 제도에 상당한 변화가 있기도 했다. 하지만 현실적으로 시공 중심의 한국 건설시장에 외국 기업이 진출하기 어려웠고 실제 진출사례도 거의 없었다. 그러다 보니 한국의 건설정책과 제도는 어느 순간부터 글로벌 스탠더드와 다시 멀어지는 모습을 보였다.

2012년 한미FTA 체결과 관련해 한국 건설산업의 득실을 따지는 회의에 참석한 적이 있다. 건설업계를 대변하는 사업자단체의 대표로 참석한 분은 한사코 미국 기업의 한국 진출을 반대했다. 우루과이라운드(UR)와 정부조달협정(GPA) 타결에 따라 1996년부터 한국 건설시장이 개방되었는데 더 이상의 추가 개방논의가 왜 필요하냐는 입장이었다. 미국 건설시장에 한국 기업이 어떻게 진출할 것인지만 논의하자고 했다.

그의 주장은 한국 건설시장을 정부조달협정보다 더 개방해도 현실적으로 미국 기업이 진출하기는 어렵겠지만, 만약에 단 1건이라도 미국 기업이 수주한다면 한국 기업에 손실을 초래한다는 것이었다. 사업자단체의 입장이 이해되지 않는 것은 아니지만, 이 같은 폐쇄적 사고로는 한국 건설산업의 글로벌화를 기대하기 어렵다.

우리는 오로지 국산품만 쓰면서, 한국 상품은 무조건 외국으로 더 많이 수출해야겠다는 사고방식으로는 선진국이 되기 어렵다. 마찬가지로 한국 기업만 해외건설시장에 진출하고, 외국 기업의 한국 건설시장 진출은 봉쇄하자는 주장은 부적절하다. 국내건설만 수행하는 건설기업이나 사업자단체는 폐쇄적이고 방어적인 입장에 설 수도 있겠지만, 적어도 해외건설시장에 진출하려는 기업들은 생각의 틀을 바꿔야 한다. 한국 건설시장의 글로벌화를 추진하려면, 한국 정부부터 국내건설과 해외건설이라는 이원화된 장벽을 허물어야 한다.

3 글로벌화 된 해외건설시장

유럽연합(EU) 내의 건설시장은 통합되어 있다. 국가와 상관없이 EU 건설시장은 하나의 시장이고 동일한 법과 제도가 적용된다. 외국기업의 참여가 어려운 자국만의 특수시장이 존재하기는 하지만, 그 특수시장은 일부 중소기업이나 영세기업의 영역으로 남겨둔 지극히 좁은 부분에 불과하다.

EU시장은 미국, 캐나다, 호주 등의 선진국과도 역사적, 문화적, 언어적, 정치적으로 동질성이 높다. 과거 인도, 중남미, 아프리카에서 식민지를 운영했던 경험도 있다. 유럽기업들이 오랫동안 글로벌 기업으로서 해외건설시장을 주도해온 이유다.

ENR이 선정한 250대 해외건설기업의 상위그룹에는 유럽기업들이 대거 포진해 있다. 미국은 자국 시장이 워낙 크다 보니 상대적으로 해외로 진출할 유인이 적었을 것이다. 미국의 공공건설시장은 지방정부별로 복잡다기한 법령과 규제로 악명 높기 때문에 외국 기업의 진출이 어렵다. 반면 민간건설시장에는 유럽 기업들이 대거 진출해서 미국 기업과 경쟁체제를 유지하고 있다. 미국 기업은 원천기술과 건설사업관리 역량이 뛰어나서 유럽 기업에 비해 설계나 엔지니어링시장에서의 해외시장 점유비중이 높은 것이 특징이다.

이처럼 미국과 유럽의 건설시장은 폐쇄형이 아니라 개방형이므로 글로벌 스탠더드가 작동한다. 해외건설시장에서 자기들의 표준이나 기준을 수출하는 위치에 있다. 그렇기에 국내건설과 해외건설의 괴리가 한국이나 일본만큼 크지 않다.

일본은 한국보다도 해외건설 점유비중이 낮다. 일본은 자국 건설시장이 특유의 제도와 문화로 인해 갈라파고스화 되어 있다는 사실을 인정한다. 그러다 보니 외국 기업의 일본시장 진출도 어렵고, 일본 기업의 해외시장 진출도 어렵다. 일본 기업의 해외사업은 상당 부분 자국의 해외원조자금이나 일본 제조업의 해외진출에 따른 공장건설 등에 힘입은 것이다. 신흥국 해외원조자금에 힘입은 수주는 사실상 자기 돈으로 벌인 사업을 수주한 것이므로 일본 기업의 글로벌 경쟁력과는 무관한 것으로 평가되기도 한다.

해외건설시장에서 한국과의 큰 차이가 있다면 절박감 내지는 간절함일 것이다. 일본은 지리적 특성상 지진이나 태풍 같은 자연재해가 빈발하는 나라다. 그러다 보니 자국 건설시장의 규모가 대단히 크다. 해외시장에 진출해야 할 절박감이 한국에 비해 떨어질 수밖에 없다.

한국은 인구나 국토면적을 감안할 때 미국, 중국, EU, 일본만큼의 내수시장을 기대할 수 없다. 해외시장을 포기하거나 방관할 수 없다는 의미다. 한국 기업의 해외진출을 확대할 생각이라면 필수적으로 글로벌 경쟁력을 키워야 한다. 그러기 위해서는 갈라파고스가 되어 있는 국내건설시장을 글로벌화하는 것이 급선무다. 국내시장에서의 경쟁력이 글로벌 경쟁력으로 연결되어야 한다. 이것이야 말로 민간기업이 아니라 정부가 나서야 할 과제이다.

Overseas Construction
Myth & Earning Shock

정부가 해야 할 일,
하지 말아야 할 일

대책의 실효성
점검 필요

이제까지 정부의 해외건설 활성화 대책은 어떤 시점에서 나왔을까? 유가 급등을 비롯해 해외건설시장의 호재가 있을 때, 또는 해외건설 수주가 위축되었을 때이다. 그런데 세월이 흐르고 상황이 바뀌어도, 딱히 새롭게 여겨지는 대책을 찾아보기 힘들다. 단골로 오르내리는 대책은 다음과 같다.

투자개발사업 활성화, 대기업과 중견 · 중소기업 및 공기업과 민간기업 간의 동반 진출 활성화, 설계 · 엔지니어링시장 진출 활성화, '공적

개발원조(ODA: Official Development Assistance)' 지원 확대 등이다. 그런데 이런 대책들의 성과를 제대로 분석한 자료는 별로 본 적이 없다. 여기서는 향후 해외건설정책의 방향성과 관련하여, 지금껏 반복되어 온 대책 가운데 몇 가지만 소개하고 문제점을 지적해 보고자 한다.

대기업과 중견·중소기업의 동반진출 활성화

먼저 대 · 중 · 소 기업의 동반 해외진출 활성화란 정책부터 살펴보자. 이 정책은 구체적인 방안을 논의하기에 앞서 과연 필요가 있는 정책인지부터 점검해야 한다.

해외건설시장은 국가를 대표할 만한 글로벌 기업 간의 각축장이다. 대부분의 중소 규모 공사는 현지 중소기업만으로도 충분하다. 기술적 난이도가 높고, 대규모 파이낸싱이 필요하면서 자국 기업이 감당하기 어려운 사업들이 외국 기업에 개방된다.

중견 · 중소기업이 단독으로 이 같은 사업에 참여하기 어려우니 대기업과 동반 진출하면 좋겠다는 정부의 바람은 충분히 이해된다. 하지만 대기업 입장에서 생각해 보자. 중견 · 중소기업이 영업력이 있든지, 아니면 기술력이 있어서 현장관리나 수익성 확보에 유리하다든지, 뭔가 보완적인 장점이 있어야 동반 진출할 유인이 생긴다. 규제를 통해 등 떠밀기 식으로 동반진출을 강제하면 거꾸로 가격경쟁력을 하락시켜 수주에 불리할 수도 있다.

수주한 공사가 용케 수익이 나면 다행인데, 만약 적자라면 중견 · 중소기업에도 손실분을 부담시켜야 한다. 2010년대 초반처럼 손실액이 수천억 내지 수조 원에 달한다면, 중견·중소기업의 부담액 역시 엄청난 규모가 될 것이다. 우리나라는 상위 20대 대기업이 해외건설 수주실적의 90%가량을 차지한다. 이들과 글로벌 경쟁력이 없는 중견·중소기업을 묶어 동반진출을 강제할 경우, 어닝 쇼크가 도래하면 중견·중소기업부터 무너질 것이 확실하다. 이런 경우에는 해외 동반진출이 중견·중소기업을 지원하는 정책이 아니라 구조조정 대책으로 작동할 수 있다.

물론 대기업과 중견·중소기업이 필요에 따라 자발적으로 상호보완 차원에서 동반 진출하는 경우도 있다. 이런 경우는 바람직하고 당연히 활성화할 필요가 있다. 다만 동반진출을 규제를 통해, 제도적으로 강제하는 것은 득보다 실이 더 클 수 있다.

2018년 매출액 기준으로 ENR이 선정한 250대 해외건설기업 중에 미국 기업 수는 37개, 영국과 프랑스 기업 수는 3개뿐이란 사실도 상기할 필요가 있다.**158)** 미국과 유럽도 소수 내지 극소수의 대기업들만 해외건설시장에 참여하고 있다. 한국의 중견·중소기업들 모두가 해외에 진출해야 할 필요는 없다. 글로벌 경쟁력이 있거나 충분한 사전준비를 갖춘 중견·중소기업만 해외진출을 신중하게 검토해야 할 것이다.

설계·엔지니어링시장 진출 활성화: 자격심사 가점제

건설부문에 비해 크게 뒤처진 설계·엔지니어링기업의 해외진출을 독려하기 위해, 2003년부터 해외진출 실적에 따라 국내 공공 공사 입찰 참가자격 사전심사(PQ)에서 가점을 주는 정책을 시행한 적이 있다. 그런데 원했던 결과가 나왔을까?

사실은 이런 규제 때문에 설계·엔지니어링 부문의 해외수주가 크게 활성화되었다는 증거는 없다. 국내 입찰에서 혜택을 보기 위해 한국 정부의 공적 개발원조자금(ODA)으로 집행되는 사업 등 해외 설계·엔지니어링사업에 참여하는 기업들이 다소 늘어난 면은 있다. 그 결과 신규 해외진출 기업 수가 조금이라도 늘어나고 소액이긴 하지만 수주액이 조금 늘어난 효과는 있을 것이다. 하지만 해외수주 실적을 확보하기 위한 무리한 수주로 엔지니어링기업의 경영난만 가중시킨다는 비난도 빗발쳤다. 결국 엔지니어링업계에서 즉각적인 제도 폐지 탄원서 등이 제출됨에 따라 2012년에 이 제도는 폐지되었다.[159] 설계·엔지니어링산업의 글로벌 경쟁력 제고와 무관하게 규제를 통해서 해외수주만 확대하고자 하는 정책은 이제 더 이상 추진하지 않았으면 한다.

공적 개발원조(ODA) 자금 활용

정부에서 개발도상국에 지원하는 공적 개발원조자금을 해외건설 활성화 방안으로 활용하자는 정책도 오랫동안 되풀이되어 왔다. ODA사업은 유상으로 개발도상국의 교통 인프라 사업에 대한 투자비를 지원하는 대외경제협력기금(EDCF), 무상으로 교통 인프라 사업개발 컨설팅을 지원하는 한국국제협력단(KOICA) 사업이 대표적이다. 2011~2016년

EDCF는 도로, 철도, 공항 등에 총 42건(28.7억 달러), KOICA는 총 4건 (7,000만 달러)의 지원 실적이 있다.

이 중에서 교통 인프라 사업개발 컨설팅은 실제로 사업이 개발되어 공사가 추진된 사례가 거의 없다. 대상 사업 선정이 부적절했고, 거의 모든 교통 인프라 사업개발 컨설팅이 EDCF와 연계되지 않은 채 엔지니 어링기업의 보고서 제출로 끝났기 때문이다.[160] 또한 엔지니어링기업 들은 ODA사업조차도 적자를 면하기 어렵다고 불만을 토로하고 있다. 하지만 지금도 ODA자금을 일본 수준으로 확대하고,[161] 한국 기업들이 그 사업을 수주할 수 있도록 하자는 요구가 많다.

한국의 경제규모가 커지면 ODA 지원규모도 늘어날 수밖에 없고, 이를 활용한 해외건설 활성화도 필요하다. 하지만 한국 정부가 지원한 ODA사업을 한국 기업이 수주하는 것은 엄밀한 의미의 해외건설 수주 라고 보기 어렵다. 자기가 돈을 대고 자기가 수주하는 식의 해외건설사 업은, 종종 일본인들이 자국의 ODA사업에 의존하고 있는 해외건설기 업을 비판하고 있듯이, 일종의 자기기만적인 해외수주이기 때문이다.

이 밖에도 숱하게 많은 해외건설 활성화 대책이 있었다. 하지만 이들 대책의 성과 평가를 토대로 실효성을 점검한 사례는 별로 없다. 이제는 한국 정부도 해외건설 활성화를 위해서는 금융지원 말고는 별다른 대책 을 수립하기 어렵다는 사실을 인식한 듯하다.

　　　　　투자개발사업의 수주 확대와 이를 위한 금융
지원을 강화하겠다는 이야기는 익숙하다. 멀지 않은 이명박, 박근혜 정
부에서도 있었다. 2009년부터 '글로벌 인프라 펀드(GIF)'를 조성해서 지
원해 왔고(1~4호, 4,500억 원), 2015년에는 20억 달러 규모의 '코리아 해
외 인프라 펀드(KOIF)'를 조성해 한국 기업이 사업개발 · 건설 · 시설운
영 · 기자재 공급 등의 부문에 참여하는 해외인프라 개발사업을 지원해
주기로 했다. 이처럼 금융지원을 강화해 투자개발사업 수주를 확대하겠
다던 정책의 성과는 미미했다.[162]

　문재인정부에서도 상황은 비슷했다. 기억하는 사람이 많지 않겠지
만, 문재인 대통령의 몇 안 되는 건설산업 관련 대선공약 중 하나가 '건
설업 해외진출 지원'이었다.[163] 실제로 문재인정부는 금융지원을 중심
으로 한 해외건설 지원방안을 여러 차례 발표했다. 집권 첫 해인 2017
년 10월 국토교통부, 한국수출입은행, 한국산업은행이 공동으로 850억
원 규모의 '글로벌 인프라 벤처 펀드(GIVF)' 조성을 하기 위해 업무협약
을 체결했다.[164] 정부와 정책금융기관이 공동으로 해외 인프라 개발사
업을 발굴하여 금융지원을 하겠다는 취지였다.

　2018년 6월에는 공기업인 '해외 인프라 도시개발 지원공사(KIND)'를
출범시켰다. KIND의 주요 업무는 갈수록 확대되고 있는 신흥국의 민간
투자사업(PPP) 수주 지원으로 설정되었다.[165] 이러한 금융지원을 포함

해 다양한 지원정책이 잇달아 발표되었다.

- 2019년 2월, 〈해외수주 활력 제고 방안〉

문재인정부의 종합적인 해외건설 지원정책이라 할 수 있는 것이 〈해외수주 활력 제고 방안〉이다.[166] 해외수주 경쟁력 강화를 위한 대규모 금융지원, 공공기관의 적극적인 투자개발사업 수주 확대, 사업발굴 및 기획역량 제고, 대·중소·중견기업 공동 해외진출 확대와 더불어 범정부 차원의 지원체계(Team Korea)를 구축한다는 것이 핵심 내용이다.

- 2019년 4월, '글로벌 플랜트·건설·스마트시티(PIS) 펀드'[167]

사실 이 펀드와 관련된 내용은 〈해외수주 활력 제고 방안〉에 포함되어 있었다. 정부 재정과 공공기관 투자를 통해 6천억 원 규모의 모母펀드를 조성해서 1차로 민간과 매칭하여 1.5조 원 규모 자子펀드를 만든 뒤, 성과를 봐서 추가적으로 1.5조 원을 더 조성하기 했다. 대규모 자금이 소요되는 투자개발사업을 지원하기 위한 것으로 특히 해외 플랜트, 건설 및 스마트시티 수출을 지원하겠다고 했다.

- 2020년 2월, 〈2020 해외건설 활성화 방안〉

저조한 2019년 수주실적(223억 달러) 발표와 함께 2020년에는 2천억 원 규모의 '글로벌 플랜트·건설·스마트시티(PIS)' 펀드를 조기 출시하고, '글로벌 인프라 펀드(GIF)'도 1천억 원 이상을 투자하며, 200억 달러 규모의 정부 간 협력사업(G2G) 및 투자개발사업을 추진하여 해외건설

활성화를 지원하겠다고 발표했다.**168)**

　지금까지 발표된 문재인정부의 해외건설 지원정책은 투자개발사업 수주확대와 이를 위한 금융지원 강화가 핵심이다. 하지만 문재인정부에서도 투자개발사업 수주실적은 지극히 미미했다.**169)** 물론 아직까지는 문재인정부의 투자개발사업 성과를 논하기에 이르다고 볼 수도 있다. KIND가 출범한 지 2년도 채 되지 않았고, 정부가 계획한 각종 펀드도 아직 충분히 조성되지 않았으며, 그러다 보니 투자도 제대로 이루어지지 않았기 때문이다.

　금융지원 강화를 통한 투자개발사업 활성화는 정책 방향에 문제가 있는 것이 아니다. 그보다는 금융지원 강화만으로는 투자개발사업 활성화가 어렵다는 상황 인식이 중요하다.

3 ──────── **해외건설정책
패러다임의 전환**

　　　　　　수주활성화든 금융지원 강화든, 정부 지원의 필요성을 부인할 이유는 없다. 어떤 지원정책이든 없는 것보다는 있는 것이 낫다고 볼 수 있기 때문이다. 다만 현재는 1970~1980년대와 달리 해외건설의 주체가 정부가 아니라 기업이라는 사실을 인정해야 한다.

1990년대 중반부터 글로벌 건설시장이 전면 개방되면서 직접적인 정부 지원은 사실상 어려워졌다. 한국 기업이 글로벌 경쟁력을 갖추지 않는 한, 해외건설 활성화가 어렵다고 냉정하게 판단해야 한다.

그런데 한두 가지 요소만 바뀐다고 해서 글로벌 경쟁력이 높아지지는 않는다. 건설 생태계ecosystem 자체가 글로벌화 되어야 한다.[170] '생태계'란 상호작용하는 유기체 및 그들과 영향을 주고받는 주변 환경을 함께 이르는 용어다. 그것을 건설에 대입하면, 건설 생태계란 건설사업의 기획–설계–시공–유지관리에 이르는 전체 생애주기whole life cycle와 연관된 상호의존적인 네트워크라 정의할 수 있다.

한국의 건설 생태계는 여전히 폐쇄적이다. 한국에만 있는 독특한 규제로 글로벌 기업의 진입이 어렵다. 칸막이 식 업역규제, 설계와 시공의 분리, 설계·엔지니어링 역량의 취약, 시공 중심 산업구조, 저가 낙찰 만연과 입찰 담합…, 글로벌 건설 생태계와 괴리되어 있는 리스트를 나열하자면 끝이 없다.

건설 선진국은 시장진입 장벽이 아예 없거나 매우 낮다. 정부규제가 아니라 시장경제 원리가 더 큰 역할을 한다. 건설산업 구조는 다변화되어 있다. 전통적인 시공 중심의 일반건설기업(GC: General Contractor) 외에 글로벌화 된 종합건설기업(EC: Engineering & Construction), 분야별로 전문화된 수많은 중소 전문건설기업(specialties), 글로벌 경쟁력을 갖춘 설계·엔지니어링 및 건설사업관리(CM/PM) 기업 등이 상호보완적 역할을 하고 있다.

정부조달방식도 '설계·시공 일괄발주(Design–Build)' 및 '통합 프로젝트 발주방식(IPD: Integrated Project Delivery)'이 확산되고 있다. 사업참여 기업 간에는 협업을 통한 효율화와 최저가 낙찰제를 대신한 최고가치 Best Value 낙찰제가 정착되어 있다.

글로벌 건설 생태계는 분명 한국의 건설 생태계와 다르다.

글로벌 경쟁력이 있는 해외건설 시스템을 구축하기 위해서는 정부와 기업이 역할 분담을 해야 한다. 정부는 금융지원은 물론이고 글로벌 시장정보체계 구축을 지원해야 한다. 건설기업의 생산성 향상과 혁신을 통한 글로벌 경쟁력 제고도 촉진해야 한다.

해외건설의 주체인 기업은 해외건설사업 시스템을 재정비할 필요가 있다. 진출지역 다변화와 사업 다각화, 비즈니스모델과 가치사슬의 확장, 현지화 및 M&A를 비롯한 사업전략 혁신, 리스크관리 시스템 확립, 글로벌 인재 영입과 양성, 취약한 설계 · 엔지니어링 역량 향상, 계약 · 클레임관리 역량 및 건설사업관리 역량 향상 등 수많은 과제들이 기다리고 있다.

05

Overseas Construction
Myth & Earning Shock

한국 건설시장의 글로벌화를 위한 정책과제

법·제도의 글로벌 스탠더드 도입

한국 건설시장은 여전히 법·제도 및 관행에 있어 코리안 스탠더드가 지배하는 '갈라파고스' 같은 존재다. 갈라파고스 시장을 글로벌화 하기 위한 법과 제도의 개선이야말로 정부가 담당해야 할 역할이고 기능이다.

한국의 건설 생태계를 글로벌 생태계로 바꾸고자 한다면, 법·제도의 글로벌 스탠더드 도입과 적용이 선행되어야 한다. 처음부터 건설업 면허제도가 없었고 정부규제가 미약했던 외국과 달리, 한국은 정부가

법·제도를 통해 건설산업구조를 만들었고 규제를 통해 정책 목적을 달성하고자 했던 나라다. 외국 기업의 한국 진출이 없다고 해서 글로벌 생태계와 무관하게 구축된 생태계를 방치해서는 안 된다.

법·제도의 글로벌 스탠더드 도입을 위해서는 건설시장에 대한 정부 개입을 대폭 줄여야 한다. 잔존하게 될 법·제도는 글로벌 스탠더드를 적극 수용해야 한다. 글로벌 스탠더드는 경제적 효율성과 생산성을 중시하는 것이다. 따라서 건설업역, 생산체계, 정부조달 등 모든 영역에서 효율성과 생산성 향상을 위한 혁신이 필요하다.

법·제도의 혁신은 기본적으로 정부의 몫이다. 하지만 외국 사례를 보면 거의 대부분이 공공과 민간이 함께 참여하는 민·관 합동기구인 '거버넌스Governance'를 구축하여 법·제도의 틀을 바꾸고 있음을 알 수 있다.

그런데 한국에도 그런 사례가 있었다. 노무현 정부 때는 대통령자문 기구로 '건설기술·건축문화 선진화위원회(2006)'가 있었고, 이명박 정부 때는 국토교통부에서 만든 '건설산업선진화위원회(2009)'가 있었다. 두 위원회 모두 법·제도의 글로벌 스탠더드 도입을 강조했지만, 둘 다 지속성을 가진 조직이 아니라 한시적인 조직이었다.

제안의 일부가 법·제도에 실제로 반영되기도 했지만, 두 위원회 모두 지속적인 연계성을 가진 혁신운동으로 연결되지 못했다. 제안된 방안이 사후에 얼마나 실행되는지 모니터링 하는 기능은 애초부터 고려되지도 않았다.

글로벌 스탠더드 도입은 한두 개의 법·제도만 고친다고 되는 일이 아니고, 정부만 나선다고 될 일도 아니며, 1~2년 만에 끝나는 일도 아니다. 코리안 스탠더드를 글로벌 스탠더드로 전환하기 위해서는 정부와 민간의 주요인사가 참여하는 거버넌스 기구에서 지속적으로 실행 여부를 점검하면서 필요한 수정과 법·제도 개선을 병행해야 한다.

2 ——————— 건설규제 개혁

한국의 건설생태계를 글로벌 생태계로 전환하기 위해서는 '설계-시공-유지관리' 전반에 걸쳐 광범위하게 포진된 규제개혁이 필요하다. 4차 산업혁명의 수용을 위해서는 '분업과 전문화' 논리에 기반한 건설규제를 '융합과 통합'이라는 관점에서 획기적으로 개혁해야 한다.[171]

획기적인 건설규제 개혁의 방법론도 있다. 과거 김대중 정부는 규제개혁위원회에 등록된 규제 건수의 50%를 한 해에 폐지한 적이 있다. '건설산업선진화위원회'에서 제안했던 내용대로, 건설 관련 법령을 통폐합한 〈건설산업통합법〉을 제정하면서 규제를 획기적으로 줄일 수 있었다.

하지만 중요한 것은 규제개혁의 방법론이 아니다. 규제를 획기적으로 개선해서 한국의 건설생태계를 글로벌 생태계로 전환하고자 하는 의지와 더불어 이해관계집단의 동의를 얼마나 얻을 수 있느냐가 중요하다. 규제개혁의 당위성은 인정하면서도 각자 소속집단의 기득권은 내려놓지 않았다. 늘 '총론 찬성, 각론 반대'라는 입장을 확인하게 된다. 획기적인 규제개혁 없이 한국의 건설생태계를 글로벌 생태계로 바꿀 수 없다는 공감대가 필요한 시점이다.

3 ——————— **정부조달제도\
혁신**

　　　　　　　　건설산업과 같은 수주산업에서는 최대 수요자(=발주자)인 정부의 조달정책이 대단히 중요하다. 한국 정부의 공사 발주제도가 글로벌 스탠더드라면 한국 기업이 해외건설시장에서 입찰에 참여하는 데 아무 문제가 없을 것이다. 하지만 한국에서 쌓은 공사 수행 실적으로는 해외건설시장에서 입찰참가자격심사(PQ)조차 통과하기 어려운 것이 현실이다. 한국 정부도 글로벌 발주자들이 채택하고 있는 발주방식을 채택해야 한다.

　시공이든 설계·엔지니어링이든 한국의 정부조달제도는 가격 중심이다. 더 정확하게 표현하자면, 저가에 입찰할수록 수주 가능성이 높아진다. 입찰기업 간의 경쟁은 가격경쟁이나 로비경쟁이지 기술경쟁이 아니라고 한다. 해외건설시장에서 한국 기업이 경쟁력을 가지려면, 한국의 정부조달제도부터 가격경쟁이 아니라 기술경쟁의 장이 되도록 해야 한다.

또한 정부의 건설공사 발주방식은 다양화되어야 한다. 설계·시공 일괄, 흔히 책임형 CM(CM at risk)이라고 부르는 프리콘(pre-construction) 발주 및 통합 프로젝트 발주방식(IPD) 등을 제도적으로 도입하고 활성화 해야 한다. 기존의 시범사업 수준을 넘어서야 한다는 뜻이다.

오랫동안 유지해 온 설계·시공 분리, 공종별 분리발주 의무화 등은 규제개혁 차원에서 점진적으로 축소하는 것이 바람직하다. 통합발주가 활성화되어야 발주자-설계자-시공자(원도급자-하도급자)-감리자 등 프로젝트 참여주체 간의 협력과 통합이 가능해진다. 아울러 엔지니어링 기업에게도 '총괄 사업관리 컨설팅(PMC: Project Management Consulting)'과 같은, 기존에 발주자가 해오던 업무를 발주하여 해외 PMC시장 진출을 위한 기반을 조성해 주어야 한다.

4 ─────── **생산성 향상과 혁신을 위한 정책수립**

한국 건설산업의 노동생산성은 대단히 낮다. 맥켄지Mckenzie에 따르면, 조사대상 41개국 중 19위에 불과했다. 특히 충격적인 것은 전 산업 생산성 증가율 대비 건설 생산성 증가율의 차이가 40위로 사실상 꼴찌를 차지했다는 점이다.**172)** 한국에서도 비슷한 조사결과가 발표되었다. 최근 10년 동안(2008~2017) 한국 건설산업의 노동생산성이 27.9%나 감소했다는 것이다.[173)]

상황이 이런데도 한국에서 건설생산성 이슈는 보이지도 않는다. 정부는 처벌과 규제 중심의 안전 이슈에 집중하면서, 일자리 창출을 위해 건설기업에게 고용을 강제하고 있다. 대부분의 건설기업들은 공사물량과 적정공사비 확보만 신경 쓰고 있을 뿐이다. 외국 사례에서 보듯이, 공사비 절감이나 공기 단축을 통한 생산성 향상이나 혁신이 산업 차원에서 활발하게 이루어지지도 않는다.

해외건설시장에서 글로벌 경쟁력을 갖추기 위해서는 한국 기업의 생산성이 높아져야 한다. 특히 인프라 정책은 생산성 향상 정책과 나란히 가야 한다. 두 가지 정책을 함께 추진해 온 대표적인 나라가 영국과 싱가포르다.

영국은 2013년부터 '건설2025'를 통해 생애주기비용 33% 절감, 공사기간 50% 단축, 온실가스 배출 50% 감소 등을 추진해 왔다. 싱가포르는 2010년부터 매년 건설 프로젝트의 생산성을 2~3%씩 높이겠다는 계획을 실천해오고 있다.

양국 공히 인프라 투자의 생산성을 높일 수 있는 수단으로 디지털 전환, 공장제작 및 조립방식의 활용 등을 강조하고 있다. 한국 정부도 코로나19 사태 극복을 위한 수단으로 대규모 인프라 투자정책을 추진하고 있다. 인프라 투자의 양量만 늘릴 것이 아니라 질質적인 차원에서 생산성을 제고할 수 있는 정책을 강구해야 한다. 그래야 경기회복 효과와 더불어 한국 건설기업의 글로벌 경쟁력이 높아질 수 있다.

06

Overseas Construction
Myth & Earning Shock

해외건설
5대 혁신과제

글로벌
사업경쟁력 확보

] ──────── 프레임 전환:
건설공사에서 건설사업으로

　　모든 변화의 시작은 인식과 관점의 변화에서
시작된다. 한국 해외건설을 '개발도상국형'에서 '선진국형'으로 바꾸려면
가장 먼저 해야 할 일 역시 프레임frame의 전환이다. 우리는 있는 그대
로의 세상을 보는 것이 아니다. 어쩌면 있는 그대로의 세상이란 존재하
지 않는지도 모른다. 누구나 일정한 '틀(=프레임)'을 통해 세상을 본다.[174]
해외건설도 마찬가지다.

　　'해외건설'이라고 하면, 말 그대로 해외에서 수행 중인 건설 현장을

떠올린다. 중동의 열사熱沙 아래 구릿빛의 건설 근로자들이 밤낮없이 땀흘리며 일하는 공사현장, 지금으로부터 40~50년 전의 모습이다. 2000년대에 들어서도 토목 · 건축공사 현장이 플랜트 건설현장으로 바뀌었을 뿐, 프레임 자체는 변하지 않았다.

하지만 현실은 급변했다. 글로벌 기업들이 해외에서 수행하는 '건설사업'을 생각해 보라. 기술라이센싱과 컨설팅, 사업개발과 파이낸싱, 초기 단계 엔지니어링과 개념설계, 프로젝트관리(PM), 운영사업concession, 현지화를 위한 M&A와 전략적 제휴…, 이런 다양한 사업들이 포함된다. 한국의 해외건설이 어떤 방향으로 가야 하는지는 자명하다.

한국의 해외건설은 '개발도상국형'이 아니라 '선진국형'으로 바뀌어야 한다. 초창기 중동 건설 붐 때와 같은 '양질의 저렴한 기능인력'은 더 이상 기대할 수 없다. 경쟁입찰을 통해 건설공사를 수주하고, 근면성실한 자세로 시공하여 조금씩 수익을 내던 비즈니스모델로는 더 이상 해외건설 활성화를 기대하기 어렵다. 이제 글로벌 기업이 하듯이 다양한 해외건설 사업전략을 수립하고 실행해야 한다.

우선 법령이 정하고 있는 설계와 시공 중심의 '건설공사construction project'에서 '건설사업construction business'으로 프레임을 바꿔야 한다는 주장이 강하게 제기되고 있다.**175)** 해외건설을 '공사'로 보느냐, '사업'으로 보느냐는 대단히 중요하다. 그에 따라 해외건설 시스템이 달라지기 때문이다.

해외건설을 해외에서 수행하는 '공사'로만 인식하면, 프로젝트 차원project level에서 수주한 공사의 시공에 초점을 두게 된다. 건설공사 수주와 수행을 위해 필요한 기술과 인력의 확보, 수주를 위한 영업 및 시공에 필요한 현지 인력과 협력업체 확보 등이 중요해진다.

반면 해외건설을 '사업'으로 인식한다면 무엇이 달라질까? 기업 차원corporate level이나 산업 차원industry level에서의 사업전략business strategy 혹은 비즈니스모델business model이 중요해진다. 한 건 한 건의 프로젝트 수주보다는 어떤 시장에 진출해서 어떻게 현지 거점을 구축하고, 현지화를 위해 M&A나 전략적 제휴를 어떻게 추진하며, 건설사업의 가치사슬value chain 전체를 놓고 어디로 확장해야 할 것인지를 고민하게 된다. 이에 따라 기술과 인력 구성도 '공사'에 비해 훨씬 광범위해질 것이다.

2 ———— **기술경쟁력에서 사업경쟁력으로**

'건설공사'의 가치사슬value chain이 주로 설계 · 엔지니어링과 시공에 초점을 두었다면, '건설사업'의 가치사슬은 다음과 같이 전후로 확장된 개념이다.

시장분석 및 전망 – 상품설계 – 수익성 설계 – 사업금융설계 – 사업전략 · 기획 – 구매 · 조달 – 설계 · 엔지니어링 – 설계 검증 – 시공 기획 및 현장설계 – 인프라 운용설계 –마케팅 및 협상**176)**

따지고 보면 이 같은 건설사업의 가치사슬도 '프로젝트'의 생애주기 project life cycle를 단계별로 확장한 것이나 다름없다. 글로벌 기업의 해외사업전략에서 보았던 M&A나 전략적 제휴, 현지화 등은 '사업전략'이지만, 프로젝트의 생애주기에는 반영되어 있지 않다. 또한 해외사업 수행을 위한 글로벌 인재나 법 · 제도 및 건설산업의 구조와 같은 인프라도 반영되어 있지 않다.

해외건설을 '사업'으로 보고자 한다면 투 트랙 전략이 필요하다. 한편으로는 프로젝트 생애주기 차원으로 가치사슬을 확장하면서, 다른 한편으로는 글로벌 기업이 구사하는 M&A 등과 같은 '사업전략business strategy'도 포괄해야 한다.

우선 프로젝트 생애주기 차원에서 제시된 '건설사업'의 가치사슬부터 보자. 건설사업의 가치사슬을 확장해 놓고 보면, 핵심경쟁력이 무엇인지를 다시 한 번 생각하게 된다. 우리는 오랫동안 글로벌 경쟁력 확보를 위해 주력해야 할 요소로 '기술경쟁력'을 꼽았다. 시공기술력은 선진국과 견주어 부족하지 않고, 대신에 취약한 설계 · 엔지니어링분야의 기술경쟁력을 확보해야 한다는 식이었다.

하지만 해외건설을 '건설사업'으로 본다면 기술경쟁력이 아니라 '사업경쟁력'을 확보해야 한다. 사업경쟁력은 한두 가지 요소나 기술로 얻어지는 것이 아니다. 전체 사업의 기획부터 시작해서 최종적으로 준공 후 시운전을 거쳐 인도할 때까지의, 혹은 한걸음 더 나아가 운영 및 유지관리 단계에 이르는 전체 프로세스의 경쟁력을 의미하기 때문이다.

이런 의미에서 본다면 '사업경쟁력'은 학문적으로, 혹은 실무적으로 사용하고 있는 단어인 '프로젝트관리(PM: Project Management)[177] 역량'과 유사하다. 실제로 한국 기업이 글로벌 기업들에 비해 부족하다고 평가하고 있는 것이 프로젝트관리(PM) 역량이기도 하다. 우리가 확보해야 할 핵심 경쟁력은 '사업경쟁력'이며, 그중 하나가 프로젝트 생애주기 전반에 걸친 관리역량이라고 정리할 수 있다.[178]

해외건설시장에서 한국 기업의 프로젝트 관리역량이 어느 정도이며, 글로벌 경쟁력 확보를 위해 강화해야 할 역량이 무엇인지, 한국건설산업연구원의 조사결과를 살펴보자.[179] 해외건설 현장에서 프로젝트 관리활동은 수행활동, 기술활동, 지원활동의 3개 부문으로 분류할 수 있다.

- 수행활동: 프로젝트의 생애주기 관점의 기능분야로 사업기획관리, 설계관리, 시공관리, 시운전관리 등 4개 분야 포함.
- 기술활동: 사업수행 시 요구되는 기술분야로 통합관리, 범위관리, 원가관리, 공정관리, 품질관리, 보건·안전·환경(HSE)관리, 리스크관리, 구매관리, 자재관리 등 9개 분야 포함.
- 지원활동: 수행과 기술활동을 지원하는 분야로 의사소통관리, 클레임관리, 사업정보관리 등 3개 분야 포함.

이러한 3개 부문별 16개 기능 분야를 '사업관리 체계 역량'과 '프로세스 단계별 역량' 및 '16개 기능 분야별 역량'으로 구분하여 평가해 보았

다.**180)**

한국 기업의 사업관리 체계는 절차/지침/규정, 조직 및 전산시스템을 통해 평가할 수 있다. 그 결과 전체 평균 역량은 100점 만점에 57.8점 수준으로 낮았고, 그중에서 전산시스템 역량(52.6점)이 특히 낮았다. 계획-실행-모니터링 및 통제-종료 등 업무프로세스 단계별 역량도 평균 56.3점 수준이었고, 그중에서도 종료단계 역량(44.9점)이 특히 낮은 점수를 받았다.

16개 기능분야별 프로젝트 관리역량은 평균 57.3점으로 평가되었다. 그중에서 설계관리, 시공관리, 원가관리, 공정관리, 품질관리, HSE관리, 구매관리, 자재관리 역량은 상대적으로 높은 편이다. 반면 리스크관리, 의사소통관리, 클레임관리 역량은 낮은 평가를 받았다.

또한 해외 선진 기업 대비 한국 기업의 기능분야별 평균 역량은 71% 수준으로 평가되었다. 사업기획관리, 시운전관리, 통합관리, 범위관리, 리스크관리, 의사소통관리, 클레임관리, 사업정보관리 등은 모두 평균보다 낮은 평가를 받았다. 그중에서도 특히 큰 격차를 보인 영역이 클레임관리, 리스크관리, 통합관리,**181)** 사업기획관리였다.

조사 결과를 정리하자면, '사업경쟁력' 확보를 위해 다음의 역량을 강화하는 것이 중요한 과제라 볼 수 있다.

- 종합적 관점: 프로젝트관리(PM) 역량
- 기능 관점: 클레임관리, 리스크관리
- 프로세스 관점: 종료단계
- 체계 관점: 전산시스템 역량

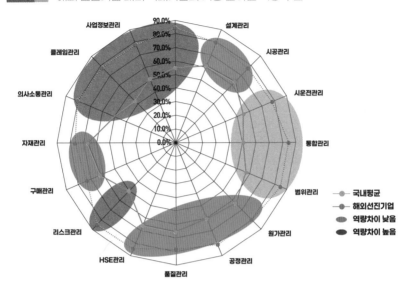

해외 선진기업 대비 국내기업의 기능 분야별 역량 수준

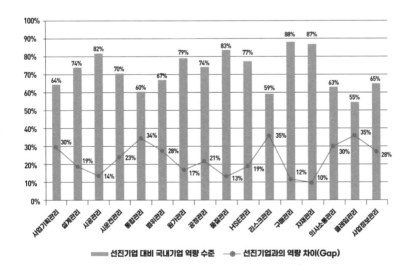

선진기업 대비 국내기업 역량 수준 ● 선진기업과의 역량 차이(Gap)

자료: 이광표·유위성(2018.8). "국내 건설기업의 해외프로젝트관리 역량 진단". 〈건설이슈포커스〉. 한국건설산업연구원. p.30.

02

비즈니스모델 정립과
가치사슬 확장

1 ───── 사업유형별
비즈니스모델 정립

한국의 해외수주에 있어 설계·엔지니어링 기업의 실적은 아직도 미미하다. 1965~2018년의 누적수주액 8,116억 달러 중에서 설계·엔지니어링을 중심으로 한 용역수주액은 165억 달러로 총 수주액의 2%에 불과하다. 2019년 해외건설 수주실적에서 차지하는 비중은 5.7%로 크게 늘었지만, 수주액은 13억 달러였다. 해외건설에서 차지하는 비중이나 금액이 적기 때문에, 이 책에서는 설계·엔지니어링 기업보다는 건설기업에 초점을 두고 설명하고자 한다.

어떤 상품과 서비스를 어떻게 수요자에게 공급해서 수익을 창출할 것인지에 대한 계획을 흔히 비즈니스모델Business Model이라고 한다. 만약 한국 기업들이 지금까지처럼 '시공 중심'의 해외건설사업만 한다면, 별다른 비즈니스모델이 필요 없을 수도 있다. 발주자가 입찰 시 내건 조건을 충족해서 입찰하고, 수주한 뒤에는 준공해서 인도만 하면 끝이다. 시공과정에서는 협력업체의 인력, 자재, 장비 등의 운영과 관련한 프로젝트 관리를 철저히 하여 원가를 절감하고, 계약된 공사기간을 준수하면 되는 것이다.

하지만 투자개발사업이나 운영사업 등 새로운 사업을 위해서는 별도의 비즈니스모델이 필요하다. 투자개발사업의 범위에는 사업발굴 및 기획, 타당성 조사 등 시공 이전 단계 업무뿐 아니라 금융조달financing과 운영 및 유지관리(O&M: Operation & Maintenance)까지 포함되기 때문이다. 이 같은 활동을 어떻게 조직화해서 수익을 창출할 수 있는지에 대한 계획이 바로 비즈니스모델이다.

투자개발사업은 시공보다 사업발굴과 기획, 타당성 조사, 금융조달과 같은 업무가 중요하다. 글로벌 기업들의 투자개발사업 사례를 보면, 단 1개 기업이 관련된 모든 업무를 수행하지는 않는다는 사실을 알 수 있다.

스페인을 대표하는 글로벌 기업인 ACS 그룹의 사례를 보자. ACS는 철도·도로와 같은 사회기반시설과 발전·전력·통신·설비 등 산업시설 분야에서 다양한 투자개발사업을 추진해왔다. ACS의 투자개발사업은 사업발굴과 기획, 파이낸싱 및 운영은 자회사인 이리디움Iridium이 전담하고, 시공은 다른 자회사인 드라가도스Dragados, 호크티에프Hochtief, 코브라Cobra 등이 수행한다.

한국 기업이 글로벌 기업처럼 투자개발사업을 추진하고자 한다면 시공 중심의 모기업에서 할 것인지, ACS처럼 새로운 자회사를 설립해서 할 것인지, 다른 기업과 전략적 제휴를 통해서 할 것인지 등 여러 차원에서 다양한 비즈니스모델을 정립해야 한다.

비즈니스모델의 정립이 필요한 영역은 투자개발사업만이 아니다. 전통적인 설계/시공 분리발주 공사가 아니라 건설기업이 설계단계부터 개입하여 설계과정을 관리하는 프리콘Pre-construction 기반의 건설사업을 수행할 경우에도 새로운 비즈니스모델이 필요하다.[182] 현장시공 방식을 대신하여 공장제작 및 조립방식을 활용하는 모듈러 건설사업을 할 경우 역시 새로운 비즈니스모델이 필요하다.[183]

새로운 시장, 새로운 사업에 뛰어들 때는 기업 내부 역량만이 아니라 자회사나 M&A, 전략적 제휴, 현지 네트워크 등을 총동원한 비즈니스모델이 필요하다는 의미다.

2 ──────── 전후방으로 가치사슬 확장

　　한국 기업이 주력해 왔던 해외플랜트 EPC사업은 전체 가치사슬에서 일부에 해당하면서 부가가치는 상대적으로 낮은 편이다. '벡텔'을 비롯한 글로벌 기업들은 부가가치가 높은 전방 가치사슬을 주된 사업범위로 하고 있다. 즉 사업발굴 및 기획, 개념설계 및 기본설계 등을 말한다. 반면 프랑스의 '방시'는 후방 가치사슬인 운영사업 비중이 높다.

　　이제는 한국 기업들도 상대적으로 부가가치가 낮은 EPC 영역이 아니라 글로벌 기업들처럼 부가가치가 높은 전후방으로 가치사슬을 확장해 나가야 한다. 개념설계, 기본설계 및 연결설계(FEED) 시장에도 적극 진출해야 하고, 운영사업의 가능성도 타진해야 한다.

　　시공 이전과 이후 단계로 가치사슬을 확장해야 한다는 주장은 진부하기까지 하다. 지금도 한국 기업의 중장기 비전이나 전략에는 어김없이 가치사슬의 확장이 포함되어 있다. 그런데 일부 시도가 있긴 했지만, 지난 수십 년간 성공하지 못한 과제로 남겨져 있다. 도대체 왜 그럴까?

　　필자는 지속성이 문제라고 판단한다. 지금까지는 대부분 호황이거나 기업의 여력이 충분할 때 가치사슬의 확장을 비롯한 신사업 영역에 관심을 가지다가, 불황이거나 기업의 여력이 불충분하면 다시 '기본으로 돌아가자'면서 본업이라는 시공부문에 주력하곤 했다.

　　일시적으로 개념설계나 연결설계, 혹은 운영시장에 뛰어들었다가 성과가 부진하면 철수하는 식이어서는 지금까지의 실패를 반복하게 될 것이다. 성과가 좋으면 좋은 대로, 나쁘면 나쁜 대로 끈기 있게 지속적으로 새로운 가치사슬 영역에 도전해야 한다. 또한 기존의 사내 인력만으로 가치사슬의 확장을 추진하고자 해서는 안 된다. 시공 인력은 시공 인력일 뿐이다. '단기 속성' 교육으로 시공 인력을 디벨로퍼로 변신시키겠다는 것은 환상에 가깝다. 새로운 가치사슬로의 확장을 원한다면 외부 인력을 적극적으로 수혈할 필요가 있다.

03

Overseas Construction
Myth & Earning Shock

글로벌 기업의
사업전략 벤치마킹

1 ────── 안정적인
포트폴리오

한국 기업은 중동·아시아 지역에 편중된 수주를 해왔다. 또한 플랜트 EPC사업이 전체 수주의 절반을 차지했다. '지역다변화'와 '사업다각화'는 한국의 해외건설 역사에서 수십 년간 지속된 과제였지만, 아직도 요원하기만 하다.

중동·플랜트 중심의 수주구조를 극복하기 위해서는 기업과 산업 및 정부의 협력이 필요하다. 먼저, 기업 내부적으로는 특정 지역이나 특정 사업부문의 비중에 상한선을 설정하는 방안이 있다. 이를테면 중동이나 플랜트 수주 비중을 각각 40%로 제한하는 것이다. 상한선에 근접하면, 다른 지역이나 다른 사업을 수주해서 안정적인 포트폴리오를 구축하면 된다.

물론 이런 방안은 기업 내부에서조차 실행하기 어렵다. 당장 중동·플랜트 시장이 급성장하고 있는데 여기를 포기하고 다른 곳으로 가자고 하면, 해당 사업본부부터 강하게 반발할 것이다. 하지만 지금까지의 역사가 증명해 주듯이, 편중된 수주상황은 그리 오래가지 않았고 언제나 심각한 후유증을 남겼다. 이탈리아의 '사이펨' 같은 글로벌 기업도 피하지 못한 덫이다.

만약 특정 지역이나 특정 사업이 호황이라면 수익성 중심으로 양질의 프로젝트를 수주하고, 지역다변화나 사업다각화를 적극적으로 추구하는 시기로 이용해야 한다. 해외건설협회나 관련 연구기관 등 산업 차원에서도 지역과 사업의 편중성을 항상 모니터링해야 한다. 편중성이 심화될 경우, 경고음을 울리고 새로운 시장과 사업에 대한 정보를 제공해야 한다. 아울러 산업차원의 리스크관리를 위해 편중된 지역과 사업의 리스크를 면밀하게 분석하고, 지속가능성에 대한 검토도 지속적으로 이루어져야 한다.

정부의 역할도 크다. 국책금융기관이나 보증기관 등을 통한 금융이나 보증 지원 과정에서 편중 수주를 완화하고 한국 기업 간의 과당경쟁을 줄이는 노력을 해야 한다. 이때 기업과 마찬가지로 특정 지역이나 사업에 대한 지원 비중의 상한선을 정할 수도 있을 것이다.

한국 기업의 해외수주 지역과 사업 편중에 대해 수십 년간 문제 제기를 해왔지만, 정작 기업과 정부가 편중 수주를 방지할 수 있는 계획과 기준을 수립해서 시행했던 적은 없었던 것 같다. 기업부터 성장과 수익의 균형을 추구하는 글로벌 기업을 본받아 안정적인 포트폴리오를 구축해야 할 것이다.

2 ─────── 인수합병 (M&A)

글로벌 기업의 해외건설 사업전략 가운데 가장 부러운 것이 M&A다. 해마다 필요한 기업을 사고판다. 건설기업과 엔지니어링기업 가리지 않고, 글로벌 기업들은 M&A를 통해 성장해 왔다. 기술 확보든 현지화든 기타 목적을 위해서든 사업경쟁력 강화를 위해서는 M&A가 중요하다. 지금까지 글로벌 건설기업의 M&A는 유럽기업들이 주도했는데 최근에는 그 주도권이 중국 기업으로 넘어가고 있다.[184]

한국 기업의 해외기업 M&A 실적은 초라하기 짝이 없다.[185] 건설기업 중에서는 GS건설의 스페인 물 기업(INIMA) 인수가 가장 큰 규모였고 (약 3,440억 원), 포스코건설이 중남미와 영국에서 소규모 M&A를 했다가 매각을 추진한 사례가 있으며, 건설사업관리기업인 한미글로벌에서 미국과 영국의 엔지니어링기업을 M&A 한 사례 정도만 손꼽히고 있다.

한국 기업들도 입을 모아 M&A의 필요성을 말한다. 그런데도 정작 외국 기업의 M&A가 이루어지지 않는 이유는 무엇일까? 진지한 분석이 필요하다. 우선 언어, 인종, 문화의 차이 때문일 것이다. 외국 기업을 M&A 할 만큼 충분한 자본을 보유하고 있지 못한 것도 원인이다.

한국 기업 내부에 초점을 맞춘다면, 외국 기업을 관리할 수 있는 역량이 거의 없다는 이유가 가장 클 것 같다. 흔히 외국 기업을 M&A 한 뒤에 시시콜콜 관리하기보다는 좋은 CEO를 선정해서 독자적으로 경영하도록 하는 것이 더 낫다고 한다. 사실 이런 발언도 관리 역량의 부족을 실토하는 것이다. 그러면서도 재무담당자는 한국 기업에서 내보낸다.

만약 인수한 외국 기업과 한국 기업이 공동으로 해외건설시장에서 사업을 하거나 시너지를 발휘하려면 적절하게 사업이나 경영전략을 이끌어 주어야 한다. 그러자면 M&A 한 기업의 사정도 알아야 하고, 함께 진출하고자 하는 해외건설 시장이나 사업에 대해서도 알아야 한다. 즉 진출하려는 시장과 해당 기업 둘 다 잘 알아야 리더십을 발휘할 수 있다.

그런데 시장분석과 기업분석도 제대로 못 한 채 M&A를 추진하는 경우도 꽤 있었던 듯하다. M&A를 추진할 때는 법률 전문가와 회계 전문가만 필요한 것이 아니다. 시장전문가 내지 사업전략 전문가도 적극 활용해야 한다. 그런 전문가를 외부에서 아웃소싱할 수도 있겠지만, 기업 내부에서 양성하는 것이 바람직하다. 현업과 괴리된 외부전문가는 큰 도움이 되지 않는다.

한국 기업의 M&A는 스케일 업을 해야 할 과제다. 한두 건 실패했다고 해서 두려워할 일이 아니다. 작은 기업의 M&A부터 경험을 축적할 필요가 있다. 또한 기업을 사들이는 것만 능사가 아니란 점을 알아야 한다. 글로벌 기업의 사례에서 볼 수 있듯이, 불필요한 사업부문이나 기업을 파는 것도 상시 구조조정이란 관점에서 추진해야 한다. M&A가 활발하게 이루어지기 위해서는 기업 내부나 산업계에 전문가 집단이 존재해야 한다.

3 ──────── 현지화

　　　　　글로벌 기업들의 특징 중 하나가 현지화다. 단순히 현지 인력과 자재 활용도를 높이는 것만이 현지화는 아니다. 앞서 언급했던 현지 기업의 M&A나 전략적 제휴도 현지화를 위한 전략이다. 현지 발주처의 주요 인맥과 네트워킹이 잘 구축되어야 하고, 유력한 도우미를 확보하는 것도 중요하다.

　특히 건설사업은 하도급 의존도가 높다. 그만큼 하도급을 담당할 실력 있는 현지 협력업체를 확보하는 것이 관건이다. 이를 위해서는 현지의 하도급 실상을 제대로 파악해야 한다. 현지의 건설생산 구조에서 대형 하도급자보다 실제로 시공을 담당할 실력 있는 중소 하도급 협력업체 풀을 확보하는 것이 중요할 수도 있다. 그래야 가격경쟁력과 품질 및 안전을 담보할 수 있기 때문이다. 그러기 위해서는 현지 사정과 기업에 대한 충분한 조사가 선행되어야 하고, 실제 건설공사를 추진하는 과정에서는 충분한 프로젝트 관리역량이 뒷받침되어야 한다.

4 ——————— 리스크관리

리스크관리는 프로젝트-기업-산업의 3가지 차원에서 접근할 필요가 있다. 대부분의 한국 기업들은 프로젝트 리스크관리에 초점을 둔다. 기업 내에는 리스크관리를 위한 조직, 절차, 전산시스템이 있고 담당자도 있다.

프로젝트 리스크관리의 핵심은 수주단계에 집중되어 있다. 수주 시점에서 수익성 등을 점검하는 데에 가장 역점을 두는 것이다. 수행단계에서의 리스크관리는 대개 프로젝트 관리활동의 일환으로 표준화된 절차와 방법이 있다.

리스크관리는 기술이나 기법이 아니라 예술art의 영역이다. 계량화되고 정형화된 절차와 방법론을 따른다고 해서 리스크관리를 잘하는 것이 아니다. 그런 차원의 리스크관리는 실무자 선에서 처리할 일이다. 모두가 아는 리스크는 리스크가 아니다.

새로운 시장에 진출할 때, 새로운 유형의 사업을 수주할 때 축적된 경험이 없는 기업은 심각한 리스크를 떠안게 된다. 이런 경우 한편에서는 시장분석과 프로젝트 분석을 제대로 해야 한다. 다른 한편에서는 무조건적인 수주 욕심을 억제해야 한다.

기업 차원에서는 안정적이고 균형적인 포트폴리오 형성이 가장 중요하다. 특정 지역이나 특정 사업 의존도가 너무 높으면 어떤 경우에도 위험하다. 이론적으로는 그렇다고 인정하면서도 수주지향의 기업문화에서는 편중성을 완화하기 어려운 경우가 많다.

각 기업들이 꼭 해야 할 일이 '과거의 실패에 대한 교훈lessons learned'을 정리하고 공유하는 것이다. 최근엔 일부 한국 기업들이 이런 교훈을 정리하여 직원들에게 사례발표회를 하기도 한다. 이러한 시도가 성과를 거두려면 조직의 문화가 좀 더 개방적이고 솔직하게 바뀌어야 한다.

실패의 교훈은 직접 경험한 사람들에게는 남아 있을지 모르겠지만 조직에는 공유되지 않는 것 같다. 정도의 차이만 있을 뿐이지 해외건설 사업의 부실사례는 지금도 반복되고 있기 때문이다. 같은 실수를 하지 않기 위한 절차나 시스템을 만들고 있는데도 계속 비슷한 일이 반복되는 것은 한국 기업의 구조적 문제이기도 하고 조직문화의 문제이기도 하다.

리스크관리는 예술이고, 탁월한 예술작품을 만드는 것은 창조적 소수이다. 리스크관리 역시 그렇다. 리스크관리 조직의 구성원이 많다고, 계량적 지표가 많다고 리스크관리가 더 잘되는 것이 아니다. 직업윤리와 경험을 갖춘 전문가의 역량이 중요하다. 그런 전문가를 확보하는 것이 리스크관리를 잘하는 비결 중 하나다. 리스크관리도 결국 사람이다.

04

Overseas Construction
Myth & Earning Shock

산업 차원의 시장정보 및
리스크관리 시스템 구축

1 ──── 글로벌 시장정보
시스템

기업에겐 프로젝트 정보가 중요하겠지만 산업 차원에서는 시장정보market intelligence가 더 중요하다. 어느 나라에 진출하는 것이 좋을지, 어떤 사업분야가 유망할지와 같은 문제는 프로젝트 정보와 차원이 다르다. 이제까지 해외건설의 부침이 많았던 가장 큰 원인은 진출시장의 '변곡점turning point'을 전혀 예측하지 못했기 때문이다. 변곡점을 알기 위해서도 시장정보가 중요하다.

대표적 사례 몇 가지를 소개해 보겠다.

글로벌 금융위기 직후 유가가 배럴당 100달러를 넘었을 때는 200달러, 300달러까지 갈지도 모른다는 식의 전망이 난무했다. 그러다 보니 한국 기업들도 산유국 시장은 계속 유망하다고 보고 무턱대고 카자흐스탄을 비롯한 고위험국의 부동산개발사업이나 플랜트시장에 대거 진출했다가 큰 손실을 본 사례가 많다.

고유가의 지속을 전제로 준비 없이 해양 플랜트off shore plant 시장에 뛰어 들었다가 낭패를 보기도 했다. 유가가 급락할 수 있다는 경고 신호가 여기저기에서 나왔지만, 모두 흘려듣거나 보고 싶은 것만 보는 확증편향confirmation bias에 이끌려 유가 상승을 전제로 한 사업전략과 시장전망만 양산했다.

중동이나 동남아 건설경기가 한창 좋았을 때도 마찬가지였다. 이들 지역의 경기가 지속적으로 상승한다고만 생각했지 하강할 가능성과 그 시기를 대비하지 않았다. 또한 지역적으로는 중동, 상품으로는 플랜트에 편중된 해외건설사업을 추진하면서도 정작 중동과 플랜트에 대한 시장정보는 대단히 빈약했다. 근본적인 원인은 시장 전문가 부족이지만, 그런 전문가를 산업 차원에서 양성하지 못하고 있다는 것이 문제다. 아랍어나 러시아어를 전공한 20~30대 사원·대리급을 중동이나 중앙아시아의 시장전문가라 할 수는 없지 않겠는가.

일부 금융기관이나 공공기관의 직원으로 2~3년간 해외 순환근무를 하면서, 현지인보다 현지에 파견된 한국인과 주로 어울리면서 현지 언론보도 등을 요약해서 스크랩한 수준의 시장정보는 시장정보라고 부르기도 민망하다. 그러다 보니 한국 기업들은 외국기관에 시장정보를 의존하는 경우가 많다.

오늘날 시장정보를 수집하는 일은 상대적으로 수월해졌다. 하지만 수집된 시장정보를 분석하고 평가해서 유의미한 사업정보로 전환해 줄 수 있는 시장전문가는 찾아보기 어렵다. 산업 차원에서 그런 시장전문가를 양성해야 한다. 해외건설을 전문적으로 연구하는 기관을 새로 만들어서 그런 전문가를 양성하자는 것이 아니다. 현업과 괴리된 연구기관의 산출물은 그다지 큰 도움이 되지 않는다. 그보다는 정부나 협회에서 '글로벌 건설시장정보 네트워크'를 구축하고, 산학연관의 전문가들이 모여서 지속적으로 해외건설 시장정보를 수집 · 분석 · 제공하고, 해외건설업계의 피드백을 받을 수 있도록 하는 것이 더 낫다는 판단이다.

2 ──── 리스크관리 시스템

프로젝트나 기업 차원의 리스크관리는 개별 기업이 알아서 할 일이다. 산업 차원의 리스크관리는 또 다른 차원이다. 2010년대 초반의 어닝쇼크는 개별 기업이 아니라 산업 차원의 리스크관리 시스템이 작동하지 않았기 때문에 발생한 것이라 본다.

당시 한국 기업 간의 과당 경쟁, 저가 수주, 과잉 수주 등은 누구나 걱정할 정도로 확연한 리스크였다. 하지만 과당 경쟁이나 저가 수주를 자제해야 한다는 정도의 '훈계성' 경고만 있었지, 유가 급락으로 중동 플랜트 시장이 크게 위축될 것이며 한국 기업 모두가 어닝 쇼크를 겪게 될 것이라는 경고는 어디에도 없었다. 한국 정부 역시 해외건설의 실상에 대해 너무도 모르고 있었다.

어닝 쇼크 직후인 2013년 4월 25일, 국토교통부는 〈2013년 해외건설 추진계획〉을 발표했다. 그 내용 중 일부를 소개한다.

- 2013년 해외건설시장은 2012년(8,000억 불) 대비 7.4% 성장한 약 8,600억 불로 추정되며, 급격한 침체 가능성은 낮을 것으로 본다.
- 유가폭락 가능성은 크지 않아 중동지역에서 중장기 계획에 따른 인프라 발주가 지속될 것이며, 전후 복구사업도 가시화가 예상된다.
- 향후 5년 내 해외건설 5대 강국 진입을 위해 수주를 확대하겠다(2013년 700억 불→2017년 1,000억 불). **186)**

지금 시점에서 보면 어처구니없는 전망이다. 해외건설에 관한 '시장정보market intelligence'가 없어도 이렇게 없을 수가 있었을까 하는 생각을 하게 된다. 산업 차원의 리스크관리 시스템은 '글로벌 건설시장 정보시스템'과 통합적으로 운영할 필요가 있다. 어느 나라의 국가 리스크country risk가 높은지는 시장정보를 기반으로 판단해야 한다. 어떤 사업분야가 호황에서 불황으로 바뀔지에 대한 판단도 마찬가지다. 유가가 급락할 것인지 상승할 것인지도 본질적으로 시장정보와 전망의 영역이다.

산업 차원의 리스크관리를 말할 때 간혹 인용되는 것이 영국의 시장분석 전문기관 타임트릭Timetrics이 제공하는 건설리스크 지수(CRI: Construction Risk Index)다. 타임트릭은 2014년부터 분기별로 건설·사업 환경·경제·재정·정치 리스크를 건설 리스크 관점에서 계량화하고, 국가단위로 지수를 제공하여 진출국의 동향 파악 및 수주활동에 도움을 주고 있다.[187)]

한국건설산업연구원도 해외사업 리스크 조기경보체계(Risk-EWS) 구축방안을 제안한 적이 있다. 이것은 해외사업 리스크 지수(IPRI), 불안정 지수(UI), 민간도 지수(SI), 현황·경보·예측 맵 등으로 구성되어 있다. 산업 차원의 사전 모니터링 기능과 기업의 경영전략 및 정부의 금융지원 계획 수립을 위한 기초자료로 활용하고자 한 것이다.[188)]

개별 기업 차원에서는 과거의 실패사례에 대한 교훈lessons learned을 정리해서 향후의 리스크관리에 참고하고 있다. 하지만 반복되는 해외건설의 부침에도 불구하고 산업 차원에서 교훈을 정리해 둔 자료는 별로 본 적이 없다. 지금부터라도 정부와 금융기관 및 협회는 산업 차원의 리스크관리 실패에 대한 교훈을 정리해 둘 필요가 있다.

한국 해외건설의 고질적인 문제인 지역과 상품의 수주 편중성에 대응하기 위해서, 특정 지역이나 사업분야의 편중성이 높아지면 경고 신호가 나와야 한다. 물론 개별 기업의 반발이 있을 수도 있다. 하지만 해외건설 부실화가 개별 기업 차원의 손실에만 국한되는 것이 아니라 정책금융기관을 비롯한 산업 전체의 시스템 위기로 번질 수 있음을 인식해야 한다. 산업 차원의 리스크관리가 실효성을 갖기 위해서는 해외건설기업에 대한 적절한 제재장치도 필요하다.

05

글로벌 인재 영입과
양성

1 —— HR전략도
양量보다 질質

　　해외건설을 수행할 글로벌 인재의 영입과 양성을 가로막는 가장 흔한 장애물은 시대착오적인 사고다. 아직도 1970~1980년대처럼 한국인 중심, 기능인력 중심으로만 생각해서는 미래가 없다. 국민소득은 이미 3만 달러를 넘어섰고, 사업구조도 단순 토목·건축공사에서 플랜트사업 중심으로 바뀌면서 해외건설인력의 구조도 바뀌었다. 하지만 아직도 그런 변화를 인지하지 못하고 있는 사람들이 많은 것은 안타까운 일이 아닐 수 없다.

실제로 한국 기업의 해외건설공사 현장에서 차지하는 한국인 비중은 급감했다. 1978년 85%에서 현재는 10% 내외에 불과하다. 외국인 비중이 90%를 넘어선다. 2000년에는 기능인력과 기술·관리인력 비중이 엇비슷했지만 지금은 기술·관리인력의 비중이 70%를 상회한다.[189]

이제 방향성은 명확하다. 한국 기업도 10% 내외의 한국인으로 현장을 꾸려나가야 하고, 기술인력과 관리인력 중심의 인력구조를 고급화해야 한다는 것이다. 한국 기업이 필요로 하는 인력은 단순 기능인력이나 초급 기술인력이 아니라 고급 기술인력, 엔지니어링인력, 프로젝트관리인력이다.

해외건설 인력구조를 현장의 기술인력과 관리인력에만 국한시켜서도 안 된다. 도급사업이나 시공 중심에서 탈피하여 투자개발사업과 운영사업 등으로 확장할 생각이라면, 사업구조의 변화에 따른 글로벌 인재 영입과 양성도 중요하다. 또한 기업마다 기존의 해외건설인력을 재교육하여 필요한 역량을 갖출 수 있도록 하는 것도 필요하다.

누누이 강조하지만, 변화된 해외건설 환경에서 정부의 인력정책과 기업의 HR전략은 양量보다 질質을 중시해야 한다. 해외건설 수주액의 증가에 따라 필요한 해외건설인력의 숫자量를 추정할 필요가 있는지부터가 의문이다. 정부가 해외건설현장에서 필요로 하는 인력을 1970년대 후반처럼 공공교육기관에서 양성해서 공급할 수 있는지도 고개가 갸웃거려진다. 2010년대의 어닝 쇼크를 말할 때도 지적했듯이, 대부분의 한국 기업들은 해외사업 인력의 숫자만 채운다고 사업을 제대로 할 수 있는 것이 아니란 사실을 뼈저리게 체험했다.

2 ——————— 글로벌 경쟁력 확보를 위한 인력정책과 전략

해외건설을 건설공사 중심의 도급사업에서 투자개발사업과 운영사업으로 확장하고자 한다면, 시공 이전과 이후를 담당할 글로벌 인재의 영입과 양성이 중요하다. 사업개발과 기획, 타당성 조사, 파이낸싱, 운영사업 등의 분야에서 전문성을 확보한 글로벌 인재가 필요하다는 의미다. 사업경쟁력 확보를 위한 글로벌 인력을 외부에서 영입하는 방안도 있고, 내부 직원 교육을 통해 양성하는 방안도 있다.

최근 국내에서도 투자개발사업 인력 양성에 대한 수요가 많고, 해당 교육프로그램도 찾아볼 수 있게 되었다. 사내의 해외건설 담당 실무자들이 이러한 교육을 이수하여 투자개발사업에 대한 이해도를 넓히고자 하는 시도는 필요하다. 하지만 그런 교육을 몇 시간, 며칠 받았다고 해서 투자개발사업의 전문가라고 할 수 있을까? 당연히 아니다.

투자개발사업에 대한 이해도가 조금 높아졌고, 투자개발사업 전문가들이 하는 말을 조금 더 잘 알아듣게 되었고, 의사소통하는 데 도움이 되는 정도일 것이다. '단기 속성 교육'으로 토목·건축 기술인을 단번에 투자개발사업이나 운영사업의 전문가로 만드는 것은 사실상 불가능하다. 오랫동안 시공 중심의 문화에 젖어 있는 건설기업 내부 인력만으로는 사업 경쟁력을 확보하기 어렵다는 뜻이다.

인사人事에 있어서 가장 중요한 것은 채용이다. 적절한 인재를 영입하는 것이 최우선이란 말이다. 교육·훈련은 그 다음 문제, 즉 보완의 과정이다. 만약 투자개발사업이나 운영사업을 하고자 한다면 사업개발과 기획, 타당성조사, 파이낸싱 같은 업무의 전공자 내지 경험자를 외부에서 영입하여 내재화하는 것이 더 바람직하다. 투자개발사업이나 운영사업의 비중이 높아진다면, 시공을 아웃소싱 대상으로 삼을 수도 있다.

이렇게 되면 토목 · 건축 기술인(기술전문가)보다는 경제 · 경영 및 재무 전공 인력(사업전문가)이 더 필요하게 된다. 현재는 대부분의 사업전문가들이 건설기업 외부에 있다. 필요할 때만 잠깐씩 활용하는 정도다. 하지만 기업의 현업과 동떨어진 대학이나 연구원 및 컨설팅기업의 사업전문가는 큰 도움이 안 되는 경우가 많다.

시공 중심의 해외건설을 탈피하고자 한다면, 사업전문가의 영입과 양성을 우선적으로 고려하도록 기업의 인사정책이 바뀌어야 한다. 건설기업들은 당장 매출 창출에 기여하지 못하는 사업전문가들을 '간접비(오버헤드)'로 간주하는 경향이 있다. 어쩌다 한두 명 고용했다가 일이 사라지면 금방 해고하기도 한다. 사업전문가들도 건설기업보다는 금융기관을 비롯해서 본인들의 전공에 딱 들어맞는 직장을 선호한다.

그러다 보니 지난 수십 년간 해외건설업계가 투자개발사업과 운영사업 활성화를 추진하겠다고 했지만, 정작 사업포트폴리오가 그렇게 바뀐 기업을 찾아보기 어렵다. 중소기업이라면 예외이겠지만, 수천 명의 직원을 보유한 대형 해외건설기업이라면 필요한 사업전문가 20~30명 정도를 보유하는 것을 부담스러워 할 일은 아니다.

사업전문가들도 어쩌다 한두 명 건설기업에 영입되어서는 장래를 기대하기 어렵고, 제대로 일을 할 수도 없다. 사업전문가 조직에도 규모의 경제가 존재한다는 사실을 알아야 한다. CEO 산하에 20~30명 정도의 규모로 조직이 구성된다면, 사업전문가들이 해외건설기업에 들어와서 투자개발사업이나 운영사업을 지속적으로 발굴하고, 기획하고, 검토하고, 운영하면서 자신의 장기적인 성장도 도모할 수 있을 것이다. 이들 사업전문가들에게 글로벌 시장정보 수집과 분석, 리스크관리 및 M&A 업무까지도 맡길 수 있다.

3 ——— 글로벌 기술·관리 인력 양성 시스템 구축

해외건설인력의 역량을 이야기할 때마다 빠지지 않고 지적되는 것이 어학능력, 사실상 영어 구사 능력이다. 영어실력 부족으로 해외사업에 애로를 겪었다는 사례는 필자도 숱하게 들어왔다. 계약서를 제대로 이해하지 못한 탓에 손실이 발생했다거나, 외국인 발주자와 의사소통이 제대로 되지 않아서 애로를 겪었다거나 하는 사례는 비일비재하다.

심지어 해외에 진출한 엔지니어링기업의 엔지니어들이 영어를 제대로 못 해서 현지에서 쫓겨 왔고, 현지 발주처로부터 영어 할 줄 아는 사람을 보내달라는 요청을 받았다는 말도 들었다. 이러니 영어 구사 능력의 중요성을 강조할 수밖에 없다. 그런데, 과연 해외시장에 진출한 한국인들이 영어를 못 한다는 이유만으로 그런 일들이 벌어지는 것인지는 되짚어 볼 필요가 있다.

한국의 교육시스템을 감안할 때 정상적인 대학졸업자로서 해외현장에 나가 일을 할 정도의 인력이면 영어로 기본적인 의사소통은 할 수 있다고 본다. 영어실력의 문제보다는 기술이나 관리역량의 부족이 더 근본적인 문제가 아닐까를 의심하는 이유다.

미국 유수의 대학에서 영어로 박사학위를 받은 전문가라도 실제 외국인과의 실무협상 과정에는 전문 통역사를 활용하는 경우가 많다. 모국어가 아닌 한, 외국인이 완벽하게 영어를 구사하기는 어렵기 때문이다. 자신의 의사를 형식적인 영어로 표현할 수는 있지만, 실무적인 기술과 관리역량 부족으로 제대로 의사소통이 안 되는 것을 영어실력 부족 탓으로 해석하는 경우도 많다. 물론 상당히 많은 한국 기술인들에게서 영어 의사소통 능력이 있으면 기술과 관리역량이 부족하고, 기술과 관리역량이 충분한 사람들은 영어구사 능력이 부족한 사례를 많이 본다.

최근 대학을 갓 졸업한 한국의 젊은이들은 영어구사 능력이 부족해 보이지 않는다. 대학 졸업 때까지 받은 교육과 해외여행 등으로 인해 영어실력은 크게 향상되었다고 본다. 따라서 이제부터 중요한 것은 기술과 관리역량을 어떻게 글로벌 수준으로 끌어올려 줄 것인가이다. 대학의 일반적 교육보다는 산업과 기업 차원의 교육이 더 중요하다.

산업 차원의 교육·훈련이 국가의 법령에 의해 의무화되어 있다는 것은 한국의 특징이다. 〈건설기술진흥법〉을 비롯하여 〈건축사법〉 〈기술사법〉〈엔지니어링사업진흥법〉〈공간정보산업진흥법〉〈공간정보의 구축 및 관리 등에 관한 법률〉 등 여러 법령에서 관련 업역·업종별 교육·훈련에 관한 사항을 구체화하고 있다. 하지만 공공이 주도하는 건설기술인 교육은 다양한 수요를 충족하기 어렵고, 4차 산업혁명에 따른 기술의 진보나 해외시장 진출 확대를 위한 새로운 교육프로그램 제공도 미흡하다는 등의 문제점을 안고 있다.[190]

한국 건설기술인의 기술과 관리능력을 글로벌 수준으로 향상하는 데 장애가 되고 있는 것이 있다. 바로 등급제에 기반한 기술인력 활동제도다. 현재 한국에서는 건설기술인력의 등급(초급·중급·고급·특급)을 나누고, 입찰참가자격 사전심사(PQ) 및 낙찰자 선정, 건설현장의 기술자 배치, 업체 설립을 위한 등록 및 업체 능력 평가에 활용하고 있다.

기술인력의 실제 역량보다는 어떤 등급이냐가 중요한 것이다. 특히 제도적으로 점수가 높은 특급기술인력 위주의 배치를 유도하다 보니, 건설업계에서 흔히 'PQ용 기술인'이라 부르는 서류상의 만점 기술인력이 양산되면서 허위 경력이나 서류상의 과다 인력 투입 등 수많은 문제를 야기하고 있다.[191]

한국 건설시장 내부에 제도가 인정하는 '만점 기술인'이 수만 명이나 되지만, 정작 해외건설시장에서는 명함도 내밀기 어려운 것이 현실이다. 이처럼 국내건설과 해외건설의 구분을 전제로 한 건설기술인력 등급제와 활용제도를 계속 유지할 것인지에 대해서는 정부도 정책적 결단이 필요하다.

미국을 비롯한 대부분의 국가들은 한국과 같은 기술인력의 등급제나 법정 의무교육 같은 제도를 운용하지 않는다. 건설기술인력에 대한 교육은 개별 기업을 비롯한 민간 주도로 이루어진다.

한국의 대형 해외건설기업들도 나름대로의 교육 · 훈련 시스템을 갖

■■■■ 미국 기업과 한국 기업의 건설기술인력 양성구조 비교

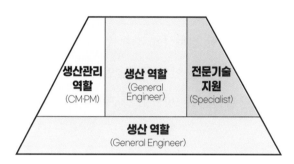

벡텔의 인력 양성 구조

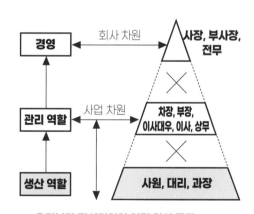

우리나라 건설기업의 인력 양성 구조

자료: 한국건설산업연구원(2019.8), 〈미래수요와 CDP기반의 기술인력 양성 체계 구축〉, 건설기술교육원, p.88.

고 있다. 하지만 '벡텔'을 비롯한 글로벌 기업에 비하면 현격하게 뒤떨어지는 것으로 보인다. 특히 아직까지도 전문성보다는 직급 중심의 승진 경로를 기반으로 교육·훈련 시스템을 운영하는 것은 전근대적이라고 할 만하다.[192]

한국 기업들이 가장 먼저 해야 할 일은 해외건설사업에 필요한 기술인력과 관리인력을 양성하기 위한 체계 구축이다. 글로벌 기업들처럼 경력개발 경로(CDP: Career Development Path)와 같은 플랫폼을 먼저 구축하고, 해외건설사업에 필요한 전문성을 갖출 수 있도록 교육·훈련 과정의 실효성을 강화해야 한다. 또한 건설기술인력의 등급이 아니라 수행능력을 중심으로 활용할 수 있는 방안도 강구해야 한다.

07

*Overseas Construction
Myth & Earning Shock*

해외건설, 스케일 업과
시스템 리셋이 필요하다

Overseas Construction
Myth & Earning Shock

스케일 업, 시행착오를 감수하라!

기업경영이 어려울 때면 흔히 하는 말이 있다.

'기본으로 돌아가자back to the basic'는 것이다. 신사업 발굴이니 신시장 개척이니 요란을 떨 것이 아니라, 핵심사업이나 핵심고객을 잘 지켜야 한다는 것이다. 한마디로 '하던 거나 잘하자'는 의미다.

이와 반대로 새로운 아이디어로 새로운 시장과 상품을 개척하고자할 때는 '스케일 업scale up¹⁹³⁾'을 강조한다. 새로운 아이디어가 현실에서구체화되고 상업화되어서 성과를 창출하려면 수많은 시행착오를 거치면서 검증이 이루어져야 하는데 이 과정을 '스케일 업'이라고 부른다.

코로나19 사태로 글로벌 경제가 위축 국면에 있는 이때 '스케일 업'을 해야 한다는 목소리는 어디서도 찾아보기 어렵다. 오히려 '기본으로 돌아가자'는 분위기가 더 강하다. 특히 2010년대 초반의 어닝 쇼크에서 아직도 헤어 나오지 못한 것인지, 해외건설은 갈수록 위축되면서 미래에 대한 자신감조차 상실한 듯하다.

2019년 해외건설 수주실적이 전년 대비 무려 31%나 감소한 223억 달러였는데도, 한국 기업들에게서 해외건설 활성화를 위해 다시 팔을 걷어붙이자는 말을 들리지 않는다. 오히려 수익성이 낮고, 만성적인 적자를 보이고 있는 해외사업부문을 구조조정하겠다는 분위기다. '수익성 위주의 선별 수주'라는 해외건설사업의 방향성도 사실상 리스크가 적은 기존의 시공 중심 도급사업으로 꾸려 나가겠다는 의미로 해석된다.

2019년 해외건설 수주액(223억 달러) 중에서 투자개발사업은 18억 달러로 약 8% 수준에 그쳤다. 1990년대부터 투자개발사업의 확대를 외쳐왔지만, 아직도 한국의 해외건설은 도급사업이 주류인 셈이다. 물론 한국 기업들이 투자개발사업을 전혀 해보지 않은 것은 아니다.

1990년대에 동남아 건설 붐이 한창일 때, 2000년대에 베트남이나 중앙아시아 등지에서 부동산개발사업에 참여한 경험이 꽤 있다. 극소수이긴 하지만 신흥국 플랜트 사업도 투자개발형으로 진행한 사례가 있다. 하지만 큰 성과를 창출했다고 평가받는 사례는 별로 없다. 그러다 보니 글로벌 건설경기가 호황일 때는 투자개발사업에 적극 나서는 듯하다가, 불황일 때는 어느새 '기본으로 돌아가자'라든지, '수익성 위주의 선별 수주'를 내세우며 기존의 시공 중심 도급사업으로 돌아서곤 했다.

한국의 해외건설을 도급사업에서 투자개발사업으로 전환하고자 한다면, 앞으로도 상당 기간 동안 수많은 시행착오를 거쳐야 할 것이다. 그리고 그 과정이 '스케일 업'이다. 사업기획 및 개발, 타당성 분석, 파이낸싱 같이 기존의 도급사업에서는 해보지 않은 일들을 해야 한다.

한국의 해외건설이 또다시 과거의 길로 되돌아가서는 안 된다. 과거로 되돌아간다는 것은 해외건설의 성장을 포기하는 길이고, 축소지향의 길이다. 시공 중심의 도급사업으로 되돌아가는 것이고, 도급사업자로서의 시공기술력만 갖자는 것이다. 거기서 끝나는 것이 아니다.

과거로 돌아가게 되면 또다시 수주 신화와 어닝 쇼크를 반복하게 될 것이다. 이미 국민소득 3만 달러를 넘어선 시점에서, 한국 기업은 글로벌 기업들이 하고 있는 '선진국형'으로, 또 '공사'가 아니라 '사업'이란 새로운 프레임으로 해외건설을 추진해야 한다. 시공 이전과 시공 이후 단계로 가치사슬을 확장해야 한다. 어렵고 힘들어도 새로운 시장과 새로운 사업을 '스케일 업' 해야 할 때이다.

02

Overseas Construction
Myth & Earning Shock

시스템 리셋, 좋은 위기를 낭비하지 마라!

한국의 해외건설은 수주 신화와 어닝 쇼크를 세 차례 반복했다. '다시는 그런 일이 반복되지 않을까'란 의문 앞에 그렇다고 자신 있게 대답하긴 어렵다. 오랜 시간에 걸쳐 구축되고 고착화된 시스템은 쉽게 허물어지지 않기 때문이다.

2013년의 해외건설 어닝 쇼크 발표 이후에도 해외수주 활성화를 위한 정부 정책이나 대책 발표가 여러 번 있었다. 기업은 기업대로 부실사업을 정리하고 수익성 위주의 선별수주를 새로운 전략으로 내세웠다. 하지만 해외건설 수주실적은 2010년의 716억 달러를 정점으로 계속 하락 중이고, 해외건설사업의 수익성이 대폭 개선되었다는 소식도 없다.

한국 기업의 해외시장 점유비중도, 한국 건설산업의 글로벌 경쟁력에 대한 평가도 하락하고 있다. 정부가 목표로 했던 투자개발사업의 확대도 이루어지지 못했다. 설계·엔지니어링시장 진출 확대나 중소기업의 진출 확대도 성과가 미미하다. 공기업과 민간기업 간의 협업을 통한 해외시장 진출사례도 많지 않다. 왜 과거에 겪었던 모든 문제가 반복될까? 문제의 뿌리가 그대로이기 때문이다. 다시 말해 기존의 시스템이 새로운 시스템으로 전환되지 않았기 때문이다.

2020년에는 예기치 않았던 코로나19 사태로 해외건설이 또다시 어려움에 처하게 되었다. 해외시장의 출입국 자체가 어려워지면서, 영업도 어려워지고 인력이나 자재조달을 위한 글로벌 공급망도 붕괴 조짐을 보인다. 유가 급락으로 중동 플랜트시장도 위축세가 심화되고 있다. 지금과 같이 전 세계가 코로나19 사태로 위축되어 있을 때, 이것을 새로운 시스템으로 리셋하는 기회로 삼았으면 한다.

늘 그래 왔듯이 위기는 기회를 동반한다. 비록 당장은 코로나19 사태와 유가급락 등으로 글로벌 건설시장에서 투자나 사업기회가 축소되었지만 머지않아 상황은 반전될 가능성이 높다. 코로나19 발發 경제위기를 극복하기 위해 세계 각국의 정부는 천문학적인 내수부양책을 수립해서 실행에 옮길 것이다.

일자리 창출과 경제성장을 위한 인프라 투자 확대는 불가피하며, 주택공급의 확대와 도시화도 언젠가는 다시금 제 궤도를 찾을 것이다. 글로벌 경제가 회복되면 유가도 오를 수밖에 없다. 중장기적으로 지구촌 인구가 계속 늘어난다면 글로벌 건설투자는 지속적으로 증가하게 될 것이다. 따라서 해외건설은 앞으로도 무궁무진한 시장이 될 수 있다.

문제는 해외건설시장에 새로운 기회가 도래했을 때 '우리가 그 기회를 잡을 수 있느냐'이다. 그러기 위해서는 코로나 위기상황에서 해외건설 시스템을 새롭게 리셋해야 한다. 윈스턴 처칠이 한 "좋은 위기를 낭비하지 마라Never waste a good crisis!"는 말을 기억해야 할 때이다.

1970~1980년대 초창기 중동 건설 붐 시기에 구축된 해외건설 시스템은 1990년대 중반의 건설시장 개방으로 사실상 와해되었다. 하지만 아직도 기존의 시스템을 대체할 새로운 시스템은 제대로 셋업 되지 못했다. 2010년대에 맞이한 해외건설 어닝 쇼크는 기존 시스템의 한계와 새로운 시스템으로 리셋해야 할 필요성을 동시에 보여준 사건이다.

지금의 해외건설은 '잠깐 멈춤' 상태라고 본다. 초창기 중동 건설 붐에 필적할 만한 새로운 해외건설 신화를 쓰고자 한다면 시스템 리셋에 매진해야 한다. 그 방향을 크게 네 가지로 정리해 보겠다.

첫째, 앞으로의 해외건설은 정부 지원의 강화보다 기업의 글로벌 경쟁력 강화 차원에서 추진해야 한다. 이는 필자가 가장 강조하고 싶은 내용이기도 하다. 물론 금융지원을 비롯한 정부의 지원은 필요하다. 하지만 정부 지원 강화만으로 해외건설 활성화를 기대할 수는 없다. 직접 지원보다는 간접적으로 기업의 글로벌 경쟁력을 키울 수 있는 건설 생태계와 시스템을 만들어 주는 일이 정부의 가장 중요한 역할이다.

이를 위해서는 글로벌 시장과 무관하게 '갈라파고스'가 되어 있는 한국 건설시장을 글로벌화 해야 한다. 이런 일은 기업이 할 수 없다. 정부는 건설 관련 법·제도의 글로벌 스탠더드화, 획기적인 건설규제개혁, 정부조달제도 혁신, 생산성 향상과 혁신을 위한 정책 수립 및 제도개선에 주력해야 한다.

둘째, 해외건설의 주역인 기업은 신흥국형 비즈니스가 아니라 선진국형 비즈니스를 추구해야 한다. '양질의 저렴한 노동력'을 동원한 시공 중심의 도급사업으로는 더 이상 글로벌 시장에서 경쟁력을 기대하기 어렵다

개념설계와 연결설계(FEED) 등을 비롯한 설계·엔지니어링시장, 투자개발시장과 운영시장 등에 적극적으로 진출해야 한다. 건설사업의 가치사슬value chain에서 시공단계의 전후방으로 사업영역을 확장해야 한다는 의미다. 이 같은 선진국형 비즈니스를 수행하기 위해서는 글로벌 인재의 영입과 양성 및 운영시스템을 갖추어야 한다. 아울러 인수합병(M&A)이나 전략적 제휴와 같은 선진국 기업의 전략도 적극 벤치마킹해야 한다.

셋째, 선진국 기업과 같은 비즈니스 모델의 혁신도 중요한 과제다. 기본적으로 해외건설을 공사가 아니라 사업으로 인식하면서, 새로운 비즈니스 모델과 사업전략을 짜야 한다. 건설공사를 수행하는 데 필요한 기술경쟁력과 아울러 사업경쟁력을 갖추어야 한다. 부가가치가 높은 영

역의 사업을 수행해야 한다. 수주 중심의 해외사업 전략을 탈피하여 수익성과 성장성(수주 증대)의 균형을 추구해야 한다.

오랫동안 고질적인 문제로 지적되어 온 지역(중동)과 공종(플랜트)의 수주 편중 현상을 벗어나 안정적인 사업포트폴리오를 구축해야 한다. 진출 지역에 적합한 현지화 전략을 수립하고 전개해야 한다. 개별 기업 차원에서도 해외건설시장 정보의 수집과 분석역량을 갖추어야 하고, 프로젝트 및 기업 차원의 리스크관리 시스템을 구축해야 한다.

넷째, 산업 차원의 글로벌 건설시장정보 및 리스크관리 시스템을 구축해야 한다. 기본적으로 해외건설 강국은 시장정보 강국이다. 사업에 필요한 시장정보를 외국이나 현지의 언론보도에 의존하는 수준으로는 해외건설 강국이 되기 어렵다. 정부가 나서서 국책연구기관이나 민간연구기관 및 협회와 해외건설업계 간의 네트워킹을 강화하고, 해외건설 전문가집단을 지원하여 글로벌 시장정보가 공유되고 분석되고 활용되도록 해야 한다.

이와 연계해 과거 세 차례나 겪었던 해외건설 부실화를 방지하기 위해 산업 차원의 리스크관리 시스템도 구축해야 한다. 주택시장의 조기경보시스템(EWS)처럼 해외건설시장에 대해서도 조기 경보를 울릴 수 있는 리스크관리 시스템의 구축이 필요하다. 아울러 갈수록 중요성이 높아지고 있는 계약 및 클레임 등과 관련한 법률 역량도 강화해야 한다.

이렇게 정부, 기업, 산업계가 해야 할 일들을 정리해 보면, 왜 시스템 리셋이 필요한지 알 수 있을 것이다. 한두 가지 요소만 보강한다고 해서 해외건설이 다시 잘될 것으로 기대하기는 어렵다. 효율적인 시스템이 정상적으로 운용되는 과정에서 한두 가지 요소가 문제라면 핀셋 대책이 필요하다. 하지만 시스템을 구성하는 요소들 대부분이 문제일 경우는 핀셋이 아니라 리셋이 필요하다.

지속가능한
해외건설을 위하여

정부와 기업 모두 해외건설산업의 허상과 실상을 정확하게 꿰뚫어 볼 필요가 있다. 이제는 수주 신화에서 탈피해야 한다. 수주 신화만 쫓는 해외건설은 지속가능성이 없다. 양量보다는 질質이 중요하다. 수주 확대보다는 수익성이 중요하다는 의미다. 수익성의 뒷받침이 없는 수주 신화는 또다시 어닝 쇼크를 초래할 것이다.

2020년은 아마 코로나 이전(BC)과 이후(AC)가 나눠지는 분기점이 될 것이다. 국민의 생활뿐 아니라 경제와 산업도 코로나 이전으로 돌아갈 수 없다. 해외건설시장은 일시적으로 위축되었다가 조만간 다시 확장 국면으로 되돌아올 것이다. 하지만 글로벌 건설산업의 트렌드는 크게 달라질 것이 확실하다.

전통적인 현장시공을 대신하여 공장제작 및 조립방식이 활성화되고, 드론 · 로봇 · 3D프린팅 같은 4차 산업혁명 기술들이 건설현장에서 더 많이 활용되면서 현장투입 인력이 줄어들 것이다. 이 같은 변화는 필연적으로 해외건설시장의 발주방식이나 계약조건 및 현장운용 방식의 변화를 초래하게 된다.

한국 기업들은 한편에서는 새로운 해외건설시장의 환경변화에 적응해야 하고, 다른 한편에서는 지역·공종의 편중이나 전통적인 사업구조를 탈피하여 선진국형 사업으로 전환해야 한다. 이처럼 과거와 미래, 국내와 해외에서 수많은 도전과제가 제기되고 있는 상황에서 과거의 시스템을 고집한다면 더 큰 실패를 맞아야 할 것이다. 전체 시스템의 리셋이 절실하게 필요한 시점이다.

이 책은 한국 해외건설의 역사를 '수주 신화와 어닝 쇼크의 반복'이란 관점에서 정리한 것이다. 특히 세 차례에 걸친 부침 가운데 지금도 현재 진행형이라 할 수 있는 2010년대 초반의 어닝 쇼크 원인을 구조적으로 분석하고, 시스템적인 관점에서 대안을 제시해 보고자 했다.

필자가 해외건설을 연구한 세월은 길지만, 마침 그 시점에 한국의 대표적인 해외건설기업에 근무하고 있었던 경험이 이 책을 쓰는 데 큰 도움을 주었다. 물론 한계도 있다. 필자는 엔지니어가 아니며 직접 해외건설 프로젝트의 수주나 현장 시공을 수행해 보지 못했기 때문이다. 약 10년간 기업에 몸담고 있을 때 해외건설 시장조사나 타당성 분석 및 사업심사와 같은 직접적인 업무를 해본 경험도 있지만, 주된 업무는 리스크관리 관점에서 해외건설사업에 대한 의견을 제시하는 등의 본사 스태프역할이었다. 이처럼 필자가 경험한 영역이 전방위적이지 못하다 보니, 당초 집필 의도와 달리 코끼리를 그리려다 다리만 그리게 되지 않을까

하는 두려움도 있었다.

하지만 모든 것을 아는 사람도 없고, 모든 것을 다 직접 경험해서 책을 쓸 수도 없다고 본다. 제각각 자신의 위치에서 보고, 듣고, 느낀 것을 기록할 수밖에 없을 것이다. 이 책도 필자의 좁은 경험과 공부의 범위를 벗어나지 못했다. 하지만 해외건설과 관련하여 30여 년을 연구, 실무, 자문 등으로 보내 왔기 때문에 그동안의 경험을 정리해 볼 필요가 있다고 생각했다.

필자의 경험이나 배경과는 결이 다른 전문가들도 자신의 공부와 체험담을 담은 해외건설 이야기를 많이 쏟아내 주었으면 한다. 그래야 해외건설에 대한 이해의 폭이 확장되고, 좀 더 지속가능한 시스템 리셋이 이루어질 수 있다고 믿기 때문이다. 앞으로의 해외건설이 '수주 신화와 어닝 쇼크의 반복'을 벗어나 새로운 신화를 창조하는 산업으로 거듭나기를 바랄 뿐이다.

참고문헌

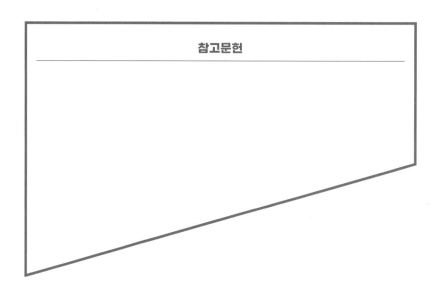

1) 이 책에서 인용하는 한국 기업의 해외건설 수주액은 모두 해외건설협회(www.cak.or.kr)의 수주통계에서 인용했다.

2) 미국에서 발간되는 건설전문지 ENR(Engineering News Record)은 해마다 해외건설 250대 기업의 매출액을 발표하고 있다. ENR에 따르면, 국가별 해외건설 250대 포함 기업의 2008년 대비 2010년 해외매출 성장률을 보면, 중국은 14.9%, 이탈리아는 1.9%, 스페인은 12.0%였지만 한국은 무려 26.7%로 가장 높은 상승률을 기록했다. 같은 기간 중 미국, 프랑스, 독일, 일본은 오히려 해외매출이 감소했다.

3) 어닝 쇼크 발표 직후 해당 건설기업의 주가는 20~30%씩 폭락세를 보였다. 해외건설기업의 어닝 쇼크와 관련해서는 연합뉴스 2014년 1월 27일자, 비즈니스워치 2014년 2월 11일자 등 참조.

4) 대림산업은 2014년 IFRS 연결기준으로 영업이익이 전년 397억원에서 적자전환한 −2,703억원이라고 발표했다. 연합인포맥스 2015년 1월 22일자.

5) 2015년 3분기에 삼성엔지니어링은 1조 5,127억원의 영업손실을 발표했다. 비즈니스워치 2015년 10월 22일자.

6) 대우건설은 매각을 앞둔 2018년초에 모로코 발전소 건설공사 현장에서 발생한 추가 손실 3000억원 등을 반영하면서 2017년 4분기 연결기준 1431억원의 영업손실을 기록해 적자전환했다. 뉴스웨이 2018년 2월 7일자.

7) 금융감독원의 공시자료에 따르면, 2019년 국내 5대 건설기업의 플랜트 매출 총합은 12조 5,685억 원으로 2018년 15조 704억 원 대비 17%나 감소했다(더벨 2020년 4월 14일자). 이처럼 플랜트사업의 수주와 매출이 줄어드니 인력감소도 당연한 일이다. 2019년 시공능력순위 상위 10대사 중 현대건설과 롯데건설을 제외한 8개사의 플랜트사업 인력은 적게는 수십 명에서 많게는 500여 명까지 감소했다(머니투데이 2020년 4월 16일자).

8) Capen, E.C., R.V. Clapp, and W.M. Campbell(1971). "Competitive Bidding in High−Risk Situations." Journal of Petroleum Technology, 23, June, pp.641−653.

9) '승자의 저주(winner's curse)'에 대한 이 책의 설명은 리처드 H. 세일러 지음, 최정규 · 하승아 옮김(2017). 『승자의 저주』. 이음. pp.107−129 참조.

10) 〈해외건설촉진법〉 제1조(목적) "이 법은 해외건설업의 신고와 해외공사에 대한 지원 등 해외건설을 촉진하는 데에 필요한 사항을 정함으로써 해외건설업의 진흥과 국제수지의 향상에 이바지함을 목적으로 한다."

11) 이 책에서는 '사업'과 '공사'를 가급적 구분해서 사용할 것이다. '공사'는 주로 건설사업의 가치사슬 중 '시공'만 담당할 경우에 사용하고, 시공 외에 기획 · 타당성조사 · 설계 · 운영 및 유지관리 등이 포함될 경우는 '사업'으로 표기하고자 한다.

12) 이 같은 지적은 〈해외건설촉진법〉에 국한된 것이 아니라 오래 전에 제정된 건설 관련 법령의 대부분에 해당한다. 대부분이 폐쇄경제 체제에서 자국 산업보호와 규제 위주의 법령이고, 4차 산업혁명을 수용하기도 어렵다.

13) 도급(都給)은 '어떤 일의 완성을 부탁받은 자(수급인)가 일을 하기로 약정하고, 부탁한 자(도급인)가 그 일이 완성되면 보수(報酬)를 지급할 것을 약정함으로써 성립하는 계약(대한민국 민법 제664조)'을 말한다. 건설산업에서 일반적으로 사용되는 도급사업의 의미는 '건설공사의 시공'을 의미하며, 사업발굴과 기획, 타당성조사 및 자금조달(파이낸싱)까지 담당하는 '투자개발사업'과 대비되는 단어로 사용하고 있다.

14) 가치사슬은 기업활동에서 부가가치 창출에 직접 또는 간접적으로 관련된 일련의 활동 · 기능 · 프로세스의 연계를 의미한다.

15) 프로젝트관리(PM)는 건설사업관리(CM)와 혼용되기도 한다. 하지만 이 책에서는 시공단계에서 감리를 포함한 좁은 범위의 사업관리 업무를 건설사업관리(CM)로 규정하고, 프로젝트관리(PM)는 그보다 더 넓게 설계부터 운영 및 유지관리(O&M)에 이르는 전체 가치사슬을 관리하는 활동으로 규정하여 건설사업관리와 구분해서 사용할 것이다.

16) 구매 · 조달(Procurement)은 기자재와 장비의 구매(purchasing) 및 공급(delivery) 활동 등을 합한 개념으로 사용하고자 한다.

17) 원래 건설공사 감리(CS: Construction Supervision)는 건설사업관리(CM: Consruction Management)와 역할과 범위가 상이한 영역이었다. 시공단계에서 설계도면대로 제대로 시공하는지를 점검하는 것이 건설공사 감리라면, 건설사업관리는 발주자를 대신하여 발주자 입장에서 기획부터 유지관리에 이르는 건설사업의 전체 가치사슬 영역의 전부 또는 일부를 담당하는 것을 의미한다. 하지만 〈건설기술진흥법〉 제2조에서는 "감리란 건설공사가 관계 법령이나 기준, 설계도서 또는 그 밖의 관계 서류 등에 따라 적정하게 시행될 수 있도록 관리하거나 시공관리 · 품질관리 · 안전관리 등에 대한 기술지도를 하는 건설사업관리 업무를 말한다."고 정의함으로써 '건설사업관리'와 사실상 동일시하고 있다.

18) 일반적으로 건설 · 설비 · 환경 · 자원 분야는 5~10%, 정보통신 분야는 15~20%, 플랜트 분야는 15~25% 비중이다. 산업자원부(2020.5.7). 〈엔지니어링산업 혁신전략〉. p.2.

19) 서울대학교 공과대학(2016). 〈축적의 시간〉. 지식노마드. p.43.

20) 기본설계는 보통 계통흐름도(flow diagram), 배관 및 계측도면(piping & instrument diagram, P&ID), 기기 및 계기의 사양서 등으로 이루어진다. 일반적으로 핵심공정만 라이센서가 '보증(guarantee)'하고, 나머지는 상세설계 · 구매조달 · 시공 (EPC)을 담당하는 계약자가 보증한다. '보증'이란 '이 기본설계에 기초하여 상세설계를 해서 플랜트를 건설하면 원하는 제품이 나온다'는 것을 보증한다는 뜻이다. 앞의 책. p.134.

21) 삼성엔지니어링은 최근 말레이시아에서 글로벌 에너지기업인 쉘(Shell)사의 가스 플랜트 FEED 업무를 수주했다(파이낸셜뉴스 2020년 4월 16일자). 현대엔지니어링은 '엔지니어링센터 2025년도 비전'을 발표하면서 3가지 전략목표 중 첫 번째로 FEED 적 극 추진을 내세우고 있다(건설경제신문 2020년 3월 30일자).

22) 2017년에는 93.7%, 2018년에는 93.9%, 2019년에는 91.8%였다. 해외건설협회 (www.icak.or.kr) 수주통계 참조.

23) 서울대학교 건설환경종합연구소(2017.9). 〈건설 엔지니어링 업계의 포지션 및 역 량 진단〉. 서울대학교 건설환경종합연구소 토론집 04 및 서울대학교 건설환경종합연 구소(2017.11). 〈건설 엔지니어링 업계의 글로벌 경쟁력 강화 방안〉. 서울대학교 건설 환경종합연구소 토론집 05 등 참조.

24) 심의섭(1990). 〈한국건설경제론〉. 진성사. pp.57-58.

25) 정주영(1991). "엄청난 시련을 극복하고". 〈해외건설 일화집: 고난과 영광, 그리고 교훈〉. 해외건설협회. p.25 및 정주영(1998). 〈이 땅에 태어나서〉. 솔. pp.97-99.

26) 최종환(2012). "사우디 사막에 꽃피운 신화의 시작". 〈위대한 성취, 새로운 도약〉. 해외건설협회. p.36.

27) 현대건설 정주영 회장은 당시를 이렇게 회고했다. "…예상했던 대로 이 공사에서 우리는 막대한 손실을 입었다. 손실이 손실만으로 끝나버리면 그것은 말 그대로 손실 이다… 대신 우리는 거기서 많은 것을 벌었다. 거듭되는 시행착오를 재빨리 시정하는 과정에서 새로운 경험과 노하우의 축적을 벌었고, 우리 현대건설의 근대화도 큰 소득

이었다. 또 국내 건설회사들 중에서 최초의 고속도로 시공 실적으로 말미암아 훗날 국내 고속도로 건설에서 주도적인 역할을 수행할 수가 있었고, 그때부터 국제적인 건설업체로 급성장해 나가는 발판도 다졌다." 정주영(1998). 앞의 책. pp.99-100.

삼환기업 최종환 회장도 당시를 이렇게 기록했다. "…그러나 우리 회사는 이렇게 엄청난 적자를 감수하면서도 한국 건설업의 명예와 신용을 걸고 끝까지 완벽한 공사를 수행했다. 그 결과 사우디 정부로부터 '이제까지 사우디에서 이루어진 도로공사 중 가장 우수한 작품'이란 격찬과 함께 '사우디의 개발에 꼭 필요한 존재'라는 인정을 받게 되었다." 최종환(2012). 앞의 글. p.37.

28) 초창기 한국 정부의 해외건설정책 추진과정과 관련해서는 필자의 행정학박사 학위논문인 이상호(1995). 〈한국 정부의 해외건설정책 추진과정에 관한 연구〉. 서울대학교. 참조.

29) 이상호(1998.3). "IMF체제하의 해외건설 지원제도". 〈건설산업동향 제25호〉. 한국건설산업연구원. p.2.

30) 해외건설협회(1992.1). 〈중동건설시장 현황과 대책〉. p.127.

31) 이와 관련된 사항은 당시의 김정렴 대통령 비서실장 회고록에 상세하게 기술되어 있다. 김정렴(1991). 〈한국경제정책 30년사〉. 중앙일보 · 중앙경제신문. pp.405-407.

32) 이상호(1995). 앞의 논문. pp.123-145.

33) 초창기 해외건설의 국민경제적 효과에 관해서는 해외건설협회(1984). 〈해외건설 민간백서〉, 건설부 건설경제국(1992). 〈건설산업 발전사〉, 해외건설협회(1987). 〈해건협 10년사〉 및 이상호(1995). 앞의 논문. pp.88-96 등 참조.

34) 부실 해외건설기업의 정리와 관련해서는 이상호(1995). 앞의 논문. pp.165-193 참조.

35) 이 시기의 해외건설기업 정비현황에 대한 통계는 해외건설협회(1989). 〈해외건설 민간백서〉. pp.112-113 참조.

36) 해외건설협회(1989). 〈해외건설 민간백서〉. p.103 및 유만년(1994. 9-10). "30% 하청의 덫에 걸려". 〈월간 해외건설〉. 해외건설협회. pp.55-60 등 참조.

37) 김정렴(1991). 앞의 책. p.406.

38) 이상호(1995). 앞의 논문. p.139.

39) 당시 김영삼정부에서 우리과이라운드(UR) 건설서비스협상과 정부조달협정의 일괄타결(1993.12)을 앞두고 국내 건설시장 개방과 전반적인 규제완화 흐름 속에서 "… 해외건설에 대한 각종 규제를 완화하여 국내건설업체의 해외진출을 유도함으로써 해외건설을 활성화하기 위한 기반을 조성"하기 위해 해외건설업 면허제를 등록제로 전환하고, 해외공사의 도급한도액제도를 폐지하고, 해외공사의 도급허가제도를 신고제로 전환했다. 대한민국 국회 건설위원회(1993.7). 〈해외건설촉진법 개정법률안 심사보고서〉. p.2.

40) 한국건설산업연구원(2016). 〈한국건설통사 V〉. pp.494-503.

41) 허경신(2003). "세계적 건설사와의 힘겨루기: 해외건설 문제점 및 활성화 방안". 〈한국의 건설산업, 그 미래를 건설하자〉. 삼성경제연구소. p.323.

42) 해외건설협회(2004.10). 〈해외건설 진흥계획 수립 연구〉. pp.100-101.

43) 허경신(2003). 앞의 글. p.322.

44) 이상호(1998.3). 앞의 글. p.3.

45) 이하에서 설명하는 IMF 외환위기 당시의 해외건설 동향에 대해서는 한국건설산업연구원(1999.6). 〈IMF 시련과 건설산업의 도전〉. pp.222-224. 참조.

46) 대한건설협회(1994.3). 〈시장개방과 건설산업〉. pp.44-47.

47) 해외건설협회에서는 초기자본 3억 달러로 GPIF를 출범시킨 뒤 3년 이내에 국내외 투자를 추가적으로 참여시켜 10억 달러까지 확대할 계획이었으나, 당초 GPIF에 참여의사를 밝혔던 한국의 은행 및 정부투자기관들이 외환부족과 IMF 구제금융 신청에 따른 경영위기로 인하여 참여를 포기했다. IMF 체제하에서의 전반적인 해외건설 지원정책과 문제점에 관해서는 이상호(1998.3). "IMF 체제하의 해외건설 지원제도." 〈건설산업동향 제25호〉. 한국건설산업연구원. 참조

48) 손태홍(2017). "해외건설 진단과 수주전략". 건설이슈포커스 2017-09. 한국건설산업연구원. pp.8-9.

49) 일반적인 해외 플랜트 EPC사업은 상세설계를 비롯한 엔지니어링(E) 비중이 10%, 구매·조달(P) 비중이 60%, 시공(C) 비중이 30% 내외라고 한다. EPC사업은 E-P-C가 따로 따로 움직이는 것이 함께 연결되어 움직이는 프로세스 사업이다. 상세설계(E)를 할 때 설계에 미리 경쟁력 있는 기자재를 구매·조달(P)할 수 있도록 반영해야 수익성 을 확보할 수 있고, 구매·조달(P)이 제대로 이루어져야 시공(C) 단계에서 공기 준수와 품질확보가 가능하다. 해외건설협회에서는 "산업설비공사"로 표현하고 있지만, 시공만 하는 것이 아니라 엔지니어링과 구매·조달도 함께 수행하는 경우가 대부분이기 때문 에 이 책에서는 주로 '플랜트사업'으로 표기하고자 한다.

50) 최중석(2014.6.26). "해외건설 수익성 제고방안". 〈해외건설정책포커스〉. 해외건설 정책지원센터. p.11.

51) 하이투자증권(2014.02.12). 〈Engineering and Construction_2014년 해외건설 수 익성 전환 시작!〉. p.11.

52) 파이낸셜뉴스 2016년 8월 23일자 기사에서 재인용. 하지만 일부 증권사 애널리스 트들의 추정치도 사실 신뢰하기 어렵다. 2013년에 어닝 쇼크를 고백한 뒤, 2014년부터 회복할 것이라는 섣부른 전망도 많았다. 여기서 인용한 파이낸셜뉴스의 2016년 8월 기 사만 해도 2016년부터 해외손실액이 6천억 원대로 급격하게 줄어들면서 곧 회복될 것 이라는 낙관적 전망을 했다.

53) 한창 우리 기업간의 경쟁이 치열하던 2010~2012년에 해외건설 관련 세미나를 가 보면 과당경쟁을 문제라고 지적하면서 정부나 해외건설협회가 나서서 이른바 '자율조 정'을 해달라는 요구가 많았다. 1980년대 초반까지의 초창기 중동 건설 붐 때는 정부가 도급허가권을 행사하여 수주업체를 선정했다. 하지만 이미 그런 제도는 폐지되었고, 정부가 나서서 해외건설기업이 저가 입찰하지 않도록 강제력을 발휘할 수 있는 시대는 끝났다. 만약 정부나 해외건설협회가 나서서 그런 역할을 하고자 했더라도, 수주에서 배제될 기업 스스로가 해외 발주처 등에 문제 제기를 했을 것이다. 정부의 규제완화 내 지 폐지를 끊임없이 요구하면서 다른 한편에서는 정부가 나서서 민간기업의 입찰가격 내지 수주 여부를 조정해달라는 주장은 모순(矛盾)이고 자가당착이다. 기업 간에는 저

가 수주문제 해결이 전혀 안되니 답답해서 정부와 해외건설협회에 '자율조정'을 요구했다고 보지만, 대안이 될 수 없는 방안만 자꾸 언급하는 것 같아서 안타까웠다.

54) 총괄 사업관리 컨설턴트(PMC)는 중동에서 정부 발주처 및 공공기관을 대신하여 입찰참가자격 사전심사(PQ) 및 입찰서의 기준을 영국이나 미국 건설기준에 따라 작성하는 등 공사발주 및 입찰 관련 제반 사항을 초기 단계에서부터 수행하는 민간기업을 말한다. 하지만 한국에서는 이 같은 업무가 발주자의 업무였으며, 민간기업이 지식과 경험을 쌓을 기회가 없었다. 최근 들어 한국 엔지니어링업계도 해외건설시장에서 PMC 업무를 할 수 있도록 하기 위해서 한국의 발주자들이 PMC 용역을 발주해 주기를 바라는 목소리가 높아지고 있다. 서울대학교 건설환경종합연구소(2017). 〈건설 엔지니어링 업계의 글로벌 경쟁력 강화 방안〉. 서울대학교 건설환경종합연구소 토론집 05. p.67.

55) 해외 플랜트 사업만이 아니라 국내 주택사업을 비롯한 건설사업 대부분이 이처럼 왜곡된 인센티브 구조를 갖고 있었다. 2010년대 초반의 어닝 쇼크를 계기로 왜곡된 인센티브 구조의 개선이 일부 이루어지기도 했다. 하지만 아직도 한국 건설기업들은 '수주 중심' 사고와 '수주 시점'에서 주는 인센티브 구조를 탈피하지 못했다고 본다.

56) 2011년 페트로팩(Petrofac)의 인력은 15,400명, 매출액은 6.6조 원이었고, 사이펨(Saipem)은 38,428명에 매출액 16.8조 원이었다. B사 내부자료(2012).

57) 2000년대 후반부터 C기업은 마치 '플랜트 인력시장의 블랙홀'이라고 할 정도로 시장에서 한정된 전문인력을 한동안 대거 채용하기 시작했다. 그 기업의 해외 플랜트 수주실적도 한동안 놀랄 정도로 급증했다. 다른 경쟁사들은 심각한 인력 부족에 시달리면서 인력 스카우트 전쟁에 나서지 않을 수 없었다. 하지만 그렇게 인력을 끌어들인 기업도 다른 기업보다 더 심각한 어닝 쇼크를 겪었다. 그 기업도 인력의 양과 질, 두 가지 측면이 모두 충분하지 않았을 것이다. 해외 플랜트 사업의 성공적 수행을 위해서는 인력만이 아니라 인력을 포함한 '시스템 역량'을 갖추어야 한다.

58) 일반적으로 건설사업은 설계 이전 단계(65%)와 설계 단계(25%)의 활동이 전체 사업비의 90%에 영향을 미친다. 플랜트 사업도 다를 바가 없다. 반면에 시간이 지나 시공 단계로 접어들면 사업비를 절감할 수 있는 기회가 급격하게 줄어 든다. 김종훈(2020).

〈프리콘: 시작부터 완벽에 다가서는 일〉. MID. pp.34-36.

59) A사의 경우, 플랜트 사업 입찰시 2010년 이전에는 총사업비의 2~4%를 반영하다
가 2010년경에는 1%대로 반영하거나 아예 반영하지 않은 프로젝트도 있었다. 수주를
위해 정상적으로 예비비를 반영하지 않은 것이다. 이처럼 예비비 반영은 줄어들었는
데, 원가율이 올라가면서 예비비 집행은 증가세를 보였다.

60) 2020년 4월 19일 현재 한국의 해외건설 누계 수주실적은 8,458억 달러다. 1조 달러
를 달성하고자 한다면 2020년 남은 기간 동안 1,500억 달러 이상 수주해야 하는데, 현
재로서는 실현 불가능한 목표다.

61) 장대환(2020). 〈우리가 모르는 대한민국〉. 매일경제신문사. pp.88-104.

62) 이하 초창기 해외건설의 긍정적인 국민경제적 효과는 주로 해외건설협회(1984).
〈해외건설 민간백서〉와 건설부 건설경제국(1992). 〈건설산업발전사〉 및 이상호(1995).
앞의 논문 등에서 발췌하여 요약했다.

63) 한국민족문화대백과(http://encykorea.aks.ac.kr/)에서 인용.

64) 건설부 건설경제국(1992). 〈건설산업 발전사〉. p.38.

65) 위의 책. p.38.

66) 위의 책. p.39.

67) 해외건설협회(1984). 〈해외건설 민간백서〉. p.184.

68) 건설부 건설경제국(1992). 앞의 책. p.39.

69) 해외건설협회(1984). 앞의 백서. p.165.

70) 중동건설이 '황금알을 낳는 거위'로 인식되면서부터 한국의 주요 대기업들은 기존
의 건설업체들을 인수하여 적극적으로 해외건설시장에 참여했고, 그 결과 한국 10대
재벌의 매출액은 1975~1979년간 매출액의 약 1/6을 해외건설부문에서 획득하기도 했
다. 조동성(1994). 〈한국재벌연구〉. 매일경제신문사. pp.191-192

71) '동남아 건설 붐' 시기인 1993~1997년 상반기 중 해외건설 수주액은 400억 달러였
고, 같은 기간 중 외화가득액은 50억 달러였다. 해외건설협회(2004.10). 〈해외건설 진
흥계획 수립 연구〉. pp.35-36.

72) 건설교통부(2005). 〈해외건설 진흥기본계획〉. p.22.

73) 당시 정부가 '산업합리화'라는 이름으로 정리한 건설기업은 진흥, 삼익주택, 한양, 라이프, 한신, 동양고속, 삼익건설, 고려, 정우, 태평양, 덕수 등 11개사였다. 부도 처리된 건설기업은 3개사였고(국제실업, 대산, 서일), 해외건설업 면허를 자진반납한 건설기업은 7개사(대농, 한일산업, 코오롱, 롯데, 진덕, 미성, 광주고속)였다. 당시의 해외건설기업 구조조정 내용은 해외건설협회(1989). 「해외건설 민간백서」에 상세하게 기록되어 있다.

74) 대신에 동남아 5개국을 제외한 여타 동남아 국가에서의 수주비중은 1998년에 29.4%로 늘었다. 한국건설산업연구원(1999.6). 앞의 보고서. p.220. 여기서 오해하면 안 되는 것은, 비중이 그렇다는 것이다. 1997년 140억 달러를 기록했던 한국의 해외건설 수주실적은 1998년 40.5억 달러로 폭락했다.

75) 실제로 당시(1999.1.1.−4.20) 조달청 발주공사의 수주실적을 보면, 해외건설 수주실적 1위이자 국내 시공능력 공시순위 1위인 현대건설의 수주실적은 88억 원인 반면, 국내 시공능력 89위였던 삼협개발의 수주실적은 1,385억 원에 달했다. 이런 기형적인 수주실적이 나오게 된 이유는 IMF 외환위기를 계기로 국내 건설업체 간 관행적인 입찰담합 구조가 무너졌는데, 입찰제도상의 맹점으로 인해 해외사업 부실화로 인해 PQ심사기준 상의 경영상태 평가점수가 낮은 대형 건설기업들의 공공공사 수주실적이 급감한 데 있다. 이 같은 사태는 1999년 4월 말에 PQ경영상태 평가방식을 조정하는 등 국가계약제도 개선이 이루어지면서 어느 정도 정리되었다. 이상호(2000.9). 〈최저가 낙찰제 도입방안 연구〉. 한국건설산업연구원. p.81.

76) 한국건설산업연구원(1999.6). 앞의 보고서. p.133.

77) 2013년에는 삼성엔지니어링(연간 1조 280억 원), GS건설(연간 9,373억 원), SK건설(연간 4,905억 원), 대우건설(연간 2,446억 원), 대림산업(4분기 3,196억 원) 등 5개사가 영업손실을 공시했고, 2014년에는 대림산업(연간 2,703억 원), 2015년에는 삼성엔지니어링(3분기 1조 5,127억 원)이 영업손실을 공시했다(한국경제신문 2015년 10월 22일자).

78) 파이낸셜뉴스 2016년 8월 23일자.

79) 물론 현재도 해외건설에 대한 정부의 법적, 제도적 지원장치가 많다. 문재인 정부도 해외건설 지원 정책을 몇 차례 발표한 적이 있다. 하지만 과거처럼 정부가 나서서 직접 해외건설을 지원할 수 있는 실질적 수단이 많지 않고, 그 효과도 크지 않다.

80) 국토교통부(2015.10). 〈제3차 해외건설진흥계획 요약본〉. p.10.

81) 루치르 샤르마 지음, 서정아 옮김(2012). 〈브레이크아웃 네이션〉. 토네이도.

82) 위의 책. pp.392-393.

83) 2003년 해외건설 수주액이 37억 달러에 불과했는데, 해마다 0.3%p씩 세계 건설시장 점유율을 올리면 2009년에 151억 달러 수주가 가능하다는 것이다. 건설교통부(2005). 〈해외건설진흥계획〉 p.15. 하지만 2009년의 실제 해외건설 수주실적은 492억 달러였다. 이처럼 정부의 수주전망(혹은 목표)과 실적치의 큰 괴리는 전망이나 목표 자체를 불신하게 만들었다.

84) 국토교통부(2015.10). 앞의 자료. p.13.

85) 김성일(2006.4). 〈해외건설 인력의 원활한 수급방안〉 국토연구원. p.35.

86) 이복남·최석인·장현승(2009.3.4). "해외건설 전문인력 공급 부족 진단과 해결을 위한 정책적 제언." 〈건설이슈포커스〉. 한국건설산업연구원. pp.10-11.

87) 해외 매출 100억 달러당 해외 파견 6,000명, 국내 고용 30,000명으로 추정해서 산정한 것이다. 이복남(2014.6.26). "글로벌 인재수급 현안 진단과 대책". 〈해외건설정책 포커스〉. 해외건설 정책지원센터. p.3. 2013년에 해외건설 어닝 쇼크가 발생했는데도 이처럼 정부가 터무니없는 해외수주 목표액을 설정한 것은 그만큼 해외건설에 대해서 아는 것이 없다는 증거다. 2017년의 실제 해외건설 수주액은 290억 달러에 불과했다.

88) 〈건설경제신문〉 2014년 2월 13일자.

89) 황덕순(2010). 〈해외건설 현장 외국인 인력 노무관리 방안 연구〉. 한국노동연구원.

90) 이복남(2014.6.26). 앞의 자료. p.4.

91) 건축설계업은 지금도 〈건축사법〉의 규제조항 때문에 건설기업이 겸업할 수 없다. 만약 건설기업이 건축설계업을 하고자 한다면, 최소한 대표이사 1명을 건축사로 해

야 하고, 기업의 이름에도 반드시 '건축사 사무소'로 표기해야 한다. 예컨대, 현대건설이 건축설계업을 하고자 한다면 최소한 대표이사 1명을 건축사로 해야 하고, 기업이름은 "현대건설 건축사 사무소"로 해야 한다. 이상호·한미파슨스(2003). 〈한국건설산업 대해부〉. 보성각. pp.30-31. 토목설계·엔지니어링은 1993년부터 겸업이 허용되었다. 건설규제개혁TFT(2008). 〈새 정부의 건설규제 개혁과제〉. 한국건설산업연구원. pp.30-31.

92) 건설사업관리는 제도화된 역사도 짧지만, 2014년에 기존의 〈건설기술관리법〉을 〈건설기술진흥법〉이란 이름으로 전면개정하면서 감리업무도 '감독권한 대행 등 건설사업관리'라는 명칭을 부여하는 바람에 감리와 혼재되어 있다.

93) 물론 한국 상품과 문화 중에서도 외국인들이 좋아하는 것들이 있다. 스마트폰, TV나 냉장고 같은 가전제품, K-POP 같은 것들을 예로 들 수 있다. 하지만 건설상품은 인프라 시설물이나 주택을 비롯한 건축물들이다. 현지인의 소득수준이나 문화수준에 걸맞지 않는 건설 상품이나 서비스로는 성공을 기대하기 어렵다.

94) 글로벌 전략의 틀 속에서 현지화를 추구하는 것이 이른바 "Glocalization"이다.

95) 나중에 〈해외사업국〉으로 확대되었다가, 다시 〈경제협력국〉으로 흡수통합되었고, 재무부 〈국제금융국〉으로 그 업무가 이관되었다. 이상호(1995). 앞의 논문. p.117.

96) 초창기 해외건설 지원체제의 정비와 관련해서는 이상호(1995). 앞의 논문. pp.115-120.

97) 이정동(2017). 〈축적의 길〉. 지식노마드. p.45.

98) 한국의 산업 중에서 개념설계에 도전하여 성공할 산업도 있다. 대표적인 것이 자동차, 반도체, 조선 및 통신산업이다. 서울대학교 공과대학(2015). 〈축적의 시간〉. 지식노마드. 및 이정동(2017). 앞의 책. 참조.

99) 조선비즈 2017년 7월 20일자.

100) 〈축적의 시간〉에서 서울대학교 조선해양공학과의 김용환 교수는 당시를 이렇게 회고했다. "…한국의 조선회사들은 해양 플랜트를 너무 쉽게 봤습니다. 앞서 설계(E), 구매(P), 설치(I) 각 단계마다 전 세계적으로 전문화된 회사들이 있다고 말씀드렸죠? 이

회사들은 모두 엄청난 시간동안 도면을 그리고, 구매를 하고, 설치를 해 왔던 전통이 있는 회사들입니다. 이 회사들의 축적된 노하우는 한국 조선업체들이 금방 따라 잡을 수 있는 수준이 아닙니다. 최소 거의 반세기에서 한 세기 동안 전문적으로 해온 노하우를 가지고 있습니다. 그런데 한국 회사들이 그것을 어느 순간에 전 과정을 직접 하겠다고 나선 것은 의욕은 좋지만 너무 쉽게 본 것입니다…" 서울대학교 공과대학(2015). 앞의 책. p.92.

101) 단선적 사고와 시스템 사고의 차이점에 대해서는 임영채(2019). 〈시스템 사고로 경영하라!〉. 클라우드나인. pp.97-107. 참조.

102) 오랫동안 실행 중심으로 일해 온 한국의 산업계가 개념설계로 프레임을 전환하기 어려운 이유는 시스템을 구성하는 교육, 금융, 기업관계, 정부 정책 등 모든 요소들이 실행을 강화하는 방향으로만 형성되어 있기 때문이다. 이정동(2017). 앞의 책. pp.201-208.

103) ENR(Aug. 19/26, 2019).

104) ENR(July 22/29. 2019).

105) ENR(Aug. 19/26. 2019).

106) 한국건설기술연구원이 평가한 글로벌 경쟁력 순위는 미국〉중국〉스페인〉독일〉영국〉캐나다〉일본〉네덜란드〉오스트리아〉호주〉프랑스〉한국 순이었다. 한국건설기술연구원(April 2019). "건설산업 글로벌 경쟁력 평가의 시사점 및 정책과제". 〈KICT INSIGHT〉 vol.6.

107) 20대 해외건설기업 중 중국을 비롯한 신흥국 기업은 한국 기업보다 질적인 측면에서 월등한 글로벌 기업으로 보기 어렵고, 스페인의 ACS는 독일 호크티에프(Hochtief)를 인수했기 때문에 중복을 피하고 연속적인 자료를 정리하는 차원에서 제외했다. 미국의 벡텔(Bechtel)은 상장사(上場社)가 아니기 때문에 공시자료를 얻을 수가 없다.

108) 최중석(2014.6.26). 앞의 자료. p.5-6.

109) 테크닙FMC는 2017년에 FMC technologies Inc.와 테크닙이 합병하면서 탄생한

기업 명칭이다. 이 책에서는 주로 합병 이전의 테크닙 사례를 설명하고 있기 때문에 향후 기업명칭도 테크닙으로 표기하고자 한다.

110) ENR 선정 2019년 30대 해외건설기업에는 중국 기업이 8개, 스페인 · 프랑스 기업이 각 3개, 한국 기업도 3개(현대건설, GS건설, 삼성물산), 영국기업 2개, 미국 기업 2개, 독일 · 오스트리아 · 스웨덴 · 이탈리아 · 그리스 · 인도 · 호주 · 일본 기업 각 1개씩이었다.

111) 여기서 설명하는 자료는 특별한 인용이 없는 한, 모두 글로벌 기업의 연간 보고서(Annual Report)를 입수하여 GS건설경제연구소에서 정리한 자료들이다.

112) 이렇게 된 이유는 2000년에 미국의 대형 건설기업인 Turner를 인수했기 때문이다.

113) 최현대(2019.3). "세계 플랜트 시장 전망 및 우리기업의 경쟁력". 〈해외건설 4.0시대, 우리의 대응전략〉. 해외건설 정책지원센터 개소 5주년 기념세미나. p.42.

114) 2018년 미국 400대 건설기업의 매출액은 4,050억 달러였지만, 5년 전인 2014년에는 3,319억 달러였다. 5년 사이에 약 18% 늘어났다. ENR(May 27/June3, 2019).

115) 2018년 매출액은 2006년 이후 최저 수준이라고 한다. Bechtel(2019.3.28). 2019 Annual Report. ENR에서 집계한 2018년 벡텔의 글로벌 매출액은 168억 달러로 애뉴얼 리포트와는 차이가 있다. 이 같은 차이는 매출액 집계 항목의 차이에 기인한 것으로 보인다.

116) Flour(2019.3.12). 2018 Annual Report. 벡텔과 마찬가지로, ENR에서 집계한 플루어의 2018년 글로벌 매출액은 156억 달러로 애뉴얼 리포트와는 차이가 있다.

117) www.bechtel.com 참조.

118) www.fluor.com 참조.

119) 조성원(2017). "플루어(Fluor) 진출전략 및 시사점". 〈2017 해외건설정책지원센터 연구성과집〉. 해외건설정책지원센터. p.297.

120) 김정민(2003). "외국 선진기업들의 전략 및 시사점". 〈한국의 건설산업, 그 미래를 건설하자〉. 삼성경제연구소. p.201.

121) 성유경 외(2012). 〈해외 토목 · 건축시장 선진 기업들의 시장 확대 전략 및 시사점〉. 한국건설산업연구원. p.72

122) 조성원(2017). 앞의 자료. p.292.

123) 2018 Fluor Annual Report(2019.2). p.3. 사실상 매출이 정체되어 있는 셈이다.

124) 플루어의 순이익률은 2007~2009년간 3%대로 양호한 편이었지만, 이후 2%대에서 악화되고 있다고 한다. 조성원(2017). 앞의 자료. p.293.

125) 위의 자료. p.298.

126) 한국철도시설공단(2016). 〈호남고속철도건설사(I)〉. pp.204-205.

127) 완다그룹의 성장사에 관해서는 왕젠린(2015). 〈완다〉. 사회평론.

128) GlobalData(2020.4.3). Global Construction Outlook to 2024 — COVID-19 Impact.

129) Global Construction Perspectives & Oxford Economics(2013). Global Construction 2025.

130) Global Construction Perspectives & Oxford Economics(2015). Global Construction 2030.

131) Frost & Sullivan(2019.12). Future of Construction, Global, 2030.

132) GI Hub는 '필요한 인프라의 투자 소요(needs)와 현재의 투자 추이 간의 격차'를 '인프라 투자 갭'으로 정의하고 있다(www.gihub.org).

133) GI Hub는 2014년에 인프라의 중요성을 인식한 G20에서 인프라 투자를 확대하기 위해 만든 기관으로 현재 호주 시드니에 위치하고 있다(www.gihub.org).

134) Oxford Economics는 1981년 영국 옥스퍼드대 경영학과와 함께 설립한 기관으로 국제기구나 정부 및 기업 등을 대상으로 경제 예측 등을 제공하고 있다(www.oxfordeconomics.com).

135) Global Infrastructure Hub & Oxford Economics(July 2017). Global Infrastructure Outlook.

136) ADB(2017). Meeting Asia's Infrastructure Needs.

137) Ibid. pp.49-50.

138) Mckinsey Global Institute(June 2016). Bridging Global Infrastructure Gaps. p.20.

139) European Court of Auditors(2018). op.cit. pp.9-11.

140) ADB(2017). op.cit. pp.52-56.

141) 미국은 2008년 금융위기 이후부터 신규 공공 인프라 사업에 민간투자(PPP, 혹은 P3)를 적극적으로 유치하고자 하는 움직임을 보였으며, 2017년까지 33개 주가 민간투자사업을 허용하는 법률을 갖고 있다. 2005~2011년간 미국에서 진행된 민간투자사업 누적 건수는 48건(607억 달러)에 불과했다. 최석인 외(2017.4). 〈미국 건설시장 동향과 진출 전략〉. 한국건설산업연구원. p.26.

142) Financial Times 2019년 8월 13일자.

143) 멜버른대학의 추정에 따르면 2000~2015년간의 손실규모는 60억 호주달러였고, 2015~2020년간은 110억 호주달러의 추가적인 손실이 예상된다고 한다. 위의 기사 참조.

144) 이상호(2018). 〈4차 산업혁명, 건설산업의 새로운 미래〉. RHK. pp.28-38.

145) HM Government(July 2013). Construction 2025.

146) 김은하(2017). "i-Construction의 추진". 〈KACEM(2017 07/08)〉. 한국건설기술관리협회. pp.48-53.

147) 이상호(2018). 앞의 책. pp.135-139.

148) 모듈러 건설은 건설현장이 아니라 공장에서 건설에 필요한 자재(모듈) 등을 제조하여 현장으로 반입해서 조립, 설치하는 것으로 전통적인 현장생산방식에 대비되는 공장제작 및 조립방식이라고 할 수 있다. 나라마다 모듈러 건설에 대해서는 다양한 명칭이 사용되고 있다. 영국에서는 '현대적 건설방법(MMC: Modern Methods of Construction)'이라 부르기도 하고, '탈현장 건설(OSC: Off-Site Construction)'이라 부르기도 한다. 싱가포르에서는 '공장제작 및 조립을 위한 설계(DfMA: Design for Manufacturing and Assembly)'로 부르고 있다. 미국, 일본, 한국 등에서는 오랫동안

모듈러 건설로 불러왔다.

149) Building and Construction Authority(2017). The Construction Industry Roadmap.

150) 한국에서 흔히 모듈러 건설이라고 부르는 공장제작 및 조립방식의 활성화 원인과 기업의 비즈니스 모델에 관해서는 박희대·손태홍(2020.2). "모듈러 건설과 기업의 비즈니스 모델 구축 방향". 〈건설이슈포커스〉. 한국건설산업연구원. 참조.

151) 〈건설산업기본법〉 제2조에서는 "시공책임형 건설사업관리"라는 이름으로 CM at risk를 규정하고 있다.

152) 김종훈. 앞의 책. P.231.

153) 국토교통부 보도자료(2020.1.30). "해외 도시에 한국형 스마트시티 수출한다".

154) 이재용(2019.11) "스마트시티 해외진출 방안". 〈K-BUILD저널〉. 해외건설정책지원센터. pp.11-14.

155) 대한건설협회 홈페이지(www.cak.or.kr) 참조.

156) 서울대학교 건설환경종합연구소(2017). 〈건설 엔지니어링 업계의 글로벌 경쟁력 강화방안〉. 서울대학교 건설환경종합연구소 토론집 05. p.31.

157) 서울대학교 건설환경종합연구소(2017). 〈건설 엔지니어링 업계의 포지션 및 역량 진단〉. 서울대학교 건설환경종합연구소 토론집 04. p.23.

158) ENR(May 27/June 3. 2019).

159) 건설경제신문 2007년 3월 21일자 및 2015년 9월 23일자. 해외수주 실적이 없는 기업에 역차별을 초래하고, 허위실적 제출 의혹 및 국내 공공 공사용 해외진출 독려제도였다는 등의 비판이 많았다.

160) 손의영(2017.12). "개발도상국 인프라 PPP사업 진출을 위한 ODA지원 개선방안". 〈K-BUILD저널〉. 해외건설정책지원센터. pp.8-17.

161) 일본은 2010년 10조 엔 수준의 해외 인프라 수출을 2020년까지 30조 엔으로 확대하기 위해 2013년부터 5년간 1,000억 달러를 해외 인프라 프로젝트에 투자하기로 했고, 2016년에는 이 금액을 2,000억 달러로 늘렸다. 정종현(2017.2). "일본의 해외교

통 · 도시개발사업 지원기구(JOIN)". 〈K-BUILD저널〉. 해외건설정책지원센터. p.3.

162) 앞에서도 언급했듯이, 한국 기업의 투자개발사업 수주 비중은 2006년 10.2%에서 2016년 3.1%까지 하락하였고, 도급사업 수주 비중은 95%를 상회했다.

163) "건설산업 경쟁력 강화 공약"으로 공기연장 간접비 지급방안 개선, 임금지급보증제 조속 도입, 스마트 건설기술확보 지원 확대에 더하여 건설업 해외진출 지원이라는 공약이 포함되어 있었다.

164) 국토교통부 보도자료(2017.10.26). "해외 인프라 사업 지원 위한 850억 원 규모 벤처펀드 조성"

165) 국토교통부 보도자료(2018.5.10). "해외인프라도시개발지원공사 6월 출범 … 해외수주 전방위지원"

166) 관계부처 합동(2019.2.14). 〈해외수주 활력 제고 방안〉.

167) 관계부처 합동(2019.4.17). 〈글로벌 플랜트 · 건설 · 스마트시티 펀드 조성방안〉.

168) 국토교통부 보도자료(2020.2.5.). "2월 글로벌 플랜트건설스마트시티(PIS) 제안형 펀드 2천억 원 조기 출시".

169) 2019년 전체 해외건설 수주액(223억 달러) 대비 8%(18억 달러)에 불과했다.

170) 건설 생태계와 관련한 이하의 설명은 김정호 외(2016). 〈건설, 새 판을 짜자〉. 건설경제. pp.53-55.

171) 4차 산업혁명 시대를 맞아 한국 건설산업의 규제실태와 필요한 개선과제는 이상호(2018) 〈4차 산업혁명, 건설산업의 새로운 미래〉. RHK. pp.218-255 참조.

172) Mckenzie Global Institute(2017). Reinventing Construction: A Route to Higher Productivity. pp.73-77.

173) 반면에 제조업은 같은 기간 중에 노동생산성이 18.5%나 증가했다. 황정환(2019.4). "건설산업 고도화를 위한 생산성 제고방안." 〈산은조사월보〉. KDB산업은행.

174) 최인철(2016). 〈프레임〉. 21세기북스. pp.23-24.

175) 대표적인 주창자로 이복남 서울대학교 건설환경종합연구소의 산학협력교수를 꼽을 수 있다. 서울대학교 건설환경종합연구소에서 주최한 토론회와 자료 발간을 통해

'건설사업'에 대한 인식의 전환을 요청하고 있는데, 이 책도 같은 입장이다.

176) 서울대학교 건설환경종합연구소(2017). 〈건설엔지니어링업계의 포지션 및 역량 진단〉. 서울대학교 건설환경종합연구소 토론집 04. pp.31-35.

177) '건설사업관리'를 지칭하는 영어 단어로는 CM(Construction Management) 과 PM(Project Management)이 모두 활용되고 있다. 하지만 이 책에서는 프로젝트 관리(PM)를 프로젝트 생애주기 전체에 걸친 사업관리를 의미하는 것으로 정의하고, CM은 프로젝트관리(PM)의 일부분인 '시공관리 혹은 건설공사관리(Construction Management)'라는 좁은 의미로 한정했다.

178) 프로젝트의 성공을 위해서는 시공 이전 단계, 특히 초기 기획단계와 설계단계에서 원가와 공기, 품질, 안전에 관한 사항을 검증하고 관리하는 것이 가장 중요하다. 최근 한국에서도 시공 이전 프리콘(PRE-CON) 단계의 중요성을 강조하고, 시공보다도 프리콘이 프로젝트관리의 핵심이라는 점을 강조하고 있다. 대표적인 저술로 김종훈(2020). 〈프리콘: 시작부터 완벽에 다가서는 일〉. MID.를 독자 여러분들께서도 일독할 것을 권하고 싶다.

179) 이광표·유위성(2018.8). "국내 건설기업의 해외프로젝트관리 역량 진단". 〈건설 이슈포커스〉. 한국건설산업연구원.

180) 10년 이상 해외사업 수행경험을 보유하고 있는 대형 건설기업 5개사의 실무 전문가를 대상으로 설문조사 및 인터뷰를 병행했다. 위의 자료. pp.18-27.

181) 통합관리는 사업참여자의 다양한 요구와 기대를 관리하기 위해 자원 분배, 목표 및 대안간의 상충 관리, 기능분야 간 상호의존성 관리 등을 수행하는 것을 말한다. 한국 기업도 통합관리를 위한 절차/지침/규정과 전산시스템 모듈 등은 보유하고 있다. 다만, 사업관리기본계획 기반의 일관된 수행, 사업성과의 업데이트 및 변경사항 관리, 사업종료 후 데이터 축적 등과 같은 체계적 관리가 필요하다. 위의 자료. p.26.

182) 한태희(2018.4). "프리콘 서비스 기반 건설생산방식 혁신". 〈4차 산업혁명시대의 발주제도 혁신 세미나 자료집〉. 한국건설산업연구원. pp.6-10.

183) 자료: 박희대·손태홍(2020.2). "모듈러 건설과 기업의 비즈니스 모델 구축 방향".

〈건설이슈포커스〉. 한국건설산업연구원.

184)건설산업비전포럼(2017.5). 글로벌 M&A를 통한 해외건설 경쟁력 강화전략. 2017 건설산업비전포럼 국내세미나 자료집.

185) 한국에서의 건설기업 M&A는 대부분 구조조정용 매물을 인수한 것이었고, 건설자재 부문에서 그나마 활발했으며 재무적 투자자의 참여가 두드러졌다는 특징이 있다. 백인규(2017.5). "Global M&A 시장 및 Cross-Border M&A 성공전략". 〈글로벌 M&A를 통한 해외건설 경쟁력 강화전략〉. 건설산업비전포럼 국내세미나 자료집. p.15.

186) 국토교통부(2013.4.25.). 〈2013년 해외건설 수주계획〉. pp.2-3. 이 계획은 해외건설사업자에 대한 설문조사('13.1)와 관계부처 협의('13.4.11)를 거쳐서 만들었다고 명시하고 있다. 설문조사 대상기업들의 수주목표 등을 종합하여 2013년 수주목표를 설정했을 것으로 보인다.

187) 김성진(2016. 11). "건설리스크 지수 현황". 〈K-BUILD 저널〉. 해외건설정책지원센터. pp.2-7.

188) 유위성 · 김우영(2015.11). "해외사업 리스크 조기경보체계(Risk-EWS) 구축방안". 〈건설이슈포커스〉. 한국건설산업연구원. 유위성 · 김우영(2015.5). "해외건설사업 리스크지수(IPRI) 개발 및 시사점". 〈건설이슈포커스〉. 한국건설산업연구원 및 유위성 · 김우영 · 이영환(2014.8). "국내 건설기업의 해외사업 리스크관리 역량 현황 및 시사점". 〈건설이슈포커스〉. 한국건설산업연구원 등 참조.

189) 한국건설산업연구원(2019.8). 〈미래수요와 CDP 기반의 기술인력 양성 체계 구축〉. 건설기술교육원. p.36.

190) 한국건설산업연구원(2019.8). 앞의 보고서. pp.59-61.

191) 2018년 기준 한국 건설기술인의 등급별 분포를 보면, 초급 54%, 중급 11%, 고급 12%, 특급 23%로 구성되어 있다. 위의 보고서. p.38. 경력 연차에 따라 등급이 높아지기 때문에 청년층 및 주니어 기술인력의 시장진입이 어려워지고, 높은 연봉의 특급인력 중심 인력운영으로 엔지니어링기업의 경영부담이 가중되는 등의 문제들도 상존한다. 건설기술인력 활용제도의 문제점에 대해서는 위의 보고서. pp.65-67. 참조.

192) 한국(현대건설, 포스코건설)과 미국(Bechtel, KBR, DPR) 건설기업의 기술 및 관리인력 양성체계와 관련해서는 위의 보고서. PP.73-99. 참조.

193) 스케일 업과 관련해서는 이정동(2017). 〈축적의 길〉. 지식노마드. pp.95-112. 참조.

◇ 당신은 언제나 옳습니다. 그대의 삶을 응원합니다. ─ 라의눈출판그룹

수주 신화와 어닝 쇼크

초판 1쇄 | 2020년 7월 6일

지은이 | 이상호
펴낸이 | 설응도   편집주간 | 안은주
영업책임 | 민경업   디자인 | 박성진

펴낸곳 | 라의눈

출판등록 | 2014년 1월 13일 (제2014-000011호)
주소 | 서울시 강남구 테헤란로78길 14-12(대치동) 동영빌딩 4층
전화 | 02-466-1283   팩스 | 02-466-1301

문의(e-mail)
편집 | editor@eyeofra.co.kr
영업마케팅 | marketing@eyeofra.co.kr
경영지원 | management@eyeofra.co.kr

ISBN 979-11-88726-53-0 13320

※ 이 책의 저작권은 저자와 출판사에 있습니다.
※ 저작권법에 따라 보호를 받는 저작물이므로 무단전재와 복제를 금합니다.
※ 이 책 내용의 일부 또는 전부를 이용하려면 반드시 저작권자와 출판사의 서면 허락을 받아야 합니다.
※ 잘못 만들어진 책은 구입처에서 교환해드립니다.